Hans-Joachim Frey

Russland
lieben lernen

Einblicke in eine
Welt-Kulturnation

mit Jürgen Helfricht

Husum

Umschlag-Vorderseite: Stefan Häßler sowie Adobe Stock Foto
Umschlag-Rückseite: Dirk Sukow

Bibliografische Information der Deutschen Nationalbibliothek

Die Deutsche Nationalbibliothek verzeichnet diese Publikation in der Deutschen Nationalbibliografie; detaillierte bibliografische Daten sind im Internet über http://dnb.dnb.de abrufbar.

Die Herausgabe dieses Buches wurde freundlichst unterstützt von Deloitte, Moskau und Unipro, Russland in Zusammenarbeit mit der Stiftung Kunst-Brücke.

© 2018 by Husum Druck- und Verlagsgesellschaft mbH u. Co. KG, Husum
Gesamtherstellung: Husum Druck- und Verlagsgesellschaft
Postfach 1480, D-25804 Husum – www.verlagsgruppe.de
ISBN 978-3-89876-910-5

Vorwort

Wladimir Medinski,
Kulturminister der Russischen Föderation

Sowohl mein Amt als auch mein wissenschaftliches Fachgebiet bringen es mit sich, dass ich häufig mit den Ansichten von Ausländern über Russland konfrontiert werde, wie sie sich in Reisenotizen, Aufsätzen und wissenschaftlichen Abhandlungen durch alle Jahrhunderte bis zum heutigen Tag wiederfinden. Sehr oft handelt es sich dabei um oberflächliche, irreführende Darstellungen, wenn sie nicht gar propagandistische Ziele verfolgen. Dann fragt man sich verärgert, woher der Autor das alles nimmt, und überhaupt, wie konnte er uns so gründlich missverstehen? In seiner Ratlosigkeit fällt einem schließlich nichts anderes ein, als eine Verschwörung des Westens darin zu sehen. Das ist wieder einmal typisch für die Leute dort, sagt man sich.

Doch man sollte sich vor Verdächtigungen dieser Art hüten. Es ist nun so, dass jeder eben nur das sieht, was er sehen möchte. Und nur dann etwas versteht, wenn er zum Verstehen bereit ist.

Umso mehr freut es mich, dass ich Ihnen hier das Buch eines herausragenden Vertreters der internationalen Kulturszene vorstellen darf, nämlich von Hans-Joachim Frey.

Ich bin stolz darauf, abseits aller offiziellen Empfänge und protokollarischen Gespräche diesen bedeutenden, großzügigen und offenherzigen Mann kennengelernt zu haben, Zeuge geworden zu sein von seinem beeindruckenden Wirken und unermüdlichen Einsatz im ganzen Land, ob in den Metropolen oder fernab, von Moskau und St. Petersburg über Wolgograd, Jekaterinburg, Wladiwostok, Irkutsk bis nach Ulan-Ude. Und nun hat er in Sotschi sein neues Arbeitsfeld gefunden, als Künstlerischer Direktor des Zentrums „Sirius" der Stiftung „Talent und Erfolg".

Nein, ich würde Herrn Frey nicht als jemanden bezeichnen, der unser Land zu Forschungszwecken bereist. Wo immer er hinkommt, ist es ihm eine Herzensangelegenheit, die Welt zu bereichern, sie besser zu machen. Genau darum geht es in der Kunst.

Auf diese Weise hat er Russland kennengelernt. Und nun lädt er seine europäischen Leser dazu ein, ihm zu folgen.

Ich hätte gerne gesagt, dass dieses Buch ohne Vorurteile geschrieben wurde. Doch dem ist nicht so. Der Verfasser hat ein bestimmtes Vorurteil. Er ist zutiefst von der Schönheit und Vielfalt der Welt überzeugt, der hehren Mission der Kunst, ihrer Bestimmung, die Menschen verschiedener Völker und Kulturen einander näherzubringen. Er ist überzeugt von der Kraft und Güte des Menschen.

Fjodor Tjuttschew, einer der größten Dichter des 19. Jahrhunderts, hat einmal sinngemäß gesagt: „Russland ist weder mit dem Verstand zu begreifen noch mit der Elle zu bemessen." Womit also dann, fragt man sich. Ich meine, Hans-Joachim Frey hat rein intuitiv die Antwort gefunden – mit der Seele.

Und so ist es mir eine große Freude, dass dem europäischen Leser nun ein solcher Reiseführer durch die russische Seele vorliegt. Mit einem solchen Buch wird sich niemand in unserem Land fremd fühlen, weder der zur Weltmeisterschaft 2018 angereiste Fußballfan noch der gewöhnliche Tourist. Und schon gar nicht ein Freund.

Warum ich meine Erlebnisse und Gedanken niederschreibe

Ob Fabergé-Eier, Russisch Roulette, Kaviar, Wodka, Hammer und Sichel, die Sturm- und Maschinengewehre Kalaschnikow, erster Sputnik und erster Mensch im All, Roter Stern, Kirchen mit Zwiebeltürmen, die Zaren, Wanderprediger Rasputin, Lenin, Stalin oder Putin – wer Russland hört, dem fällt sofort mindestens ein Stichwort ein. Denn ein Hauch von Kraft, von Mythos und undurchdringlicher Tiefe, eine unglaubliche Faszination, liegen seit Jahrhunderten über diesem Land.

Doch wer kennt wirklich die Russische Föderation – diesen flächenmäßig größten Staat der Erde mit seinen 146,5 Millionen Bürgern, den vermutlich gigantischsten Rohstoffreserven der Welt, die Nuklearmacht, die einschließlich der Exklave Kaliningrad an 14 Staaten und fünf Meere grenzt? Von Wladiwostok, dem Tor zu Asien am Japanischen Meer, bis ins 9500 Kilometer Luftlinie entfernte Smolensk nahe der weißrussischen Grenze in Europa sind es wegen der unterschiedlichen Zonen sieben Stunden Zeitdifferenz. Diese Dimensionen muss man erst einmal begreifen. Genauso wie die Tatsache, dass während des vom Deutschen Reich am 22. Juni 1941 begonnenen Deutsch-Sowjetischen Krieges bis zum russischen Sieg und der bedingungslosen Kapitulation der Wehrmacht am 8. Mai 1945 geschätzte 27 Millionen

Sowjetbürger, darunter 14 Millionen Zivilisten, starben. Dabei bestand seit Sommer 1939 eigentlich ein Nichtangriffspakt. Wer macht sich Gedanken darüber, wie der Vielvölkerstaat mit seiner ins 9. Jahrhundert zurückreichenden Geschichte, in dem neben rund 80 Prozent Russen noch nahezu 100 weitere Völker leben, funktioniert?

Liegt es an der kyrillischen Schrift, die wir nicht sofort lesen und verstehen können, an Unwissenheit, an Uninteressiertheit oder notorischen Schwarzweißmalern mit ihrem Dünkel von moralischer Überlegenheit, die dem Krieg der Ideologien – der „guten" Welt des Westens auf der einen und der „schlechten" des Ostens auf der anderen Seite, NATO kontra Sowjetunion und Warschauer Pakt – nachtrauern? Ich kenne neben Russland keinen Staat dieser Bedeutung, der heute mehr unter Vorurteilen zu leiden hat, durch falsche Interpretationen dämonisiert wird.

Die letzten Jahrzehnte waren geprägt durch mächtige Veränderungen und durch die politische Kunst, das stets umkämpfte und zerrissene Land zusammenzuhalten, zu einen. Das letztlich von den Russen selbst beschlossene Ende der Sowjetunion, die Aufgabe des Warschauer Bündnisses und das Zugeständnis einer Vereinigung des geteilten Deutschlands verstand man immer auch als Zeichen, das Trennende in der Welt nach dem Kalten Krieg zu überwinden. Verständlich der Moskauer Wunsch, auf eine NATO-Osterweiterung zu verzichten. Natürlich gibt es auch emotionale Grenzen, höchst sensible Punkte. Vielen Russen fällt es schwer zu akzeptieren, dass ehemalige Sowjetstaaten – in ihnen sprechen mitunter mehr als 50 Prozent der Bevölkerung russisch, sind russischer Abstammung, haben russische Verwandtschaft – um Selbstständigkeit ringen, sich EU oder

NATO annähern. Wie in jeder Familie mit Differenzen und Missverständnissen, so müssen auch in Staatenfamilien, im durch seine Geschichte, Traditionen und Werte eng verbundenen Haus Europa, mit Augenmaß, Respekt und Vorsicht ausgewogene Verhältnisse gesucht, eine Balance herbeigeführt werden. Jedoch registriere ich neben vielen anderen mit Besorgnis, dass statt Fortschritt in den Beziehungen Stillstand herrscht. Dass angesichts von Ukraine-Krise, Krim-Krise, dem mit amerikanischen NSA-Geheimnissen nach Russland geflohenen Edward Snowden sich die Beziehungen eher verschlechtern, Konflikte verschärfen.

Mancher hat Angst vor einem starken Russland. Doch ich bin überzeugt: Nur ein starkes Russland bedeutet Sicherheit für Europa! Dass es in den letzten Jahrzehnten in Europa politisch relativ stabil blieb, ist ein gutes Zeichen. Denn ein geteiltes, in viele Republiken zersplittertes Gebilde, eine „Jugoslawisierung" Russlands, würde die wohl größte Gefahr darstellen.

Viele Animositäten dürften auf Fehldeutungen zurückzuführen sein. Präsentiert sich beispielsweise ein europäisches Staatsoberhaupt mit nacktem Oberkörper, ein Gewehr in der Hand oder die Angelschnur auswerfend, könnte dies als aggressive Geste der Bedrohung empfunden werden. Wenn dies jedoch der russische Präsident tut, verstehen es die Menschen seines Landes als eindeutiges Symbol friedlicher Manneskraft und dass sich ihr Staatslenker bester Gesundheit erfreut.

„Die Wahrheit liegt immer in der Mitte und eines Mannes Rede ist keines Mannes Rede, weil man immer beide anhören muss", sagte schon der deutsche Aufklärer und Benimmratgeber Adolph Knigge. Daher scheint es mir gerade jetzt so wichtig, sich mit Russland zu beschäftigen, mehr über diese Mitte und Wahrheit zu erfahren, sich vor Ort und in Gesprächen selbst ein Bild zu machen.

Meine erste Begegnung mit dieser Schatzkammer der Weltkultur, dem Lande genialer Komponisten wie Aram Chatschaturjan, Modest Petrowitsch Mussorgski, Sergei Wassiljewitsch Rachmaninow oder Pjotr Iljitsch Tschaikowski, des großen Opernsängers Fjodor Schaljapin, epochaler Schriftsteller bzw. Nobelpreisträger der Literatur wie Nikolai Wassiljewitsch Gogol, Alexander Sergeewitsch Puschkin, Graf Lew Nikolajewitsch Tolstoi, Boris Leonidowitsch Pasternak und Michail Alexandrowitsch Scholochow oder der Koryphäen der Malerei wie Wassily Kandinsky, Marc Chagall oder Ilja Jefimowitsch Repin hatte ich, 30 Jahre alt, im November 1995 in Moskau. Seitdem war mir vergönnt, für den internationalen Gesangswettbewerb „Competizione dell' Opera", später zusätzlich für einen Klavierwettbewerb, zweimal jährlich Russland bereisen zu dürfen. Und dieses Land hat mich als Nachfahre deutscher Balten – Großmutter Sigrid erzählte mir schon als Kind von der alten Heimat, Ur-Großvater Eduard war 1913 bis 1917 evangelischer Pfarrer der deutschen Gemeinde in St. Petersburg – nicht mehr losgelassen!

Nachdem 2009 der damalige Vorsitzende der Regierung der Russischen Föderation, Wladimir Putin, Gast des Dresdner SemperOpernballs war, boten sich mir anschließend völlig neue Perspektiven, Städte und Regionen, die unglaublich vielen Farben und Facetten persönlich kennenzulernen, mein Russlandbild zu schärfen. Allein in den letzten neun Jahren reiste ich über 500 Mal

11

in die Russische Föderation. Schließlich beschloss ich vor geraumer Zeit, hierher zu wechseln, eine hochinteressante Tätigkeit anzunehmen.

In meinem Buch geht es nicht um Ideologien oder Politik. Es ist eine sehr persönliche, sensible und auch sentimentale Betrachtung dieses Landes aus dem Blickwinkel eines studierten Sängers, Opernregisseurs und Kulturmanagers, der ideelle Brücken bauen möchte. Den es glücklich machen würde, wenn Leser diese uralte Kultur, eingeschlossen die Pflege der christlich-orthodoxen Werte, besser verstehen. Ich habe zur Feder gegriffen, um Vorurteile abzubauen und Vertrauen aufzubauen, will helfen, Russland lieben zu lernen, die russische Seele zu begreifen. Eine Seele, von der man sagt, dass sie so unendlich tief sei.

Ich selbst verliebte mich in dieses Land, in seine Menschen, seine reiche Kultur. Und ich finde es wichtig, diese Liebe vorzustellen, zu teilen. Ein publizistisch versierter Freund und Autor dutzender Bücher, dessen Gewandtheit ich schätze, hat mir geholfen, alles zu vollenden.

Russland zu bereisen, zu fühlen, zu riechen, Gastfreundschaft und Liebenswürdigkeit zu spüren, lohnt sich für jeden. Wer einmal davon gepackt ist, kommt nicht mehr los, und ich kenne viele, die davon nicht loskommen. Lassen Sie sich verführen, folgen Sie mir durch Museen und Opernhäuser, Hotels, Kirchen oder Klöster, auf Streifzug durch die Geschichte, durch Weltstädte und Dörfer bis zum tiefsten Süßwassersee der Erde, vor allem in die für Fremde weiten Herzen dieser vereinten Völker.

Urgroßvater Eduard und seine Kirche in St. Petersburg

Es ist Ende Februar, eine dünne Schneeschicht bedeckt die Straßen, die Dächer der Häuser und Paläste erscheinen wie mit Puderzucker bestreut. Bei herrlichstem Sonnenschein zeigt das Thermometer gegen Mittag nur minus 22 Grad. Die St. Petersburger sehen es gelassen. Keiner geht ohne Mütze, Handschuhe und lange Unterwäsche aus dem Haus. Wer den Fußmarsch Taxi, Bus oder Metro vorzieht, wird sich das Gesicht dick eincremen und zusätzlich per Schal schützen. Die Newa sowie alle anderen 92 Flüsse und Kanäle sind zugefroren. Hin und wieder kürzen Passanten ab, warten nicht auf die nächste Brücke, sondern stapfen einfach über das Eis. Dessen Mächtigkeit erkennt man an den aufgetürmten Schollen am Ufer. Mitunter entdeckt man einen Hobby-Eisangler, der mit großem handbetriebenem Metall-Bohrer ein Loch ins gefrorene Wasser treibt. Manchmal warten sie den halben Tag, bis ein Fisch am Haken zappelt. Es ist das Hobby der harten Männer. In gebückter Haltung starren sie auf ein weiches Stück Plastik oder eine Feder, welche an der Schnur den Biss anzeigen. Immer wieder müssen sie Eisstücke entfernen, die ihre Löcher zu verschließen drohen. Zur Sicherheit hält mancher Spikes griffbereit. Vor allem im Frühling, wenn das Eis dünn wird, brechen Angler immer wieder ein. Die in den

13

Eisrand geschlagenen Nadeln können beim Ausstieg aus dem kalten Wasser helfen. Aber es gibt auch Tote. Vor Jahren traf das Unglück auf dem Ladogasee bei St. Petersburg gleichzeitig sechs unvorsichtige Eisangler. Sie ertranken, als ihr Kleinlastwagen einbrach.

Während ich über ihr tragisches Schicksal nachdenke, erreiche ich den Litejnyj-Prospekt. Der verdankt seinen Namen einer von 1711 bis 1851 an der Newa gelegenen Kanonengießerei. Zur Mitte des 19. Jahrhunderts entstanden an der Straße große Verwaltungsgebäude. Noch ein paar Schritte und ich habe die Kirochnaja erreicht, deren Übersetzung Kirchenstraße bedeutet. Wann immer es die Zeit bei Besuchen dieser wunderschönen Stadt erlaubt, zieht es mich hierher. Speziell zum Gebäudekomplex mit der Hausnummer 8. Seit dem 18. Jahrhundert reckt sich zwischen Häusern die St. Annenkirche – ein Evangelisch-Lutherisches Gotteshaus im klassizistischen Stil – empor. Deren Apsis mit Blick auf die Furschtatskaja-Straße umgibt eine ionische Säulen-Kolonnade. Gekrönt wird der Steinbau von der kleinen Kuppel auf hexagonalem Türmchen, das ebenfalls Säulen zieren. 1775/79 errichtete sie der kaiserliche Hofarchitekt Georg Felten auf dem Platz einer verputzten Holzkirche, die 1735/40 der berühmte St. Petersburger Stadtplaner Petr Eropkin erbaut hatte. Mit Geld, welches Russlands Kaiserin Anna Ioannowna aus ihrer Privatschatulle stiftete, hatte man die Kirche am 26. Oktober 1740 der Heiligen Anna, der Schutzpatronin der Kaiserin, geweiht.

Genau hier wurde Urgroßvater Eduard August Maaß 1913 zum 23. Pfarrer der St. Annengemeinde seit 1722 berufen. Entstanden ist die Pfarrei sogar schon 1704 in einem hölzernen Gebäude in der Peter-und-Paul-Festung. Damit gebührt ihr die Ehre, die erste lutherische Kirche in der ein Jahr zuvor gegründeten jungen Stadt zu sein.

Noch nie war es mir in den letzten Jahren gelungen, den grün gestrichenen, stets verschlossenen Bau zu betreten. Heute das riesige Glück. Nach mehrmaligem Klingeln öffnet ein Küster die Tür. Während sich meine Augen langsam an die Dunkelheit gewöhnen, sehe ich Schockierendes. Putz bröckelt von völlig schwarzen, verrußten Wänden. Ich stehe in einer Brandruine, der man den desolaten inneren Zustand von außen nicht ansieht. Jedoch liegen auf Tischen nahe dem Eingang Bibeln und Bilder Martin Luthers, die von regem Gemeindeleben zeugen.

Man führt mich zu einer Tafel. Das Herz bebt, als ich auf ihr den kyrillisch geschriebenen Namen meines Urgroßvaters entziffere. Ich bekomme vergilbte Fotos gezeigt, die von der einstigen Pracht künden und mich gedanklich in die Zeit des Ahnen versetzen. Ich glaube Urgroßvater zu hören, wie er vorm Altar predigt, den das Gemälde der Christi Himmelfahrt vom Zaren-Porträtisten und Eremitage-Kurator Ernst Friedrich von Liphart schmückt. Nach dem Vaterunser ertönt die 1850 installierte Königin der Instrumente aus der weltberühmten Ludwigsburger Orgelbaufirma von Eberhard Friedrich Walcker.

Mit den auf Säulen ruhenden doppelten Emporen fasste die Kirche 1500 Gläubige. Zu Beginn des 20. Jahrhunderts zählte Urgroßvaters Gemeinde etwa 12 000 Mitglieder. Darunter die dem protestantischen Glauben zugehörigen adeligen Mädchen des im 19. Jahrhundert gegründeten St. Petersburger Smolnyj-Instituts. Diese erste Bildungsanstalt für Frauen Russlands – bis 1917 stand sie unter dem Patronat der Zarin – schulte Mädchen vor allem in Fremdsprachen und im guten Benehmen, bereitete sie so auf das Leben in der höheren Gesellschaft und als Hofdamen vor. Auch Baumeister Felten, Künstler Karl Brjullow, die berühmte Juweliers-Familie von Peter Carl Fabergé oder Neuguinea-Forscher Nikolai Miklucho-Maklai, nach dem das Institut für Ethnologie und Anthropologie der Russischen Akademie der Wissenschaften benannt ist, zählten zur Gemeinde.

Mein aus Dorpat (Tartu) stammender Urgroßvater Eduard vom Jahrgang 1875 war der Jüngste von fünf Geschwistern. 1888 zogen seine Eltern samt Kindern nach St. Petersburg. 1894 bis 1901 absolvierte er mit Bestnoten ein Theologiestudium in Dorpat, war ab 1901 Pfarrer der estländischen Halbinsel Nuckö, wo er Schwedisch und Estnisch lernte, ab 1910 Direktor der deutschen Schule in Weißenstein im Zentrum Estlands. 1902 vermählte er sich mit der in Riga als Älteste von sechs Geschwistern geborenen Adelsdame Editha Ida Nelissen von Haken. Ihr Vater galt als ein beliebter Arzt, die Ahnen waren rund um den Finnischen Meerbusen heimisch. Stammbaum und Familiensaga reichen zurück bis zu einem Hermann von Hueck, der 1536 bis 1543 Ratsherr und Bürgermeister in Lübeck gewesen sein soll. Allerdings hat das dortige Ratsarchiv nur Kenntnis von der spektakulär großen Hochzeit mit 108 Gästen eines reichen Bierbrauers namens Evert Huck im Jahre 1594.

Für die Urgroßeltern Maaß – als Balten deutscher Zunge, die auch alle russisch sprachen, waren sie dem Pass nach Russen – bedeutete der Umzug nach St. Petersburg einen Karrieresprung. In der Residenz und zweiten

Hauptstadt des Russischen Reiches wartete nicht nur das geistliche Amt eines der drei Pastoren an der traditionsreichen St. Annenkirche, sondern auch jenes des Rektors vom deutschen Diakonissenhaus. Neben diesem Krankenhaus gehörten Altersheim, Waisenhaus, eine Unterkunft für „gefallene Frauen" und die Annenschule zur Gemeinde. Die Schule existiert im alten Gebäude bis heute. Unter ihrem neuen Namen „The Presidential Physics and Mathematics Lyceum Nr. 239" führte sie 2015 die Liste der besten Schulen der Russischen Föderation an.

Seit Jahrzehnten wuchs die erst 1703 von Zar Peter dem Großen an der Newa-Mündung gegründete Stadt voller Prachtbauten, das Zentrum der Industrie Russlands, rasant. Man war mit dieser europäischsten Metropole des Kaisertums, das den ganzen Osten Europas, dazu den Norden und einen Teil der Mitte Asiens einnahm, ein Sechstel allen festen Bodens der Erde umfasste, längst auf Augenhöhe mit Wien oder Berlin. Die Volkszählung des Jahres 1888 hatte laut „Meyers Konversations-Lexikon" für St. Petersburg 842 883 Einwohner (488 990 männliche und 353 893 weibliche) ergeben. Eine Konfessions-Erhebung von 1881 vermerkte 722 420 Rechtgläubige, also Russisch-Orthodoxe, 85 662 Protestanten, 28 172 Katholiken, 20 826 Juden, 4701 Sektierer, 2927 Mohammedaner und 556 Armjano-Gregorianer. Der Rest hatte keine Angabe gemacht.

Familie Maaß mit den Töchtern Editha, die wie ihre Mutter hieß, Irene, Sigrid – meine Großmutter –, Ellen und Sohn Wolfram wohnte herrschaftlich nahe der Kirche in der Furschtatskaja 7. Alle Kinder haben sich später vermählt. Ellen, die Jüngste, sogar adelig – mit dem Rittergutsbesitzer Wittig von der Goltz. Editha, die Älteste, verlor ihr Herz an einen Bankangestellten, der lieber Schauspieler geworden wäre und den Allerweltsnamen Müller trug. Als sich der Vater von fünf Kindern später vor der adeligen Verwandtschaft dieses Namens schämte, ließ er ihn in Mueller-Stahl ändern. Sein dritter Sohn, Armin Mueller-Stahl, ist Schauspieler, Musiker und Maler. Im DDR-Fernsehen verkörperte er in der Serie „Das unsichtbare Visier", die als Konkurrenz zu den James-Bond-Filmen angelegt war, von 1973 bis 1975 einen Agenten des Ministeriums für Staatssicherheit (MfS). Später entdeckte ihn Hollywood. Für seine Rolle in „Shine – Der Weg ins Licht" nominierte man ihn 1997 für den Oskar. Eine Glanzrolle hatte mein Onkel Armin auch 2009 als Kardinal Strauss in dem US-Thriller „Angels and Demons", der in Deutschland „Illuminati" hieß. Als einzigem deutschen Mimen wurde ihm sowohl in beiden deutschen Staaten als auch in Hollywoods Filmindustrie größte Anerkennung zuteil. Ich bewundere seine Vielseitigkeit. Ist er doch nicht nur ein begnadeter Schauspieler und manchmal Regisseur, auch eigene Zeichnungen und Gemälde präsentiert er auf Ausstellungen. 2011 besuchte Armin Mueller-Stahl erstmals seit 1938 seine ostpreußische Geburtsstadt Tilsit, die heute russisch ist und Sowetsk heißt – und ihn zum Ehrenbürger ernannte.

In der Dienstwohnung mit 14 Zimmern und Salons gingen der Pfarrersfrau das seit Jahren zur Familie zählende Kindermädchen, ein Kinderfräulein, zwei Stubenmädchen und die Köchin zur Hand. Ein Mann war nur dafür angestellt, alle Öfen mit Holz zu heizen. Jede Woche kamen zudem zwei Dienstmänner, welche mit Bürsten an den Füßen das Parkett bohnerten und die hohen Fenster putzten. Urgroßmutter Editha, die bereits 12-jährig Aufnahme in der Rigaer Kunstakademie gefunden hatte und der Legende nach häufig Kochlöffel mit Pinseln verwechselte, nutzte die durch Dienstboten geschaffene freie Zeit, das Familienleben in wundervollen Farbzeichnungen zu dokumentieren. Ellen Dagmar Freifrau von der Goltz schwärmt in ihren Lebenserinnerungen vom zur Wohnung führenden Lift, der mit rotem Samt ausgekleidet war und eine Sitzbank besaß, vom Klang des Bechstein-Flügels und vom Zarenregiment, das mit Blasmusik und Paukenpferd vor dem Haus vorbeizog und dabei die Hymne „Gott schütze den Zaren" spielte.

Doch die unbeschwerte Kindheit dauerte nur einige Monate. Mit Ausbruch des Ersten Weltkrieges 1914 wurde es für die etwa 80 000 deutschsprachigen St. Petersburger höchst ungemütlich. Die Muttersprache in der Öffentlichkeit zu benutzen, war bei 3000 Rubel Strafe verboten. Viele kehrten nach Deutschland zurück, von der Regierung als regimefeindlich oder gefährlich Eingestufte wurden nach Sibirien verbannt. Nur rund ein Drittel verblieb in der Stadt. Pfarrer Maaß mietete für seine Frau und die vier jüngsten Kinder eine Villa in ländlicher Gegend in Finnland. Diese russische Provinz erschien sicher.

Inzwischen wurde St. Petersburg – weil der Name zu deutsch klang – in Petrograd umbenannt. Die Zaren-Dynastie wankte. Ihre Armee, das zahlenmäßig größte Heer der Welt, erwies sich hinsichtlich Kommandostrukturen und Material als hoffnungslos veraltet, zerrieb sich an Misserfolgen. Vor allem jedoch das wirtschaftliche Desaster ließ das Russische Reich im Strudel der Ereignisse versinken. Zar Nikolaus II. und seine deutsche Frau Alix von Hessen-Darmstadt, als Kaiserin Alexandra Fjodorowna bekannt – sie vertraute dem skandalumwitterten und im Dezember 1916 von Angehörigen der Romanow-Familie ermordeten Wanderprediger und Geistheiler Grigori Rasputin – verloren in allen Gesellschaftsschichten unaufhaltsam an Autorität. Angesichts täglicher Massenproteste, Demonstrationen, Hungermärsche und Streiks entsagte der Zar am 15. März 1917 zugunsten seines Bruders, Großfürst Michael, dem Thron. Dieser lehnte schließlich die Krone ab. Wie beider Familien im Folgejahr grausam endeten, weiß man heute.

Als die von den finnischen Unruhen vertriebene Urgroßmutter Editha im Herbst 1917 mit den vier Kindern in die umbenannte Stadt zurückkam, waren 300 Jahre Romanow-Herrschaft Geschichte. Die quasi auf der Straße liegende Macht hatte sich eine Provisorische Regierung gegriffen – und schnell an die Bolschewiki verloren. Deren führender Kopf, der aus dem Schweizer Exil zurückgekehrte Lenin, zog die Massen mit radikalen Forderungen und populären Versprechen auf seine Seite.

„Wir fuhren direkt in die Revolution nach Petersburg hinein. Rote Fahnen wurden durch die Straßen getragen, es gab Mord und Schrecken. Dann begann das Gespenst der Hungersnot. Jeder kriegte ein Stück Brot so groß wie eine Streichholzschachtel – als Ration für zwei Tage. Mittags gab es in Salzwasser gekochtes, halb verfaultes Sauerkraut. Weil wir so hungrig waren, legten wir uns gleich so um fünf hin. Mutter las uns jeden Abend aus den Abenteuerromanen von Karl May vor. Dort im Buch wurde geschossen, also warum sollten wir Angst haben, wenn auch hier geschossen wird", erzählten Irene und Editha, die Schwestern meiner Großmutter, oft. Ellen notierte: „Es gab keine Pferdedroschken mehr. Alle Pferde und Haustiere, auch wenn sie vor Hunger krepiert waren, waren aufgegessen worden. Man konnte Menschen sehen, die vor Schwäche auf allen vieren krochen. Die Leichen wurden auf den Straßen gesammelt, wie Holzscheite übereinandergestapelt …"

Armin Mueller-Stahls Mutter Editha erinnerte sich, wie selbst die winzigen Brotrationen vom Speisezettel verschwanden, man zum Frühstück bitteren Kaffee aus Eichelpulver trank, an einer halb schwarzen Kartoffel nagte und sich auf einen Kuchen aus Dörrgemüse und Heu oder Plätzchen aus im Fleischwolf zerkleinerten Kartoffelschalen mit Kümmel freute. Vom Hunger geschwächt, brach Pastor Maaß während einer Predigt vor dem Altar zusammen, wurde per Bahre ins Diakonissenhaus getragen, mit Haferschleim therapiert. Zwei seiner Kinder litten derweil unter Hungertyphus. Aus der einstigen Oberschicht waren Bedürftige geworden, die sogar das Spielzeug der Kinder versetzten, in Abfalleimern nach Essensresten suchten, zusammen mit baltischen Edelleuten unter Aufsicht Straßen reinigen mussten.

Im Frühjahr 1918 konnten Frau und Kinder gemeinsam mit 300 anderen deutschen weiblichen Flüchtlingen in drei Viehwaggons die Stadt verlassen. Dem Urgroßvater, der seine Erschießung befürchtete, verhalf das Rote Kreuz Schwedens mit dem Ausweis eines verstorbenen, kriegsgefangenen deutschen Offiziers über die Grenze. Von Werro in Estland schlug sich die mittellose, aber wieder vereinte Familie über Riga nach Tilsit durch, wo sie im November ankam.

Mir erklärt der beflissene Küster, dass die zuletzt vom Theologischen Seminar der Evangelisch-Lutherischen Kirche in der Sowjetunion genutzte St. Annenkirche 1935 – da hieß die Stadt bereits elf Jahre lang nach dem verstorbenen Revolutionsführer Leningrad – vom Staat geschlossen wurde. Vier Jahre später erfolgte u. a. durch Architekt Alexander Gegello der Umbau zum Kino „Spartak". Gladiator Spartakus, der vor der Geburt Jesus Christi lebte und eine Sklaven-Revolte anführte, galt als ein Vorläufer der proletarischen Revolution. Es war damals modern, politische Organisationen, Zeitschriften und Sportvereine nach ihm zu benennen. Gegello entwarf auch die imposante, zum Obergeschoss führende Treppenanlage. Ihr Haupteingang befand sich an der Kirchochnaja-Straße, die von 1932 bis 1998 Saltykow-Schtschedrin-Straße hieß. Mein reiselustiger Vetter Ekkehard Maaß besuchte Anfang der 1980er-Jahre dieses zum „Gosfilmofond" zählende Kino, schaute sich den Film „Die drei Musketiere" an und war vom Erhaltungszustand begeistert. Lediglich den tiefen Altarbereich hatte man mit einer Mauer für die Leinwand abgeschlossen.

Der benachbarten St.-Petri-Kirche am Newski-Prospekt – 1838 als größte lutherische Kirche Russlands geweiht – ging es nicht so gut. 1917 verstaatlicht, wurde sie unter Stalin Heiligabend 1937 gesperrt. Beide Pastoren hat man verhaftet und später erschossen. Der Innenausstattung beraubt, wurde das Haus erst zum Lagerraum und während der Ära Nikita Chruschtschows hat man 1962 sogar ein Schwimmbad mit Sprungturm darin eingebaut.

Von einst hunderten Kirchen, Kapellen und privaten Hauskapellen des Jahres 1917 existierten 1990 noch 140 in der Stadt. Theoretisch war ab 1992 eine Rückgabe von Gotteshäusern an die einstigen Besitzer möglich. Was 1993 bei St. Petri gelang, zog sich im Falle von St. Annen hin. Zwar durften vereinzelt Gottesdienste abgehalten werden, doch auch Disko-Nächte und Untergrund-Rockkonzerte. Dann wurden plötzlich Glücksspielautomaten aufgestellt, Tantra-Festivals, Halloween-Feiern und Striptease-Wettbewerbe veranstaltet, Alkohol floss in Strömen. Im Juni 2000 starb einer der Gründer der Rockgruppe „Aquarium" auf offener Bühne des Clubs. Und es kam noch schlimmer. Vor der Räumung des illegalen „Spartak"-Nachtklubs brannte das Gebäude in der Nacht des 6. Dezember 2002 nieder. Offiziell wurde die Ursache nie festgestellt. Fünf Jahre lang wuchsen im denkmalgeschützten Heiligtum ohne Dach und Fenster Unkraut und Bäume. Gott sei Dank beschloss die Stadtregierung unter Gouverneurin Walentina Matwijenko, Dach und Fassade wiederherzustellen. Zum Reformationstag, dem 31. Oktober 2013, wurde die Evangelisch-Lutherische Kirche von Ingria in Russland Hausherr von St. Annen. Finnen haben diese Kirche, deren Geschichte bis auf das Jahr 1611 zurückgeht, gegründet.

Kürzlich schrieb der Chef der Mission, Diakon Ewgenij Raskatov, dass er die Kosten für den Innenausbau auf fünf Millionen Euro veranschlage, es jedoch an Großsponsoren fehle. Das durch Konzerte, Führungen und Fotoausstellungen eingenommene Geld reiche aber für Architektenentwürfe und Betriebskosten des beheizbaren Gemeinderaums im ersten Stock. Stolz ist er auf die sonntäglich zwei Gottesdienste in englischer und russischer Sprache. 2017 konnten 27 junge Menschen getauft werden.

Jugend mit Piroggen, „Wodka", Fußball und Orgelspiel

Sehe ich an einem Imbissstand oder im Café Piroggen, läuft mir das Wasser im Munde zusammen und ich komme kaum an den für wenige Rubel zu erstehenden Köstlichkeiten vorbei. Diese gefüllten Teigtaschen sind wohl eines der bekanntesten Gerichte der russischen Küche – und ein vorzüglicher Snack. Der altrussische Wortstamm „pir" steht für Festmahl und die Fantasie für Form und Inhalt kennt keine Grenzen. Ob Gemüse, Fleisch, Fisch, Käse oder Süßes – alles ist erlaubt. Die „Watruschki" sind runde Piroggen mit einem Klecks Marmelade oder süßem Quark in der Mitte. „Rassegai" sind meist länglich und herzhaft, mit Quark-Füllung und halbmondförmig zusammengeklappt nennt man sie „Sotschniki". Eine „Kulebjaka", die Schicht-Pirogge mit Reis, Fisch- oder Fleischfüllung, obenauf belegt mit harten Eiern, ersetzt schon mal das Mittagessen.

Piroggen erinnern mich an meine geliebte Mutter Christa, die heute in einer Seniorenresidenz in Heidelberg lebt, an mein Elternhaus, das ein evangelisches Pfarrhaus war, und an das schönste Fest des Jahres, an Weihnachten. Da mein Vater Heiligabend oft bei sechs Christvespern in verschiedenen Kirchen hintereinander predigte, gab es zum Abendessen was Schnelles. Und das begann immer mit guter Brühe und Piroggen – natürlich baltischen: beste Butter, saure Sahne, Weizenmehl und ein Schuss Cognac gut verknetet. War der etwa einen halben Zentimeter dick ausgerollte Teig mit dem größten Wasserglas ausgestochen, erhitzte Mutter die Füllung aus gewürfelten Zwiebeln, Schinkenspeck und Rosinen. Damit die abgekühlte Masse zwischen den zusammengeklappten Teigoblaten nicht auslief, drückte sie den offenen Rand der Piroggen – bevor diese in den heißen Backofen kamen – im Halbkreis per Gabel fest. Nach dem traditionellen Gericht der Ahnen wurde weiter deutsch gespeist: Kartoffelsalat und Würstchen, danach Zitronencreme. Am Ersten Weihnachtsfeiertag folgte dann der mit sauren Äpfeln gefüllte große Gänsebraten, zu dem es Rotkohl und Kartoffeln gab.

Vater setzte die Pastoren-Tradition von Urgroßvater Eduard Maaß fort. Dessen Tochter Sigrid, meine Großmutter, hatte 1931 einen Oberstleutnant Justinius Frey – Kavallerist der Tilsiter Garnison – geheiratet und schon 1932 wurde deren einziges Kind, Dietrich, geboren. Meine Eltern lernten sich dann 1957 in Helsinki kennen: Vater war Vikar an der deutschen evangelischen Kirche und die in Berlin geborene Mutter – sie wollte unbedingt aus der halbierten, eingekreisten Stadt weg – deutsche Hauswirtschafterin eines finnischen Architekten. 1982 besuchten sie gelegentlich des letzten großen Familienurlaubes zusammen mit uns drei Kindern Finnland und die Kirche, wo ich ihnen ein kleines privates Orgelkonzert gab.

Bei meiner Geburt hatte Vater die Pfarrstelle in Weetzen im Kirchenkreis Ronnenberg bei Hannover inne. Da die Eltern kein Auto besaßen, brachten Freunde die schwangere Mutter morgens nach Gehrden in den nächsten Kreißsaal, wo ich um 7 Uhr das Licht der Welt erblickte. Die Freunde holten uns beide auch wieder ab. Mein Vater ging mit größter Selbstverständlichkeit seinen seelsorgerischen Pflichten nach. Es war damals auch völlig unüblich, dass Männer der Entbindung beiwohnten. Mama eilte der Ruf einer Allround-Managerin voraus, die alles sah und überwachte, überall half und Rat wusste. Hausfrau und Mutter, Pfarramts-Sekretärin, Seelentrösterin – „Frau Pastor" erledigte, natürlich unbezahlt, alles. Als wir Kinder groß waren, hat sie bis zur Rente als Hausdame im Kloster der auch wegen ihrer evangelischen Akademie bekannten niedersächsischen Gemeinde Loccum gearbeitet. Mein Organisationstalent – so glaube ich – ist ihr Erbe!

Ich war gerade zwei Jahre alt, da wechselte Vater nach Kirchrode in Hannover. Mir sind die Stimmen der vielen Besucher, das ständige Türklingeln, der Glockenklang vom nahc gclcgenen Kirchlein in Erinnerung. Noch viel lieber denke ich an unseren großen, auch an den Friedhof grenzenden Garten, durch den wir gleich in die Schule liefen, zurück. Wir hatten ab 1970 einen Dackel, der auf den Namen „Wodka" hörte. Immer kurz vor Mitternacht durfte er noch einmal im Garten Gassi gehen. Als der Hund klein war, versteckte er sich gern unter den Fichten im Vorgarten. Dann suchte ihn mein Vater und alle Nachbarn hörten, wie ihr Pfarrer nachts laut vor dem Haus „Wodka, Wodka, Wodka" schrie. Sie dachten wohl, er sei vom Abendmahlswein nicht genug berauscht, verlange nach härteren Getränken. Einmal folgte Wodka Vater sogar bei einer Aussegnung ans offene Grab. Wir alle liebten unseren Wodka, den sich meine ältere Schwester Benita sehnlichst gewünscht hatte. Doch eigentlich war es von den Eltern nicht besonders vorausschauend, zu drei Kindern – ein Jahr nach mir wurde Bruder Ekkehard geboren – auch noch den Hund zu gesellen. Denn dieser Dackel wollte 15 Jahre lang im Mittelpunkt der Familie stehen. Heute würde man einen Hunde-Psychologen beauftragen, Wodka zu helfen.

Mutters Stimme klingt mir noch im Ohr: „Wie du nur wieder ausschaust, Hans-Joachim!" Ich war mit vielen Schulkameraden befreundet und ein begeisterter Fußballer auf dem benachbarten Ascheplatz. Sie hatte ihre liebe Not mit mir, musste Seife und Pflaster bereithalten, wenn ich nach mehreren Toren verdreckt, aber glücklich, dazu mit blutigem Knie, nach Hause kam. Das runde Leder war und ist meine große Leidenschaft. Gastmannschaften der Bundesliga und die Nationalmannschaft logierten in einem großen Hotel am Tierpark in Hannover-Eilenriede. Dorthin radelte ich kleiner Fan von Hannover 96, oft begleitet von meiner fünf Jahre älteren Schwester, auf Jagd nach Spieler-Autogrammen. Viele Spiele meiner Lieblings-Elf habe ich live verfolgt, Fußball-Bilder gemalt und wurde so langsam zum Fußball-Experten. Viel später, während meiner Zeit in Bremen, entstanden die Freundschaft zum Bundesliga-Trainer Thomas Schaaf und Kooperationen zwischen Fußball und Theater. Alle Spieler von Werder Bremen kamen zur Premiere ins Theater und der Opernchor sang vor einem Spiel sogar auf dem Rasen der Arena. Der Fußball begleitet mich bis heute. Anlässlich der Fußball-Weltmeisterschaft 2018 in Russland wurde mir die Inszenierung der großen Kulturgala am Vorabend des Finales für den russischen Präsidenten und seine internationalen Gäste im Bolschoi anvertraut. Enge Kontakte pflege ich zum ehemaligen Bundesliga-Profi Dieter Burdenski. Ein Fußballspiel zu sehen ist für mich Genuss pur und die Möglichkeit, komplett abzuschalten.

Zurück zur Kindheit. Die Eltern riefen mich immer mit meinem doppelten Vornamen. Erst während des Studiums nutzten Freunde erstmals die Kurzform „Hajo".

In den Ferien gab es mehrere Ziele. Einerseits Großtante Ingeborg Grigel von Mutters Seite in Bremen. Diese energische und zugleich liebevolle Person, eine Deutsch- und Sportlehrerin, hofierte mich wie ein Einzelkind, zeigte mir bei Spaziergängen die ganze Stadt, natürlich auch die berühmten „Bremer Stadtmusikanten" am Rathaus. 1970 hatte sie noch keine Waschmaschine. Mir wurde himmelangst, als sie erstmals meine Sachen auf dem Herd im großen Topf zu kochen begann. Mehrfach fuhren wir mit den Eltern an die Nordsee, auf die Insel Langeoog.

Doch jedes Jahr ging es zu Großmutter Sigrid, einer sehr dominanten, aber auch überaus herzlichen Frau, nach Bad Pyrmont. Wenig bekannt ist, dass Zar Peter I. bei seiner zweiten großen Westeuropareise 1716/17 dem Rat seiner Ärzte folgte und für drei Wochen zur Kur in Pyrmont weilte. Großmutter Sigrids Mann wurde 1948 mit einem schweren Hüftleiden aus der Kriegsgefangenschaft in das dortige Krankenhaus entlassen und die Familie suchte sich am Ort eine Wohnung. Dabei nahmen die Deutschen sie nicht sehr liebevoll auf. Für die Ortsansässigen galten Baltendeutsche, weil sie die Wörter etwas anders artikulierten, als Polacken. Man wunderte sich, dass sie überhaupt das deutsche Alphabet konnten. So flüchteten sie sich zuerst ins Paradies ihrer Erinnerung. Großmutter baute dann schnell einen kleinen Zir-

28

kel von Landsleuten auf, mit dem sie in der winzigen Einzimmerwohnung ostpreußische Lieder sang, sogar Tänze einübte. Später konnten sich die Großeltern aus den Geldern des deutschen Lastenausgleichs ein Doppelhaus bauen. Oma wurde eine Persönlichkeit, eine Kulturinstitution der Stadt, die Märchen schrieb, Theaterstücke aufführte, große Feste organisierte und zwei ihrer Schwestern – Soldaten-Witwe Editha, die Mutter von Armin Mueller-Stahl, sowie die von ihrem Mann geschiedene Irene – um sich versammelte.

„Ne krasna isba uglami, a krasna pirogami" – zu Deutsch „Nicht die Wände schmücken ein Haus, sondern die Piroggen" – war eins die Kochkünste der drei Schwestern unterstreichenden geflügelten Worte. Ich verstand natürlich nichts. Doch die einprägsame Melodie der russischen Sprache, gegenüber welcher unser Deutsch mitunter wie Hundegebell erscheint, prägte sich mir ein. Die Jahre in St. Petersburg, die in den Nachmittagsstunden in großen Wagen über das elegante Holzpflaster des Newskij-Prospekts prominierenden feinen Herrschaften, die von Pelzen und edlen Tuchen überquellenden Geschäfte, all die liebevollen Kindermädchen und Nachbarn – aus ihren Erzählungen tropfte Wehmut über eine gute alte Zeit. Irene konnte einprägsam davon schwärmen, dass sie in den Babysachen von Zarentochter Anastasia in der Wiege gelegen hatte. Auf Nuckö waren ihre Eltern mit einer Hofdame der Zarin befreundet, die Irenes Taufpatin wurde. Als diese der Zarin vom Patenkind erzählte, schenkte sie ihr viele Baby-Kleidchen mit eingestickter Krone.

Immer wieder berichteten die alten Damen jedoch auch von schrecklichen Geschehnissen um Flucht, Vertreibung, erneute Flucht und letztlich die Ausweisung aus Polen. Die ganze Familie logierte zuletzt auf Gut Mertensdorf in Ostpreußen, wo Ellen in die bekannte Adelsfamilie von der Goltz mit großem Landbesitz eingeheiratet hatte. Am 27. Januar 1945, 3 Uhr nachts, fuhren sie mit 17 Wagen in eisiger Winterkälte in eine hoffnungslose Zukunft Richtung Westen. Zurück ließen sie 100 Milchkühe, 150 Stück Jungvieh, 360 Schweine, 70 Schafe, 75 Pferde. Im Wirbel fliehender Menschen, sich zurückziehender deutscher Truppen und schließlich von der russischen Front überrollt, verloren sie auf dem Elendsweg binnen weniger Wochen ihren mitgeführten Besitz. In Mackensen bei Lauenburg in Pommern wurden Sowjetsoldaten zu ihren Lebensrettern.

Wenn Großmutter Sigrid in ihren Erinnerungen kramte, dachte ich, wir sind mitten im Krieg. So detailreich, so emotional waren die Schilderungen. Sie erzählte zum Beispiel von drei jungen Sowjetsoldaten, die mit Urgroßvater philosophierten, vom Pastor wissen wollten, ob das Kreuz auf der Bibel das „Hitlerkreuz" sei, und dabei schrecklich rülpsten. Ein russischer Unteroffizier beschützte die Familie vor betrunkenen Soldaten, brachte Geschenke wie Kerzen, Seife und andere wichtige Dinge. Zur Erschütterung aller wurde er von den eigenen Soldaten getötet, weil er einen Russen erschoss, der ein Kind vergewaltigte. Aus dem leeren Gutshaus besorgte sich Familie Maaß später ein Klavier und musizierte abends in der Flucht-Unterkunft ohne Noten, sang Schubert- und Schumannlieder. Das hörte ein russischer Offizier, der zum Schrecken aller plötzlich in der Tür stand, sie beruhigte, sich als Musiker des Orchesters des Mariinski-Theaters in Leningrad vorstellte. Die Kompositionen

Franz Schuberts und Robert Schumanns hatten sein Herz so gerührt, dass er fortan zusammen mit der Flüchtlingsfamilie musikalische Abende gestaltete, sie mit Kaffee, Tee und Schokolade belieferte, vor allem für ihren Schutz sorgte. Niemand ahnte, dass ihnen das Schlimmste noch bevorstand.

Ellen Dagmar Freifrau von der Goltz hat in ihrem erschütternden Privatdruck „100 Jahre Erinnerungen" für die Nachwelt festgehalten, wie die Familie als „Drecksdeutsche" von Polen ausgewiesen, in Eisenbahnwagen verfrachtet und dann Opfer einer Bande wurden: „Zwischen Stargard und Scheune blieb der Zug auf freier Strecke stehen und stand. Nun begann die Hölle. Markerschütterndes Geschrei pflanzte sich von Wagen zu Wagen fort. Brutal aussehende Männer kletterten mit brennenden Taschenlampen zu uns herein. Sie drängten uns in der Mitte zusammen. Ein Pfiff ertönte und sie stürzten sich auf uns. Eine Panik brach aus. Alle schrien und ich schrie mit. Als aber ein Pole vor mir stand, verstummte ich erschrocken … Halbwüchsige Jungen sprangen von draußen herein und krochen flink zwischen unseren Beinen herum. Sie zogen den Menschen die Schuhe aus und zerrten die Kleider herunter. Dabei schlugen sie mit Stöcken um sich. Die Plünderware wurde aus dem Zug geworfen und dort geschickt und schnell aufgefangen. Es war eine organisierte Verbrecherbande, einschließlich des gesamten Bahnpersonals. Auch Frauen wurden aus dem Zug gezerrt. Ihre lauten Hilferufe gellten zu uns herein. Endlich ruckte die Lokomotive an und fuhr langsam weiter …"

Wie durch Gottes Fügung blieben Großeltern und Kinder am Leben. Und entdeckten unter einer toten Frau als letzte Habe unseres früher großen Vermögens einige Kinderfotos, von denen ich hier erstmals eins abdrucke. Daneben die Tagebücher, welche Urgroßmutter 1915 bis 1917 gemalt und geschrieben hatte.

Im Gegensatz zu den Vorfahren verliefen meine Kindheit und Jugend völlig anders. Vom siebenten bis zum zwanzigsten Lebensjahr erhielt ich Klavierunterricht. Achtjährig trat ich dem Knabenchor Hannover bei. Dieser war damals einer der besten Chöre Westdeutschlands und band uns Sänger bei wöchentlich mindestens zwei Proben aktiv in das Konzertleben ein. Wir absolvierten bis zu 50 Konzerte im Jahr, hatten sogar Auftritte in Belgien, Finnland, Frankreich, Israel, Norwegen, Polen und Spanien, die mich in die spannende internationale Musikwelt eintauchen ließen. Das Singen war für mich Erfüllung und der Stimmbruch glich deshalb einer Katastrophe. Doch Mutter wusste Rat, überredete mich mit 13 Jahren zum Orgelspiel. Weil Vater nur die Querflöte beherrschte, lernte ich das bei einem richtigen Organisten, schloss mit der C-Organistenpüfung ab. 16-jährig freute ich mich schon auf jede Hochzeit und Beerdigung – weil dies mein kleines Taschengeld gewaltig aufbessern half. Vater war nach elf Jahren im idyllischen Kirchrode 1977 nach Wennigsen bei Hannover versetzt worden. 1984 machte ich das Abitur und leistete danach Wehrdienst als Fahrer, Sekretär und Organist des Militärpfarrers.

Kindermädchen mit den fünf Geschwistern Maaß um 1912 (von links): Ellen, Sigrid, meine Großmutter, Wolfram, Editha und Irene S. 13–23

Ev.-Luth. St. Annenkirche um 1917 S. 13–23

Alte St. Annenkirche, Blick zum Altar S. 13–23

1939 wurde die Kirche zum Kino „Spartak" S. 13–23

34

Äußerlich erstrahlt Urgroßvaters Gotteshaus heute wieder in altem Glanz. S. 13–23

Romantischer Aufgang zur Empore S. 13–23

Schwere Brandschäden im Kircheninneren S. 13–23

Mein berühmter Onkel Armin Mueller-Stahl weiß viel über unsere Familiengeschichte. S. 13–23

*Gruppenbild mit Mutter, Bruder Ekkehard und Schwester Benita,
ich halte das Schaukelpferd. S. 24–32*

Wir drei Geschwister mit unserem Vater S. 24–32

Ich (rechts) war schon immer ein großer Fußballfan. S. 24–32

Viel zu selten sehe ich meine Mutter Christa. S. 24–32

Zwei Zeichnungen aus Urgroßmutters Tagebüchern: Kinder beim Beerenpflücken im Wald sowie Oma Sigrid und ihr Bruder Wolfram mit Hund Wachti
S. 24–32

*Als Student der
Hochschule für
Musik und Theater
Hamburg
S. 49–55*

*Alexander
Gussew besuchte
mich im Bruckner-
haus Linz. S. 49–55*

*Zu Hause bei
Dmitri Bertmann
von der Helikon-
Oper (links) mit
Generalintendant
Christoph Meyer,
Deutsche Oper am
Rhein S. 49–55*

Juwelenzimmer im Historischen Grünen Gewölbe S. 56–75

Dresdens Semperoper ist weltberühmt. S. 56–75

*Fürst Nikolai
Putjatin baute
dieses Haus.
S. 56–75*

*Unsere
Russisch-Ortho-
doxe Kirche in
Dresden S. 56–75*

Denkmal für Fjodor Dostojewski in Dresden S. 56–75

Dank russischer Hilfe erbaut: die Kirche auf dem Weißen Hirsch S. 56–75

St. Isaaks-Platz in St. Petersburg mit Isaaks-Kathedrale sowie rechts die Hotels „Astoria" und „Angleterre" S. 76–89

Die Rotunde im noblen „Astoria" gilt als „Wohnzimmer" von St. Petersburg. S. 76–89

Generaldirektor Gerold J. Held leitet seit 2013 beide Luxushotels.
S. 76–89

Morgendliche Zeitungslektüre nahe der Blutskirche *S. 76–89*

Dieser Palast ist das „St. Petersburger Haus der Musik". S. 76–89

*Mein Freund
Sergei Roldugin
mit seinem
wertvollen Cello
S. 76–89*

Blick in den Kammerkonzertsaal vom „Haus der Musik" S. 76–89

Als Juror bei Sergei Roldugin und seiner Frau, der gefeierten Sopranistin Elena Mirtowa S. 76–89

Zum SemperOpernball gibt es auch außen eine Mega-Show. S. 90–104

*Mit Wladimir Putin
verfolgte ich die
atemberaubende
Show zum vierten
SemperOpernball.
S. 90–104*

*Warten auf den Auftritt: Botschafter
Wladimir Kotenjow, Wladimir
Putin, 2009 Ministerpräsident der
Russischen Föderation mit dem Ball-
Chef S. 90–104*

Italienisches Eis führt mich ins Land von Strawinski und Tolstoi

Die erste persönliche Begegnung mit Russland verdanke ich, wie so vieles in meinem Leben, außergewöhnlich glücklichen Fügungen. Den Anstoß gab mein Hochschullehrer, der langjährige Präsident der Hochschule für Musik und Theater Hamburg, Hermann Rauhe. In der Hansestadt hatte ich an seiner berühmten Akademie die Ausbildung zum Opernsänger begonnen und dabei von der Stimmlage Tenor zu Bariton gewechselt. Auf Vaters Drängen, dem der Beruf eines Opernsängers viel zu unsicher erschien, belegte ich gleichzeitig das Musiktheater-Regiestudium bei Götz Friedrich. Schon Ende 1989 durfte ich in Zusammenarbeit mit der Hamburger Staatsoper als Studienprojekt „Die Fledermaus" von Johann Strauß inszenieren. Zudem hatte ich in Stockholm als Regieassistent gearbeitet, weitere eigene Inszenierungen u. a. an Studiotheatern in Annaberg-Buchholz, Detmold, Greifswald und Rostock auf die Bühne gebracht. Als der neue Studiengang Kulturmanagement ins Leben gerufen wurde, schrieb ich mich sofort bei Rauhe und Peter Ruzicka ein, erhielt 1990 bzw. 1993 Diplomabschlüsse in Musiktheater-Regie und als Kulturmanager. Parallel zum Studium jobbte ich als Sänger und Regieassistent, war auch Beleuchtungsinspizient der Hamburger Staatsoper. Mich jungen Absolventen verpflichtete dann 1994 das Thüringer Landestheater in Eisenach als Künstlerischen Betriebsdirektor, anschließend wechselte ich 1995 in derselben Funktion ans Theater Bremen.

Zwischenzeitlich kam Präsident Rauhe, dem ich aus Vorlesungen und Seminaren im Gedächtnis haften geblieben war, mit einem interessanten Angebot auf mich zu: Der niederländisch-britische Unilever-Konzern – dessen Sortiment wie Nahrungsmittel, Kosmetika, Körperpflege-, Haushalts- und Textilpflegeprodukte wir alle kennen – wollte damals seine Eis-Marke „Langnese" aufpolieren. Dafür hatten Marketing-Strategen eine italienisch angehauchte Kreation namens „I Cestelli" („Die Körbe") ersonnen. Um Alt und Jung die sahnig-süße Leckerei schmackhaft zu machen, war ein aufsehenerregender Rummel um eine Welturaufführung angedacht. Star-Tenor Luciano Pavarotti sollte in einer bislang unbekannten Oper von Giuseppe Verdi die Titelpartie singen. Alle weiteren Sänger waren durch einen internationalen Wettbewerb zu rekrutieren. Der vielbeschäftigte Rauhe hatte mich für die Präsentation vor der zuständigen Agentur auserkoren. Doch dort ließ man mich kaum zu Wort kommen und wenig verwunderlich schmolzen deren auf einer reinen Fiktion aufgebauten Pläne in kürzester Zeit wie Eis in der Sonne: Eine unbekannte Verdi-Oper gab es nämlich gar nicht mehr und Pavarotti war bereits über vier Jahre ausgebucht, stand auch als Eis schleckende Werbefigur nicht zur Verfügung.

Übrig blieb letztendlich der Gesangs-Wettbewerb. Und der wurde nun mit Plakat-Aktionen und vier Millionen DM aus dem Langnese-Budget ganz groß vorbereitet. Denn die italienische Oper bietet sich wirklich an. Sie ist die am breitesten aufgestellte Sprachform der Oper, jeder kann sie singen. Ich arbeitete bei der Entwicklung des Konzepts und der Realisierung des ersten „I Cestelli Competizione dell' Opera" – des internationalen Wettbewerbs für italienische Oper im Jahr 1996 – als der Projektleiter. In Städten wie Berlin, Dresden, Hamburg, Köln oder Stuttgart gab es, nach Ländergruppen geordnet, europäische Vorausscheide. Neben Rauhe und Ruzicka engagierte sich auch der damalige deutsche Musikrats-Präsident Franz-Müller Heuser. Das Finale fand mit Nicolai Gedda als Schirmherr in Lübeck statt.

Vorher hospitierte ich 1995 in der Wiener Kammeroper bei dem von Hans Gabor gegründeten, mittlerweile nach ihm benannten und bis heute von seiner Witwe geführten „Belvedere-Gesangswettbewerb". Dort begegnete ich einem gutmütig-jovialen und hilfsbereiten Russen, einem begnadeten Erzähler mit feinem Humor und erstklassigen Kontakten: Alexander Gussew. Der Chef des künstlerischen Programms bei GOS-Konzert machte sich mit dem Titel Impresario gerade auf den Weg in die Selbstständigkeit.

Er war ein großer Strippenzieher, dem auf verschiedensten Gebieten der Ruf vorauseilte „Gussew knows better!". Als Älterer bot er mir schnell das „Du" an. Von ihm erhielt ich den ersten Crash-Kurs über die alten Sowjet-Strukturen des Klassik-Business: Moskau-Konzert befasste sich mit den musikalischen Aktivitäten der Hauptstadt, Ross-Konzert mit Russland, Sojus-Konzert mit der Sowjetunion. Könige der Branche waren jedoch die für Auslands-Aktivitäten zuständigen GOS-Konzert-Leute. Alexander begrüßte sehr, dass in der Gorbatschow-Zeit erstmals private Aktivitäten möglich wurden, beklagte aber zugleich den nach 1990 einsetzenden Niedergang des Ballett-Exports. Verantwortlich machte er die gesetzlosen Zustände. Mit dem Zusammenbruch der alten Ordnung schossen Compagnien wie Pilze aus dem Boden. Sie alle, sogar eine Volkstanztruppe aus Kirgisistan, gaben sich als Tänzer des berühmten Bolschoi – was ja eigentlich nur „groß" heißt – aus. Schließlich vertraute im Ausland keiner mehr diesem weltbekannten Namen.

Zur Hauptstadt Österreichs hatte Alexander eine ganz besondere, höchst persönliche, Beziehung. Sein Vater Iwan Fedorowitsch Gussew kämpfte in der Roten Armee als Generalleutnant. Er selbst war im Bauch seiner Mutter Lidija Botscharova fast neun Monate mit dabei. Die Stabs-Telegrafistin wurde erst kurz vor der Entbindung nach Moskau kommandiert, war aber mit dem Baby schon nach fünf Monaten wieder an der Front. Und so konnte Gussew an der Mutterbrust nach der Schlacht um Wien mit in die Donaumetropole einmarschieren.

Natürlich ließ er es sich nicht nehmen, mich zum Heldendenkmal der Roten Armee am Wiener Schwarzenbergplatz zu führen, wo der Name des Vaters auf der Rückseite eingraviert ist. Der auf dem Moskauer Prominenten-Friedhof Trojekurowo bestattete General laborierte nach dem Krieg lange an den Spätfolgen eines Kopfschusses, wurde früh pensioniert. Ein im Kopf wandernder Splitter – erst spät herausoperiert – zerstörte den Sehnerv, führte zur langsamen Erblindung. Selbst im Odessaer Filatow-Krankenhaus des legendären Ophthalmologen Wladimir Filatow konnte man sein Augenlicht nicht retten.

Auf dem Rückweg zum Wettbewerb erzählte Alexander noch viel von sich und seinen Eltern. Einiges blieb mir in Erinnerung: Seine Mutter arbeitete vor dem Krieg als Sekretärin der Parteizeitung „Prawda". Ihr Chef war der durch das „Spanische Tagebuch" bekannt gewordene Journalist, Spanienkämpfer und Parteifunktionär Michail Kolzow. Zu ihrem Glück wurde sie versetzt. Denn Tage später verhaftete man Kolzow bei den „Stalin'schen Säuberungen", erschoss ihn später. Mit ihm verschwand ihre Nachfolgerin. Einen Arbeitstag vergaß seine Mutter nie: Eines Nachts als Sekretärin allein im Dienst, war plötzlich Stalin persönlich am Telefon. Sie zitterte vor Aufregung am ganzen Leibe, reichte dem Redakteur den Hörer ganz schnell weiter. Stalin war für die Menschen mehr als ein Führer, er war Vater, Mister Universum und Gott zugleich. „Selbst wir Jungen in der Schulklasse weinten bei seinem Tode alle bitterlich", verriet mir Alexander. Die Tragweite einer seiner Episoden habe ich erst im März 2014 verstanden. Alexander erzählte, wie er 1954 im Allunions-Pionierlager Artek nahe Gursuf auf der Krim war. Seine Worte klingen mir bis heute in den Ohren: „Weißt du, damals hatte Chruschtschow gerade der Ukraine die ganze Halbinsel Krim geschenkt. Doch merkwürdigerweise zeigten die Leute weder Freude noch Dankbarkeit, betrachteten es als größte Selbstverständlichkeit. Als wenn beim Kölner Karneval die Jecken Bonbons unters Volk werfen."

Für Ende November 1995 lud mich Alexander gleich nach Moskau ein, um russische Sänger zu casten. Es war ein unbeschreibliches Gefühl, das erste Mal die Füße auf russischen Boden zu setzen. Die fremden Gerüche, das Labyrinth der Metro, die gigantischen Magistralen, Kreml, Roter Platz, Basilius-Kathedrale und Arbat. Natürlich war ich im Bolschoi. Es war nicht das Moskau von heute, aber ich spürte eine Warmherzigkeit und Offenheit, die begeisterte. Wie ein Schwamm sog ich alles in mir auf und stellte bald fest, dass man Wochen, ja Monate brauchen würde, all die Theater, Museen und magischen Orte zu besuchen. Wie gern hätte ich noch Igor Strawinskis Ballett der „Feuervogel" angeschaut, im Moskauer Wohnhaus von Graf Lew Nikolajewitsch von Tolstoi nach Spuren seiner „Anna Karenina" gesucht. Wenigstens zeigte mir Alexander – weil ich von Michail Bulgakows Roman „Meister und Margarita" schwärmte, dessen erste Kapitel ich gerade verschlungen hatte –, wo Berlioz dem Teufel begegnete, die Haltestelle, an der sich die düstere Prophezeiung erfüllte, ihm die Tram den Kopf abtrennte.

Und er stellte mich dem jungen und für unkonventionelle Produktionen bekannten Regisseur Dmitri Bertmann vor. Dieser hatte fünf Jahre zuvor die faszinierende Helikon-Oper gegründet. In diesem Kammertheater mit barockem Saal, kleiner Bühne und Orchester davor wurde sogar Giuseppe Verdis „Aida" gespielt. Über viele Jahre haben wir seine Gastfreundschaft bei den Vorentscheidungen für den „Competizione" nutzen können. Dann begann für etwa zehn Jahre die Sanierung, er musste u. a. in ein Kino ausweichen. Seit Kurzem hat er seine Oper wieder. Mit einer ganz neuen, spannenden Architektur. Die alten Gebäude sind per Glasdach verbunden, was einen zusätzlichen schönen Raum für das Musiktheater schuf. Wir bewahrten über all die Jahrzehnte Kontakt und es erfüllte mich immer mit Stolz, wenn man seine Regiearbeiten wie z. B. Rimski-Korsakows „Die Zarenbraut" oder Dmitri Schostakowitschs „Lady Macbeth von Mzensk" mit dem nationalen russischen Theaterpreis „Goldene Maske" ehrte.

Die brillanten russischen Sänger meines Freundes Alexander gewannen beim ersten „I Cestelli Competizione dell' Opera"-Wettbewerb 1996 gleich die beiden ersten Preise: Marina Mescherjakova ersang sich den ersten Platz. Sie debütierte dann gleich 1997 bei den Salzburger Festspielen, erhielt Engagements an allen großen Opernhäusern der Welt. Ob Stockholm, Berlin, München, London, Paris, Mailand, Wien, San Francisco oder New York – sie ist glänzend im Geschäft und auch als Konzertsängerin weltweit gefragt. Mit dem zweiten Preis fuhr Sergej Murzaev nach Hause. 2000 wurde er Russlands Künstler des Jahres. Heute ist er in verschiedensten Rollen am Mariinski-Theater St. Petersburg zu erleben, hat Gastengagements in aller Welt. Ein Preis ging in jenem Jahr auch an die Sopranistin Anja Harteros.

Nach dem zweiten Wettbewerb 1998 – er fand wieder in Hamburg statt – zog sich Langnese vom Sponsoring zurück. Das Eis schmeckte zu süß, floppte. Damit schien dieses sängerische Kräftemessen zwar vorerst gestorben, doch es war nicht das Ende! Einige Jahre später fragte mich Torsten Mosgraber, Intendant der Dresdner Musikfestspiele, ob ich den Wettbewerb revitalisieren könne. Es wurde dann ein Verein gegründet, ich änderte aus ökonomischen Erwägungen das Konzept – nur noch ein Zentrum, aber nationales und internationales Vorsingen. 2001 startete der „Competizione dell' Opera" wieder, seit 2006 sogar jährlich.

Dresden und Russland – seit über 300 Jahren verbunden

Wer das Historische Grüne Gewölbe – die Schatzkammer der sächsischen Kurfürsten und Könige im Dresdner Residenzschloss – betritt, stößt nahe dem Eingang auf ein merkwürdiges Gefäß unter Panzerglas. Dieser sogenannte Kofsch ist eine Trinkschale von Zar Iwan Wassiljewitsch. Mit ihren vier tiefdunklen Saphiren in schweren Fassungen, zwei Reihen kyrillischer Buchstaben am Rand, Ornamenten und dem schwarzen kaiserlichen Doppeladler im Boden wiegt diese Preziose aus purem Gold über ein Kilogramm. Die Inschrift unter dem Boden verrät Alter und Geschichte dieses Werkes aus der Hofwerkstatt im Moskauer Kreml: „Diese Schale befahl der Herrscher, aus Polozker Gold zu fertigen, als er sein Erbe, die Stadt Polozk, im Jahre 1563 am 15. Februar erobert hatte."

Es steht außer Zweifel, dass nur Peter I., der Große, dieses einzigartige Objekt von nationaler Bedeutung außer Landes bringen und an Sachsens Kurfürst Friedrich August I., den Starken – zugleich König von Polen –, verschenken durfte. Bei anderer Gelegenheit verehrte er dem Herrscher auf dem Dresdner und Warschauer Thron den „großen rohen Moskowitischen Saphir". In Form einer Nase und von 648 Karat ist er heute Teil der Saphirgarnitur im Grünen Gewölbe. Auch viele hohe russische

Orden haben sich hier erhalten. August der Starke wollte aus Sachsen und Polen ein einheitliches Reich machen. Dafür verbündete er sich mit dem Zaren von Russland. Im Nordischen Krieg und gleichzeitig im Spanischen Erbfolgekrieg zeigte sich die Teilung Europas – diese setzt sich ja bis heute fort – in eine östliche und eine westliche Staatengruppe. Seit damals ist Russland unbestreitbar Großmacht Europas.

Peter, dieser geniale Zar und Großfürst von Russland, der auch erster Kaiser des Russischen Reiches war, weilte zwischen 1698 und 1712 gleich vier Mal in Dresden. Neugier und Wissensdurst führten ihn dabei auch in die Kunstkammer, ins Zeughaus, die Glashütte und zur Pulver- und Papiermühle. Zur großen Überraschung der Fürstenfamilie besuchte er einen Bergrat und einen Bernsteindrechsler, freundete sich mit Hofjuwelier Johann Melchior Dinglinger und dem als „sächsischer Archimedes" bekannten Hofmathematiker und Mechaniker Andreas Gärtner an. Bei Letzterem bestellte er diverse Geräte. Eine 1714 fertiggestellte astronomische Kunstuhr mit drei Zifferblättern steht bis heute in der Zarensommerresidenz bei St. Petersburg. Und er besiegelte mit der Trinkschale Iwans IV., des Schrecklichen, eine Freundschaft und Tradition, die schon länger als 300 Jahre andauert.

Ich bewunderte diese Schale erstmals Ende 1997. Künstlerischer Betriebsdirektor an der Dresdner Semperoper geworden, stattete ich dem Grünen Gewölbe, welches sich damals noch im Interimsquartier Albertinum an der Brühlschen Terrasse befand, einen Besuch ab. Wenn ich heute diese Zeit Revue passieren lasse, in Gedanken an den vielen Baustellen und dem Gewirr der Kräne im Stadtzentrum vorbeilaufe, kann ich es kaum fassen. Ich war Augenzeuge des Wiederaufbaus der Dresdner Frauenkirche und des schönsten Platzes Sachsens, des Neumarkts. Ich erlebte die Auferstehung des Residenzschlosses, ja das Erblühen einer der schönsten Städte Europas. Wegen der vielen barocken Häuser, Villen und Paläste beiderseits der Elbe, der noblen Hotels, des musikalischen und künstlerischen Lebens, der prächtigen Umgebung und des milden Klimas wurde Dresden schon im 19. Jahrhundert das „Florenz des Nordens" genannt. All diese Herrlichkeit fand ein Ende, als am 13. und 14. Februar 1945 – der Zweite Weltkrieg war längst entschieden – alliierte englische und amerikanische Bomberstaffeln die Perle der Kunst und Kultur quadratkilometerweit in eine Flammenhölle, in Schutt und Asche verwandelten. Zehntausende Dresdner fanden in diesem Inferno den qualvollen Tod.

Auch eines der Kronjuwelen unter den Opernhäusern der Erde, die Scmpcropcr, zcrbarst im Hagel von Luftminen, glühte durch Treffer der Brandbomben aus. Unter den Dirigenten Ernst Edler von Schuch, Fritz Busch und Karl Böhm erlebte der Musentempel der Superlative bis 1942 seine legendäre Glanzzeit. Einen Anteil daran hatte auch der 1922 aus der Sowjetunion ausgereiste Pianist und Dirigent Issay Dobrowen, der im gleichen Jahr die erste deutsche Aufführung der russischen Nationaloper „Boris Godunow" von Modest Mussorgski an der Semperoper leitete und bis Anfang der 1930er-Jahre als Stellvertreter von Generalmusikdirektor Busch wirkte. Doch vom Glanz zum Elend war es nur ein kleiner Schritt. Am 31. August 1944 hob sich das letzte Mal der Vorhang. Dann triumphierte der „totale Krieg", schlossen alle Theater. Und wenige Monate später ragten nur noch rußgeschwärzte Ruinenstümpfe aus einer Trümmerwüste. Jahrzehntelang zeigte sich die Semperoper als Brandruine. Erst 1985 konnte man sie mit der romantischen Oper „Der Freischütz" von Carl Maria von Weber wiedereröffnen. Zur Weihewoche hatten als Stargäste auch der fast mystisch verehrte russische Pianist Swjatoslaw Richter zusammen mit Welt-Tenor Peter Schreier Schuberts „Winterreise" interpretiert.

Zwölf Jahre später gelangte ich an dieses Haus. Das verdankte ich dem Wettbewerb „Competizione dell' Opera", der in Dresden Talente suchte, und auch meiner damaligen Lebenspartnerin Kirsten Blanck. Sie galt als eine der besten Koloratursopranistinnen, war hier ab 1995 als Königin der Nacht in Wolfgang Amadeus Mozarts „Die Zauberflöte" engagiert. Ich suchte über den Wettbewerb Kontakt zu Operndirektor Rolf Wollrad, der eines Tages zu Kirsten sagte: „Bring mal deinen Galan mit." Und so wurde ich zum Gespräch mit Intendant Christoph Albrecht gebeten, den ich als Gastdozent der Hamburger Hochschule kannte. Dann ging alles fix. Mit seinem Segen und der Sympathie des Operndirektors unterschrieb ich im März 1996 meinen Vertrag als Künstlerischer Betriebsdirektor. Im nächsten Jahr habe ich Kirsten geheiratet und zur Saison 1997/98 die Nachfolge von Johannes Matz angetreten. Es war eine aufregende Zeit. Wir internationalisierten die Sängerpolitik, verpflichteten bekannte Regisseure wie Sebastian Baumgarten, Willy Decker, Claus Guth, Günter Krämer, Peter Konwitschny, Nikolaus Lehnhoff und Vera Nemirova, intensivierten die Zusammenarbeit der Sächsischen Staatskapelle mit herausragenden Dirigenten: Marc Albrecht, Semyon Bychkov, Sir Colin Davis, Daniele Gatti, Daniel

Harding, Manfred Honeck, Fabio Luisi, Christian Thielemann, Sebastian Weigle – alle kamen. Besonders lernte ich den aus Omsk stammenden Wladimir Derewianko schätzen, der von 1993 bis 2006 sehr erfolgreich als Erster Solist, Ballettdirektor und Choreograf an unserem Haus wirkte. Mit über 98 Prozent Auslastung nahm die Semperoper im Kulturbetrieb und Tourismus eine Sonderstellung ein.

Es war eine aufregende, eine glückliche Zeit voller Inspirationen. In Dresden wurde unsere Tochter Konstanze geboren, fand ich Tennispartner und konnte in Geschichte und Kultur dieser einstigen Residenzstadt eintauchen, welche sich auch als Landeshauptstadt im zu Ende gehenden 20. Jahrhundert etwas vom monarchischen Glanz bewahrte. Dabei stieß ich – zuerst unbewusst, später danach suchend – an verschiedenen Orten auf russische Spuren.

Im Osten der Stadt, in Kleinzschachwitz, steht ein wunderliches Häuschen. Es ist einem Kartenhaus ähnlich und heißt Putjatinhaus. Dieses ließ 1823 der russische Fürst Nikolai Abramowitsch Putjatin als Dorfschule bauen. Der Kammerherr am russischen Hof verließ nach einem Liebesskandal St. Petersburg und siedelte sich 1797 in Kleinzschachwitz an, das damals noch nicht zu Dresden eingemeindet war. Als Wohltäter, Philosoph und liebenswerter Sonderling ging er in die Annalen ein.

Anarchist Michail Bakunin, der erstmals 1842 nach Dresden kam, gehörte zu den Aufwieglern und militärischen Führern während des Dresdner Maiaufstandes 1849.

Geradezu ins Auge fällt jedem eine Kirche, die mit ihren goldenen Kreuzen auf blauen, zwiebelförmigen Kuppeln wie jene im 17. Jahrhundert in Moskau gebauten ausschaut, sich gleich hinter dem Hauptbahnhof gen Himmel reckt. 1874 geweiht, legt die Russisch-Orthodoxe Kirche des Heiligen Simeon vom wunderbaren Berge zu Dresden davon Zeugnis ab, welch mächtige Russisch-Orthodoxe Gemeinde in der zweiten Hälfte des 19. Jahrhunderts bereits in der Stadt existierte. Die Anfänge der dem Moskauer Patriarchat angehörenden Kirche lassen sich bis zum Jahr 1813 zurückverfolgen. Damals hatte der russische Gouverneur Fürst Nikolaij Grigorjewitsch Repnin-Wolkonski in seiner Residenz im Brühlschen Palais einen Saal für den orthodoxen Gottesdienst bereitgestellt. Sachsen war nach der verlorenen Völkerschlacht bei Leipzig, wo es auf der Seite des Verlierers Napoleon Bonaparte stand, ein besetztes Land, der König für mehrere Jahre in Preußen arretiert. Repnin-Wolkonski hatten die Verbündeten als ersten Generalgouverneur eingesetzt. Ihm verdankt Dresden z. B. auch die Errichtung der riesigen Freitreppe zur Brühlschen Terrasse und den Wiederaufbau des Großen Gartens.

Dass die orthodoxen Christen – 1862 zählte man bereits 358, darunter Botschaftsangehörige und ihre Familien – nach verschiedenen Provisorien ein eigenes festes Haus erhielten, machten großherzige Stifter möglich: Das Grundstück schenkte der Ehrenbürger des Russischen Reiches und Schiffseigner Alexander Wollner. Unentgeltlich entwarf der Architekt des Zarenhofs, Harald Julius von Bosse, das Gotteshaus. Einen Teil der Baukosten für den mit Sandstein verkleideten Ziegelbau, dessen Glockenturm 40 Meter misst, zahlten die Zarenfamilie, der Heilige Synod und Gemeindemitglieder. Drei Viertel des Geldes – 160 000 Taler – bekam man vom an der Kai-

61

serlichen Russischen Gesandtschaft tätigen Wirklichen Staatsrat Simeon von Wikulin geschenkt. Es grenzt an ein Wunder, dass die Kirche im Dresdner Inferno von 1945 ohne größere Schäden blieb, obwohl alle Häuser der Umgebung zerstört wurden.

Zur Gemeinde gehörte Schriftsteller Fjodor Dostojewski, der 1869 bis 1871 in Sachsens Hauptstadt lebte, während dieses längsten Auslandsaufenthaltes seines Lebens mehrere Kapitel für „Die Dämonen" verfasste. Die in Dresden geborene Tochter ließ er auf den Namen Ljubow taufen. Eine Sternstunde für die Stadt, als 2006 zwischen Sächsischem Landtag und Internationalem Congress Center (ICC) das Dostojewski-Denkmal des Bildhauers Alexander Rukawischnikow durch Bundeskanzlerin Angela Merkel, Russlands Staatspräsident Wladimir Putin und Sachsens Ministerpräsident Georg Milbradt eingeweiht wurde. Ich war dabei, hatte als Operndirektor eine Einladung zum „Petersburger Dialog", der nach der Einweihungs-Zeremonie im ICC stattfand und heute leider nicht mehr diese Wertschätzung wie einst genießt. Meine Neugier ließ mich die etwa 1000 Versammelten im Saal verlassen und auf die Terrasse treten. So wurde ich Augenzeuge der Denkmal-Enthüllung.

Auch die Wiege des 1911 in Kiew durch einen Terroristen ermordeten Vorsitzenden des Ministerrates Russlands, Pjotr Stolypin, stand in Dresden. Der weltberühmte russische Pianist, Dirigent und Komponist Sergej Rachmaninow kam bis 1928 immer wieder in die Stadt, wohnte von 1906 bis 1909 ununterbrochen in der Sidonienstraße, komponierte da die 2. Sinfonie, die 1. Klaviersonate und das 4. Klavierkonzert, das sinfonische

Poem „Insel der Toten" und die unvollendet gebliebene Oper „Monna Vanna", ließ sich von Maler Robert Sterl porträtieren. 1924 vermählte sich die älteste Rachmaninow-Tochter Irina in der Russisch-Orthodoxen Kirche mit Fürst Peter Wolkonski.

Russische Bildungsbürger fühlten sich von Dresden magisch angezogen. Oft beschrieben sie die Stadt in enthusiastischen Worten. Universal-Wissenschaftler Michael Lomonossow, der 1739/40 im benachbarten Freiberg studierte, war von Dresdens mineralogischer Sammlung fasziniert. Nikolai Karamsin, Historiker und Schriftsteller, rühmte in seinen 1789/90 entstandenen „Briefen eines russischen Reisenden" die Dresdner Galerie, welche „als eine der besten in Europa geschätzt wird". In den 1820er-Jahren begleitete Dichter und Maler Wassilij Schukowski den späteren russischen Zaren Nikolaus I. auf Europareise in das Atelier des Malers Caspar David Friedrich. Von Schriftsteller Iwan Sergejewitsch Turgenjew weiß man, dass er im Herbst 1840 zwei Monate lang im „Hotel de Russie" lebte, Eindrücke aufsaugte und später in seinem Roman „Väter und Söhne" das Treiben der höheren Gesellschaft auf der Brühlschen Terrasse verewigte. 1860 zogen Peter Gustav Fabergé und Ehefrau Charlotte mit ihren Kindern von St. Petersburg nach Dresden. Wie viele Landsleute schätzten sie – des unbeständig-regnerischen Petersburg oder des im Winter bitterkalten und im Sommer staubig-heißen Moskau überdrüssig – die klimatischen Vorzüge der Stadt im Talkessel der Elbe. Sohn Peter, der später durch seine Zaren-Eier legendär wurde, erhielt in der Dresdner Hofkirche die Firmung. 1870 kehrte er nach St. Petersburg zurück, übernahm die Werkstatt des Vaters und erweiterte sie zu einer 700-Mann-Goldschmiede. Mutter Charlotte ist auf dem Dresdner Trinitatisfriedhof bestattet. Der Dichter und Dramatiker Graf Alexej Konstantinowitsch Tolstoi, ein Vetter von Lew Tolstoi, wohnte seit 1862 in Dresden, verfasste hier u. a. seine Zarentrilogie. Iwan Wladimirowitsch Zwetajew, der Begründer des Moskauer Puschkin-Museums, schickte im Sommer 1910 seine Töchter Anastasia und Marina – die so tragisch verstorbene Dichterin – auf den durch das Sanatorium von Dr. Heinrich Lahmann europaweit bekannten Weißen Hirsch zu einer Pfarrersfamilie. Hier sollten sie neben der deutschen Sprache „gutes Benehmen" und Hauswirtschaft erlernen. Anastasia schwärmte von der „Sixtinischen Madonna" beim Besuch der Dresdner Gemäldegalerie: „Ihre Haare berührt ein Windhauch, ihre schwarzen Augen blicken zu uns, ihre Lippen atmen." Lahmanns Sanatorium wurde damals von vielen russischen Beamten und Kaufleuten frequentiert, war dann zwischen 1946 und 1992 Militärkrankenhaus der Sowjetarmee. Auf dem Weißen Hirsch steht seit 1889 die einzige hölzerne Kirche weit und breit. Dieses evangelisch-lutherische Gotteshaus verdankt seine Errichtung der großzügigen Förderung durch den kaiserlich-russischen Staatsrat Nikolaus Stange.

Sächsische Unternehmer investierten kräftig in Russland und umgekehrt war es ebenso. So gab es auch den Austausch von Handwerkergesellen. Um 1844 brachte der Dresdner Bäckergeselle Ferdinand Wilhelm Hanke die köstliche Rezeptur für ein „Moskowiter Brot", u. a. Mehl, Puderzucker, Eiweiß und Couleur beinhaltend, aus St. Petersburg in die Heimat mit. Dieses Buchstaben-Gebäck in Form des deutschen Alphabets, das in Österreich Patience-Bäckerei heißt und in der DDR als „Russisch Brot" legendär war, gibt es bis heute. Die Dr. Quendt GmbH & Co. KG produziert gewaltige Mengen für den deutschen Markt.

Wer weiß heute noch, dass an Sachsens Universitäten und Hochschulen bis zum Ersten Weltkrieg Russen die zahlenmäßig stärkste Ausländergruppe stellten, dass Dresden zum Ende des 19. Jahrhunderts ein „Russisches Viertel" besaß, in dem Hunderte Russen lebten und in dem ab 1879 an der Liebigstraße 1 das am besten ausgestattete Himmelsobservatorium des ganzen Deutschen Reiches stand. Sein Besitzer: der Astronom und Historiker, Kaiserlich Russische Wirkliche Staatsrat Baron Wassily Pawlowitsch von Engelhardt, ein Urgroßneffe des legendären Fürsten Gregorij Alexandrowitsch Potemkin. Fast 50-jährig war der Staatsbeamte nach Dresden gekommen, wo er die drei prachtvollen Bände seines Lebenswerkes „Observations Astronomiques" verfasste. 1897 schenkte er Sternwarte und Bibliothek der Kaiserlich-Russischen Universitätssternwarte Kasan (heute Engelhardt-Observatorium). Seinen testamentarischen Wunsch, auch in Kasan beerdigt zu werden, vereitelten der Erste Weltkrieg und die Oktoberrevolution. Erst 2015 hat man den Leichnam in Dresden exhumiert und nach Kasan überführt.

Zweimal wurden russische Truppen von der Dresdner Bevölkerung als Befreier gefeiert: zuerst als Sieger über Napoleon im Jahre 1813. Der russische Zar Alexander I. und Preußen-König Friedrich Wilhelm III. zogen damals persönlich in die Stadt ein. Dem französischen General Jean-Victor Moreau – von Napoleon verbannt und bei der Schlacht von Dresden als Generaladjutant, an der Seite des russischen Zaren kämpfend, tödlich verletzt – wurde in Räcknitz bei Dresden ein Denkmal gesetzt. Das zweite Mal nach dem Großen Vaterländischen Krieg, als Verbände der 1. Ukrainischen Front der Roten Armee unter Marschall Iwan Stepanowitsch Konew am 8. Mai 1945 als Sieger über das Hitler-Regime einmarschierten. Bis zum Abzug zwischen 1991 und 1992 in den Raum Smolensk waren in verschiedenen Kasernen der Stab der 1. Garde-Panzerarmee nebst der 11. Garde-Panzerdivision, dem 249. Garde-Motschützenregiment und der 6. Selbstständigen Hubschrauberstaffel untergebracht.

Zwar hatte die DDR mit der „Gesellschaft für Deutsch-Sowjetische Freundschaft" (DSF) eine Massenorganisation, welche Kenntnisse über Kultur und Gesellschaft in der Sowjetunion vermitteln sollte, z. B. auch unter Schülern für Brieffreundschaften warb. Doch wie jede staatlich verordnete Freundschaft – diese war sogar mit einem gewissen Zwang und dem monatlichen Kauf von Beitragsmarken verbunden – verfehlte sie ihre hehren Ziele. Von sechs Millionen Mitgliedern 1985 waren 1991 nur 20 000 übriggeblieben, Ende 1992 wurde die DSF aufgelöst. Echte Freundschaften gab es natürlich trotzdem, noch mehr Liebesbeziehungen und familiäre Bande.

1955 erwählte ein aus der Sowjetunion kommendes Universal-Genie die Stadt zur neuen Heimat: Manfred Baron von Ardenne! Dem in Hamburg geborenen und in Berlin arbeitenden Atom- und Fernsehpionier war im Mai 1945 von der sowjetischen Regierung „nahegelegt worden", seine Forschungen in der Sowjetunion fortzusetzen und bei der nuklearen Rüstung zu helfen. Man kann es auch als eine Art intellektuelle Beute oder Reparation bezeichnen. Von den USA, die sich z. B. des Raketenexperten Freiherr Wernher von Braun bemächtigten, ist Ähnliches bekannt. Ardennes ganzes Institut samt Inventar und Mitarbeitern wurde dafür auf Züge verladen, mitgenommen. Nach einer Beratung bei Lawrentij Beria betraute man den adeligen Wissenschaftler mit der Leitung des Instituts für Industrielle Isotopentrennung in Sinop nahe Suchumi am Schwarzen Meer. Dessen Hauptaufgabe war die elektromagnetische Massentrennung von Uranisotopen. Mit zwei hochdotierten Stalinpreisen geehrt, transferierte der Träger von Staatsgeheimnissen zehn Jahre später das Laboratorium in die DDR und durfte bis zum Ende des sozialistischen Staates als Einziger ein 500-Mann-Privatinstitut mit Sondermaschinenbaubetrieb betreiben, welches bis heute prosperiert.

Im Sommer 1960 hatte der große Komponist Dmitri Schostakowitsch einen besonderen Auftrag in Dresden. Er sollte die Musik zum Film „Fünf Tage und fünf Nächte", die Bergung der Gemälde der Dresdner Alten Meister durch die Rote Armee 1945 heroisierend, komponieren. Vom Anblick der Dresdner Trümmerwüste, den schrecklichen Spuren des Infernos von 1945 erschüttert, schuf er in nur drei Tagen – vom 12. bis 14. Juli – sein ergreifendes Streichquartett Nr. 8 in c-moll, opus 110.

Ab Frühjahr 1985 arbeitete nur drei Kilometer von Ardennes Schloss an der Elbhangkante entfernt, in der Angelikastraße 4, ein 33-jähriger KGB-Major: Wladimir Putin! Die graue zweigeschossige Villa in der Radeberger Vorstadt mit Sauna im Keller war ein Außenposten des weltumspannenden Geheimdienstnetzwerkes der Sowjetunion. Etwa acht Agenten verrichteten hier Dienst.

Seinem alten Dresdner KGB-Chef Lasar Matweyew – so wurde es offiziell vom Kreml berichtet – gratulierte Wladimir Putin letztes Jahr in dessen Moskauer Wohnung zum 90. Geburtstag. Auf dem Foto fiel mir sofort ein Kunstdruck ins Auge, der über dem Sofa des alten Herrn hing: der Dresdner Altmarkt von der Schlossstraße, gemalt 1752 vom berühmten Bernardo Bellotto, genannt Canaletto.

Als im Herbst 1985 Ehefrau Ljudmila mit der in St. Petersburg geborenen Tochter Marija in Dresden eintraf, verfügte die Familie im sechsstöckigen DDR-Plattenbau Radeberger Straße 101 über eine etwa 63 Quadratmeter große Wohnung im dritten Stock. Daran grenzte der etwas verwilderte Jägerpark mit Sportstätten und einem Munitionsdepot. Als die Zeitungen plötzlich über seine Dresdner Jahre berichteten, bin ich mit meiner Tochter einmal auf Putins Spuren gewandelt. Bis zum ehemaligen KGB-Objckt brauchten wir nur fünf Minuten zu Fuß.

Vom Dienstzimmer im ersten Stock soll er sogar seine Sprösslinge – die zweite Tochter Katerina kam 1986 in Dresden zur Welt – im Kindergarten gesehen haben. Man weiß aus Biografien, dass sich Putin schon als Student sehr für deutsche Kultur, Geschichte und Literatur interessierte. Seine Genossen nannten ihn, weil er so pünktlich, schnell und genau war, „Nemec" (der Deutsche). Ex-KGB-Kamerad Wladimir Usolzew, der mit ihm das Büro teilte, schreibt von Putins Leselust. Dass er Satiriker wie Michail Saltykow-Schtschedrin und Nikolai Gogol liebte, dessen „Die toten Seelen" zu seinen Lieblingsromanen gehörte. In die deutsche Sprache soll er so weit vorgedrungen sein, dass ihm sogar das Nachahmen des sächsischen Dialekts gelang. Auffallend seine Sympathie für jüdische Mitbürger und von der tschekistischen Norm abweichendes Mitgefühl und Bewunderung für Dissidenten wie Sacharow oder Solschenizyn. Offensichtlich war er Mitglied im Angelverein, machte mit dem Lada Shiguli sowjetischer Produktion an Wochenenden Familienausflüge. Der Fan des Radeberger Bieres hatte durch dessen regelmäßigen Genuss mit ganz menschlichen Problemen zu kämpfen. Irgendwann zeigte die Waage 85 Kilo, vertraute seine Frau einem Biografen an. Ganz schnell erreichte er aber wieder sein Idealgewicht. Russlands Präsident erzählte unlängst in einem Interview, dass ihm die deutsche Bundeskanzlerin gelegentlich einige Flaschen dieser Bier-Marke schenke. In seiner Stammgaststätte „Zum Thor" an der Hauptstraße 35 – zu seiner Zeit hieß die Straße in Erinnerung an den 8. Mai 1945 noch Straße der Befreiung – gibt es bis jetzt eine Putin-Gedenkecke. Saß er im Biergarten, blickte er auf das am 25. November 1945 von Bildhauer Otto Rost eingeweihte Ehrenmal der Roten Armee auf dem Platz der Einheit. Dieser hat im Verlauf von 46 Jahren dreimal den Namen gewechselt. Lange den von Sachsens König Albert tragend, wurde er 1945 in Platz der Roten Armee umgeändert. Schon im Folgejahr erfolgte die Korrektur in Platz der Einheit – die nicht ganz freiwillige Vereinigung der beiden deutschen Arbeiterparteien KPD und SPD zur SED bejubelnd –, 1991 dann die Rückbenennung in Albertplatz. Das Denkmal stellte auf rotem Meißner Granit-Postament den sich mit der Fahne in der Hand zum letzten Kampf erhebenden Kämpfer dar – in Erinnerung an die in den Kriegstagen vor der deutschen Kapitulation gefallenen Soldaten der 5. Gardearmee. Der seit 1894 an der Stelle des Denkmals stehende und 1945 ins

Depot gewanderte Schmuckbrunnen „Stürmische Wogen" von Robert Dietz wurde 1994 wieder aufgestellt, das Sowjet-Denkmal in den Park vor das Militärhistorische Museum der Bundeswehr an der Stauffenbergallee umgesetzt.

Kein Biograf vergisst, eine Anekdote zu erwähnen, die mit der Erstürmung der von der KGB-Villa nur wenige hundert Meter entfernten Bezirksverwaltung der Staatssicherheit an der Bautzner Straße am 5. Dezember 1989 zusammenhängt. Von einigen Tausend Demonstranten vor der bis dahin streng gesicherten DDR-Geheimdienstzentrale schockiert, hatte Stasi-Bezirkschef Generalmajor Horst Böhm die Nerven verloren, das Tor öffnen lassen. Während Menschenmassen die Diensträume durchwühlten, das beim Volk verhasste Objekt auf den Kopf stellten, versammelte sich nachts eine Gruppe euphorischer Demonstranten auch vor der Angelikastraße 4. Putin als ranghöchster anwesender Offizier erbat zum Gebäudeschutz Verstärkung vom sowjetischen Militärkommando in Dresden – vergeblich! „Moskau schweigt", war die einsilbige Antwort. Da muss es ihm wie Schuppen von den Augen gefallen sein, dass von seinem dahinsiechenden, durch die Ereignisse paralysierten Staat keine Hilfe zu erwarten war. Und so trat er gegen Mitternacht allein in Uniform – ohne Mütze, ohne Waffe, ohne Befehle – vor das Tor, sagte langsam und besonnen: „Dieses Haus ist streng bewacht. Meine Soldaten sind bewaffnet, und ich habe ihnen einen Befehl gegeben: Wenn jemand das Gelände betritt, ist das Feuer zu eröffnen." Die Gruppe zerstreute sich. Der damalige SED-Bezirkschef und vorletzte DDR-Ministerpräsident Hans Modrow hat jüngst enthüllt, dass der SED-Parteisekretär der Stasi, Oberst Winfried Linke, während der Erstürmung unter dem Pullover drei Akten in die KGB-Villa schmuggelte. Eine soll seine eigene gewesen sein. Als Kritiker Erich Honeckers hätte man Fakten für einen Hochverrats-Prozess gegen ihn gesammelt.

Dass bis heute deutsche Freunde Geheimnisse zu bewahren versuchen, berichtete mir kürzlich ein Journalist. Der hatte Wind davon bekommen, dass Putin bis zur Rückkehr nach Russland 1990 bei Kamenz auf die Jagd gegangen sein soll, sein Name in einem Jagdbuch verzeichnet sei. Bei der Recherche unter den Jägern biss er auf Granit. Putins frühere Bekannte sind ihm loyal verbunden, halten sich mit Auskünften sehr zurück.

Wer im 21. Jahrhundert in Dresden Kontakt zur Russischen Föderation sucht, kommt am Deutsch-Russischen Kulturinstitut (DRKI) nicht vorbei. Leider viel zu spät wurde ich auf diese wunderbare Einrichtung und ihren fast allwissenden Chef Wolfgang Schälike aufmerksam, der sie lange mit seiner Frau Valerija leitete und dem heute der Philologe Vitaliy Kolesnyk zur Seite steht. Das 1993 als deutscher Verein gegründete Institut kümmert sich um den Dialog zwischen den deutsch- und den russischsprachigen Kulturräumen, aber auch um die Gedenkkultur. Dabei kultivieren die rund 100 Mitglieder nicht nur alte Spuren, sondern schaffen neue. Das Denkmal für Dostojewski ist den Bemühungen des Vereins zu danken und in seinem Eigentum. Er sanierte zahlreiche Grabstellen auf Dresdner Friedhöfen. So jene des Juristen Baron Alexander von Wrangel oder des Architekten Harald Julius von Bosse. Erhalt und Pflege von Grabanlagen der Nachkriegstoten auf dem sowjetischen Garnisonsfriedhof durch regelmäßige Arbeitseinsätze ist ihm ein

Herzensanliegen. Das DRKI veranstaltet Lesungen und Begegnungen mit weltberühmten Schriftstellern und Kulturschaffenden, organisiert Ausstellungen und ist an den Internationalen Schostakowitsch-Tagen in Gohrisch beteiligt.

Es hilft Migranten sowohl bei der Integration als auch beim Identitätserhalt, unterstützt kulturelle, wissenschaftliche und wirtschaftliche Kontakte, betreibt eine Begegnungsstätte und beherbergt das erste russische Kultur- und Sprachenzentrum nebst Bibliothek und Mediathek im deutschsprachigen Raum – eins von weltweit ca. 100 Russischen Zentren. Diese von der Stiftung „Russkij Mir" (übersetzt „Russische Welt") getragenen Zentren, 2007 von Russlands Präsident Wladimir Putin ins Leben gerufen, sind mit den deutschen Goethe- oder den chinesischen Konfuzius-Instituten vergleichbar. Stiftungs-Chef ist der Enkel des ehemaligen sowjetischen Außenministers Wjatscheslaw Molotow, Wjatscheslaw Nikonow. Im Kuratorium sitzen Persönlichkeiten wie der Metropolit von Wolokolamsk und Leiter des Außenamts des Moskauer Patriarchats, Hilarion (Alfejew), oder der Direktor der St. Petersburger Eremitage Michail Piotrowski.

Sein Domizil hat das Institut in der Zittauer Straße 29 im sogenannten Preußischen Viertel, in welchem einst hohe Offiziere der Königlich-Sächsischen Armee Eigentum erwarben. Von der viel größeren Nachbarvilla – Sitz des Dresdner Ablegers der Gesellschaft für musikalische Aufführungs- und mechanische Vervielfältigungsrechte (GEMA) – ist bekannt, dass in ihr Dresdens Stadtkommandant Generalleutnant Georg Hermann von Schweinitz wohnte. Die 1894 im Historismus-Stil erbaute

DRKI-Villa mit Garten gehörte womöglich seinem Adjutanten. Als 1946/47 nicht ganz klar war, welchen Weg Deutschland gehen würde, beauftragte Stalin seine Beamten, etwa 150 Schlösser und Villen im Besatzungsgebiet zu kaufen. In Dresden gehörte neben Schloss Albrechtsberg über der Elbe auch diese eher unscheinbare Immobilie dazu. Nach dem damaligen Volkskommissar – so bezeichnete man Minister – für Außenhandel der UdSSR, Anastas Mikojan, wurden sie auch Mikojan-Objekte genannt. Er war der Bruder des Flugzeugkonstrukteurs Artjom Mikojan, dessen Name für die legendären MIG-Jagdflugzeuge Pate stand. Unter Chruschtschow hat die Union der Sozialistischen Sowjetrepubliken (UdSSR) dann viele dieser Verträge rückabgewickelt. Nicht so die Zittauer Straße, in der sowjetische Fähnriche wohnten. Wenn Wolfgang Schälike über den jahrelangen Kampf um die Rettung des Gebäudes für den Verein und vor allem vor einem drohenden Verfall spricht, wird man Zeuge einer Odyssee. Selbst die erste Frau im Weltraum, Fliegerkosmonautin Walentina Tereschkowa – Chefin der weltweiten russischen Freundschaftshäuser –, bat er 1994 um Hilfe. Seit 2015 herrscht nun Klarheit. Eigentümer ist der russische Staat, im Grundbuch steht die Botschafts-Adresse.

Von Schälike habe ich viel Interessantes gehört. So leben gegenwärtig in Deutschland weit mehr als drei Millionen ehemalige Sowjetbürger, davon über 2,5 Millionen Spätaussiedler und bis zu 300 000 jüdische Kontingentflüchtlinge. Von rund 600 000 in Deutschland mit russischem Pass wohnenden russischen Staatsbürgern haben über die Hälfte auch einen deutschen Pass. Nach geltendem Recht muss der Aussiedler deutscher Abstammung sein, sich zur deutschen Volksgruppe bekennen und durch deutsche Sprache, Erziehung und Kulturtradition geprägt sein. Vor allem muss er ein Kriegsfolgeschicksal nachweisen. Ein diese Prämissen erfüllender Aussiedler kann seinen russischen bzw. nichtdeutschen Ehepartner und die Kinder mitbringen. Viele Spätaussiedler-Familien sind aber gemischtnational – ein Partner wird dann auch als Deutscher im Sinne des Grundgesetzes anerkannt. Einige meinten, dass sie nur als „echte" Deutsche gesehen werden, wenn sie alle Verbindungen zum Auswanderungsland abbrechen. Andere schwankten zwischen den Welten, fühlen sich überall als Ausländer. Schälike machte mich auf einen Umstand aufmerksam, von dem ich nie gelesen hatte: „Schauen Sie sich die Toten der Bundeswehr in Afghanistan an", meinte er, „es sind überproportional Russlanddeutsche." Heute kämen immer mehr zu ihm, die wieder eine offene Tür in dic Russische Föderation für sich suchten. Seine von der Weisheit des Alters geprägte große Hoffnung: dass sich die zweite und dritte Migranten-Generation der Wurzeln bewusst wird, als Mittler der Kultur wirkt und für die Völkerverständigung einsetzt.

Wolfgang Schälike selbst ist ein Wanderer zwischen den Nationen. Als Sohn emigrierter deutscher Kommunisten in Moskau geboren, in Zimmer Nr. 50 im dritten Stock vom Hotel „Lux" zwischen überlebenden Exilanten der Stalin'schen „Großen Säuberungen" aufgewachsen, im Juli 1941 mit zwei Geschwistern ohne Eltern ins Gebiet Nischni Nowgorod evakuiert und am 1. September 1944 in der sowjetischen Hauptstadt eingeschult, kam er im Juni 1946 nach Berlin. Sein unter extremer Sehschwäche und schwerer Lebererkrankung leidender

Vater Fritz Schälike war am 30. Mai 1945 nach Deutschland geflogen worden, wurde zuerst in Dresden Herausgeber der „Sächsischen Volkszeitung", die 1946 in der „Sächsischen Zeitung" aufging, danach Leiter des Dietz-Verlages Berlin. Sohn Wolfgang studierte nach dem Abitur von 1955 bis 1961 an der Moskauer Hochschule für Flugwesen und verliebte sich dort, wurde – nachdem die DDR den Aufbau einer eigenen Flugzeugindustrie ad acta legte – Offizier der Nationalen Volksarmee (NVA). Als Fernaspirant der Moskauer Schukowski-Militärakademie erwarb er 1968 bis 1972 in der Fachrichtung Technische Kybernetik den Titel eines Dr.-Ing. und war u. a. sieben Jahre im Technischen Komitee des Oberkommandos der Vereinten Streitkräfte in Moskau tätig. Dabei erlebte der 1988 die Militär-Laufbahn beendende NVA-Oberst, wie die wirtschaftlich am Abgrund lavierende DDR selbst beim Kriegsmaterial sparen musste. Bis zur Invalidisierung 1990 war er wissenschaftlicher Mitarbeiter im Ministerium für Wissenschaft und Technik und fand danach seine Passion. Während sein Bruder Rolf ebenfalls schon seit 1985 in der Bundesrepublik lebt, hatte sich Schwester Waltraut, die mit Stalins Tochter Swetlana in einer Gruppe Geschichte studierte, frühzeitig für Kirgisistans Hauptstadt Frunse (heute Bischkek) entschieden. 1989 kehrte die Hochschullehrerin und Expertin für Karl Marx an die Moskwa zurück.

Wenn ich bei meinem nächsten Moskaubesuch etwas Zeit habe, werde ich unbedingt schauen, was aus dem berüchtigten Hotel „Lux" – um 1937/38 wusste keiner der dort untergebrachten internationalen Gäste, ob er den nächsten Tag überlebt – geworden ist.

Wie ich durch unbedachte Newa–Fahrt fast einen Freund verlor

Führt mich der Weg nach St. Petersburg, versuche ich im Hotel Astoria zu logieren. Nicht weil man hier in der Bar „Lichtfeld" dem früheren Bundeskanzler Gerhard Schröder begegnen kann. Sondern weil ein Freund, Gerold J. Held, seit 2013 der Generaldirektor ist. Davor führte er fünf Jahre das Grand Hotel Taschenberg Kempinski Dresden in dem einst der sächsischen Königsfamilie gehörenden Palais neben dem Residenzschloss und ließ dort sogar eine russisch-orthodoxe Kapelle weihen. Gerold Held war in seiner Dresdner Zeit fünf Jahre lang einer meiner engsten Mitstreiter im Verein Semper Opernball. In dieser Zeit entwickelte sich eine enge Freundschaft und Kollegialität. Viele Staatsbesuche beim SemperOpernball mit ihren protokollarischen Hürden konnten wir zwischen 2008 und 2013 gemeinsam meistern.

Die Perle unter Europas Metropolen hatte er erstmals als Finanz-Controller bei der Kempinski-Gruppe Mitte der 1990er-Jahre kennengelernt, später ein großes Haus am Newski-Prospekt geführt und gar wilde Zeiten erlebt. Als bewaffnete Security-Leute um die Luxus-Hotels patrouillierten, es Metalldetektoren an allen Türen gab, Gäste ihre Maschinenpistolen und Revolver wie Hut und Mantel an der Garderobe abgaben.

Kollegen rund um den Globus beneiden ihn um seinen prächtigen Arbeitsplatz. Befindet er sich doch zwischen Mariinski-Palast, dem Sitz des Stadtparlaments, dem Palais der einstigen kaiserlich-deutschen Botschaft und der zu den imposantesten Gotteshäusern Europas gehörenden Isaaks-Kathedrale. Internationale Auszeichnungen haben das 1912 nach Plänen von Fjodor Lidval für das 300-jährige Krönungsjubiläum gebaute Astoria längst in den exklusivsten Kreis der 100 weltweit führenden Hotels und Resorts katapultiert. Wo Mönch Rasputin speiste und beim Techtelmechtel mit der Frau eines hohen Hofbeamten von Agenten des Zarenreichs belauscht wurde, wo sich Lenin aufhielt und vom Balkon sprach, nächtigen seit über 100 Jahren Kaiser und Könige, Präsidenten, Künstler. Auch George und Laura Bush, Madonna, die Band Deep Purple, Elton John, Prinz Charles oder der Herzog von Kent ließen sich hier verwöhnen.

Als siamesischer Zwilling gehört das Angleterre Hotel – eins der ältesten Hotels in St. Petersburg aus den 1840er-Jahren – zum Komplex. Mit seiner russischen Frau wohnt Gerold Held selbst im Haus, das überall seine Handschrift verrät. Bis zum Arrangement des Obstes, das den Gast bei der Ankunft begrüßt, und wie das Etikett der Rotweinflasche mit den Farben des Zimmers harmoniert – alles hat Klasse und Stil. Ich erlebte, wie sich der Grandseigneur alter Schule nicht zu schade war, sich auf dem Gang nach einem Fussel zu bücken. Woanders hätte der Boss wahrscheinlich das Housekeeping gerufen. Das Astoria mit seinen vielen russischen Elementen und der feinen russisch-französischen Küche ist für mich eins der authentischsten Hotels Russlands. Seine

Rotunde, die Lobby-Lounge, betrachten viele als Wohnzimmer der Stadt. Kein Tag, an dem man nicht wichtige Persönlichkeiten oder einen Weltstar trifft. Im Herzen von St. Petersburg gelegen, lassen sich von hier aus Eremitage, Peter-Paul-Festung, Newski-Prospekt oder Mariinski-Theater bequem zu Fuß erreichen.

Mich zieht es zum 25 Gehminuten entfernten „Haus der Musik" am Moika-Ufer 122. Nur bei starkem Regen, wenn sich das Nass vieler Dächer aus dicken Fallrohren auf die Straßen ergießt und seinen Weg in die Kanäle sucht, bevorzuge ich eine der eleganten Limousinen des Astoria. Das von der russischen Regierung gegründete „Haus der Musik" ist in einem einzigartigen Baudenkmal untergebracht. Großfürst Alexej Alexandrowitsch (auch als Großfürst Alexis bekannt), Generaladmiral der Kaiserlich Russischen Marine, vierter Sohn von Zar Alexander II., jüngerer Bruder von Zar Alexander III. und ein Onkel des ermordeten Zaren Nikolaus II., ließ diesen Palast bis 1885 errichten. Wer den heutigen Hausherrn besuchen will, geht links des Haupteinganges eine kleine Treppe hinunter und bekommt wegen der exklusiven Fußböden vom Pförtner Plastik-Überschuhe gereicht. Diese sind viel stabiler als jene Tüten, welche man als Tourist vor dem Betreten des Rüstkammer-Museums im Moskauer Kreml über die Schuhe streifen muss. Durch Türen – einige im Souterrain nicht für hochgewachsene Leute gedacht – und über Marmortreppen gelangt man in die Beletage. Hier hat eine russische Musik-Legende, umgeben von den Schreibtischen der beiden engsten Mitarbeiter, ihren Arbeitsplatz: der Künstlerische Direktor des St. Petersburger Hauses der Musik, der verdiente Künstler Russlands, Professor Sergei Roldugin. Für viele musikalische Talente ist dieser Ausnahme-Cellist, der es sich zur Lebensaufgabe gemacht hat, hervorragenden Musikern der Russischen Föderation bei ihrer Karriere zu helfen, zum wichtigsten Impulsgeber, internationalen Türöffner und väterlichen Berater geworden. Mir ist kein warmherzigerer Freund als dieser berühmte Mann begegnet, dem der Präsident selbst den stilvollen Rahmen für sein segensreiches Werk zur Verfügung stellte. Vieles, was ich in den letzten Jahren erreicht habe, verdanke ich auch seinem klugen Rat, seiner Fürsprache. Dabei hätte ich – so arrogant, unbedacht und ignorant ich einmal war – es fast mit ihm verscherzt. Ein Fauxpas, den ich noch heute zutiefst bedaure. Doch dafür muss ich etwas ausholen.

Schon früh in meiner Dresdner Zeit an der Semperoper hatte ich durch den „Competizione dell' Opera" Kontakt zur sächsischen Staatsregierung. Natürlich auch zu den wechselnden Staatsministern für Wissenschaft und Kunst. Diese Position bekleidete ab 2002 der von mir geschätzte Matthias Rößler, der jetzt als Landtagspräsident den höchsten protokollarischen Rang im Freistaat repräsentiert. Doch besonders war mir Sachsens Staatsminister für Wirtschaft und Arbeit, Kajo Schommer, zugetan, den der blitzgescheite, weit vorausdenkende Ministerpräsident Kurt Biedenkopf bereits 1990 in sein erstes Kabinett berief und der dieses Amt bis Mai 2002 innehatte. Schommer war nicht nur leidenschaftlicher Klavierspieler, sondern hatte wirklich ein Faible für klassische Musik. Mit ihr erreichte man sein Herz und allen damit zusammenhängenden Fragen lieh er sein Ohr. Als Stadtkämmerer und späterer Bürgermeister von Neumünster hatte er 1986 mit Justus Frantz das Schleswig-Holstein Musik Festival – eins der größten klassischen Musikfestivals der Welt – gegründet. In Dresden initiierte er den Kajo-Schommer-Klavierförderpreis. Ich konnte ihn für den Operngesangswettbewerb an der Semperoper begeistern. Und mit verschiedenen Honorationen, darunter dem Villen-Besitzer Kay-Uwe Schwarz, hoben wir in der „Villa Tiberius" am Elbhang im Dresdner Stadtteil Loschwitz den Verein „Forum Tiberius – Internationales Forum für Kultur und Wirtschaft" aus der Taufe. Als Schnittstelle von Kultur und Wirtschaft gewann es rasch an Einfluss. Aus allen Teilen der Öffentlichkeit schlossen sich uns führende Persönlichkeiten an. Wir förderten die Künste, entwickelten visionäre Pläne und bereiteten mit Biedenkopf und dem Philosophen Johannes Heinrichs sogar einen Weltkulturgipfel vor. Nobelpreisträger, Kardinäle, Metropoliten, Intendanten der wichtigsten Opernhäuser und Theater, führende Philosophen und Zukunftsforscher würden mit den klügsten Köpfen aller Kontinente zusammentreffen. Dem Weltwirtschaftsforum in der Schweiz entlehnt, sollte in Dresden ein „Davos der Kultur" etabliert werden, das angesichts der Klimakatastrophe, der Dominanz der Ökonomie und sich bereits andeutender gesellschaftlicher Zerwürfnisse einen weltweiten Dialog initiiert. Ziel war es, die Kultur als eigenständige Ebene der Gesellschaft neben und unabhängig von Wirtschaft, Politik und Religion neu zu definieren. Das Gründungssymposium mit 300 Teilnehmern fand im Herbst 2007, ein vorbereitender Europa-Kongress für das „World Culture Forum" mit fast 1000 Gästen im Jahre 2009 statt. Doch der frühe Tod Kajo Schommers und mein Weggang nach Bremen beförderten das hochfliegende Projekt nicht gerade. Es schlief ein und wartet bis heute auf seine Renaissance.

Viel früher, es muss 2001 gewesen sein, stellte mir Kajo einen seiner musikalischen Freunde vor: Professor Arkadi Zenziper, heute Professor und Dekan für Klavier an der Dresdner Hochschule für Musik Carl Maria von Weber. In Leningrad geboren, absolvierte er am dortigen Konservatorium sein Klavierstudium mit höchsten Auszeichnungen. Er gewann den XI. Internationalen Kammermusikwettbewerb in Florenz, gastierte als Solist bei berühmten Orchestern wie der Staatskapelle Dresden, dem Berliner Sinfonie-Orchester, der Slowakischen Philharmonie, der Krakauer Philharmonie, natürlich der Staatskapelle St. Petersburg, spielte im Concertgebouw Amsterdam. In seiner Wahlheimat Schnakenburg hatte er gleich nach dem Fall der Mauer das Musikfestival „Schubertiaden Schnakenburg" gegründet. Nun schwebte ihm ein weltweiter Klavierwettbewerb vor, steckte er mich mit seiner Idee eines „Internationalen Anton G. Rubinstein Klavierwettbewerbs" an.

Schon der funkelnde Familienname Rubinstein dieses in Podolien geborenen russischen Komponisten, Pianisten und Dirigenten verströmt Musik. Als musikalisches Wunderkind gab er neunjährig sein erstes öffentliches Konzert in Moskau. Ein Jahr später ging er auf Auslandstournee nach Paris, wo er auf seinen Förderer Franz Liszt traf. Sich 1849 in St. Petersburg niederlassend, avancierte er zum Hofpianisten der Großfürstin Elena Pawlowna. Rubinstein begründete das Sankt Petersburger Konservatorium, gab weltweit Mammutkonzerte, die sich heute kaum noch ein Pianist zumuten würde. Von Ilja Repin gemalt, blieb er als Klavier-Zauberer mit überwältigender Künstlermähne in Erinnerung.

Wie so viele Russen trat er in Dresden in Erscheinung. 1863 wurde seine Oper „Feramors" in der Königlichen Hofoper aufgeführt. Generalmusikdirektor Ernst von Schuch inszenierte noch drei weitere seiner Opernwerke: „Die Maccabäer" und „Die Kinder der Heide" im Jahre 1883, „Der Dämon" anno 1895. Vor allem dem letzten Werk war ein großer Publikumserfolg beschieden. Vier Jahre vor seinem Tode rief der vom Zaren geadelte Kosmopolit, Stifter und Wohltäter einen Klavierwettbewerb ins Leben. Mit 25 000 Gold-Rubel Preisgeld gab es ihn alle fünf Jahre in europäischen Hauptstädten – bis 1910. Da gewann ein Emil Frey, von dem ich noch nicht weiß, ob es eine Ahnengemeinschaft zu mir gibt.

Alternierend zum „Competizione dell' Opera" ließen wir den „Internationalen Anton G. Rubinstein Klavierwettbewerb" ab 2003 – schon beim ersten Mal wurden in den USA, Russland, Polen und Deutschland Auswahlrunden veranstaltet – in Dresden stattfinden. Mit großem Erfolg wurde der Wettbewerb dann in den Jahren 2005, 2007, 2009 und 2012 durchgeführt. Als Juror der ersten Stunde lud Arkadi Zenziper auch seinen Jugendfreund, einen gewissen Sergei Roldugin, ein. Der Absolvent des Leningrader Konservatoriums war 1984 Mitglied des Orchesters am Mariinski-Theater und schnell Solist geworden. Seit 2002 stand er als Rektor dem Staatlichen Rimski-Korsakow-Konservatorium St. Petersburg vor. Ich habe sein kompetentes Urteil sehr geschätzt. Aber in den ersten Jahren unserer gelegentlichen Begegnungen kam es zu keiner tieferen Konversation.

2006 veranstalteten wir im Vorläufergebäude des heutigen „Hauses der Musik" am Newski-Prospekt einen Vorentscheid für meinen Gesangswettbewerb „Competizione". Der ging sehr erfolgreich über die Bühne. Es war auch die hohe Zeit des „Forum Tiberius", mit dem wir Brücken bauten, eine Menge Kulturschaffender und Wirtschaftsmanager füreinander interessierten. Ich weilte damals schon jährlich mit Wirtschafts-Delegationen in der nördlichsten Millionenmetropole der Erde an der Newa-Mündung, in der Stadt, die ich zu den schönsten der Welt zähle. Nicht nur wegen der Weißen Nächte, in denen es maximal zwei Stunden dunkel wird. Die St. Petersburger, von denen einmal 20 Prozent auf Deutsch kommunizierten, haben eine viel engere Beziehung zu Deutschland. Selbst Geldautomaten, deren Menü in meiner Heimatsprache funktioniert, entdeckte ich hier. Wer deutsch spricht, dem wird – trotz der schrecklichen 900 Tage währenden Blockade und dem Hunger-Terror im Zweiten Weltkrieg, dem 800 000 Menschen zum Opfer fielen – Ehrfurcht und Vertrauen entgegengebracht. Obwohl die Einheimischen wissen, dass man Englisch als Weltsprache kennen muss, scheint es eher verpönt. Moskau ist das große Herz, die reichere, die glamourösere Stadt Russlands. St. Petersburg ist die Schöne, auch die bescheidenere, zartere, aber voll an kulturellem Reichtum. In Moskau geht es manchmal laut und krachend zu. In Petersburg klingen eher die Zwischentöne, sind Kunst und Tradition zu Hause.

An diesem lauen langen Tag im Mai hatte ich alles vorbereitet, mit zwanzig Bekannten aus der Wirtschaft einen Abend zu verbringen. Für diese besondere Nacht war eine Schiffspartie auf der Newa organisiert. Es gibt nichts

Schöneres, als von Deck auf die reizvollen Silhouetten, die illuminierten Paläste zu schauen. An den 42 winzigen, von Kanälen umspülten, im Newa-Delta versprenkelten Inseln vorbei und unter den mit gusseisernen Ornamenten geschmückten Brücken hindurchzuschippern – mehr als 500 davon soll es geben. Vielleicht noch eine der acht nachts erwachenden Newa-Brücken zu bestaunen, welche ihre asphaltierten Arme in die Lüfte hebt, um große Seeschiffe von der Ostsee passieren zu lassen.

30 Minuten vor Abfahrt kam ganz aufgeregt Arkadi Zenziper ans Ufer, rief: „Hajo, bitte nicht einsteigen, Roldugin hat uns zum Abendessen eingeladen!" Ich sagte, dass wir mit Freunden auf der Newa Spaß haben wollten. Ungläubig bekniete mich Arkadi, versuchte mit allen ihm nur einfallenden Argumenten, mich vom Schiff zu locken. Dazu gehörte, ob ich nicht wüsste, wie einflussreich sein Freund Roldugin sei. Er sei der Jugendkamerad des russischen Präsidenten. Nicht einmal das verfing, konnte mich umstimmen. Wie sollte ich als Gastgeber auch die Gruppe allein auf dem Schiff zurücklassen?

Arkadi bat mich gleich danach, Roldugin einen Entschuldigungsbrief zu senden, ihm zu schreiben, wie leid es mir tue, seiner überraschenden, großzügigen Einladung nicht gefolgt zu sein. In seiner großherzigen Art verzieh er mir. Nochmals spürte ich zwei Jahre später, wie er wegen einer durch mich verursachten hohen Rechnung schluckte. Obwohl ich mit einem Anliegen kam, hatte er mich im Belmond Grand Hotel Europa in die sündhaft teure „Caviar Bar" geführt.

Erst später wurde mir klar, auf welch schmalem Grat ich da wanderte. Denn ich habe keinen zweiten Menschen kennengelernt, der dem ersten Mann im Staat so nahesteht. Er rühmt sich nicht damit, macht aber aus der Tatsache auch kein Geheimnis. Es ist verschiedentlich kolportiert worden, dass sich beide über Roldugins Bruder, der an der gleichen Schule studierte, heute in Riga wohnt, im Jahre 1977 in St. Petersburg kennenlernten. Der Cellist, welcher bei Auslandsreisen die wenig glaubhaft als Genossen des Kulturministeriums agierenden KGB-Mitarbeiter beobachtet hatte, durchschaute den offiziell als Mitarbeiter des Innenministeriums auftretenden Freund schnell. Doch beeinflusste dies die Freundschaft zweier Männer, welche deckungsgleiche musikalische Interessen zusammenschweißen, nie. In einer Datscha in Wyborg an der finnischen Grenze feierten sie zusammen die Geburt von Putins erster Tochter Marija, deren Taufpate Sergei später wurde. Auf dessen Rat nahmen beide Töchter Geigenstunden und auch Klavierunterricht. Sie waren so begabt, dass sie dem Vater u. a. Johann Sebastian Bachs Sonate für Violine und Cembalo Nr. 1 h-Moll BWV 1014 auf CD aufgenommen haben sollen. Fast alle privaten Details, die man über den Führer der Nation kennt – auch jene in der Filmbiografie, die mein Freund Hubert Seipel für das deutsche und das russische TV schuf –, stammen von seinem Freund Roldugin. Erst kürzlich vertraute mir Sergei an, dass Putin jetzt selbst ein bisschen Zeit mit Übungen am Klavier verbringt, schon einiges aus Bachs Wohltemperiertem Klavier auswendig spielt.

Die Begegnungen mit Sergei sind immer höchst inspirierend, seine Liebe zu deutscher Kunst und Kultur wie seine Biografie faszinierend. Auf der Insel Sachalin im Pazifik geboren, wo Vater Pawel Grigorjewitsch Militär-

Ingenieur war, kam er im zweiten Lebensjahr nach Riga. Noch heute ist er Mutter Valentina Iwanowna dankbar, dass sie sein Talent – zuerst beim Singen – entdeckte, ihn in die Emila-Darzina-Musikschule schickte: „Sie war eine diplomatische Pädagogin. Ich wollte Fußball spielen. Doch sie ließ mich erst aus der Wohnung, wenn ich eine Seite Noten von Tschaikowski, Karl Goldmark oder Bernhard Romberg im Kopf hatte", lacht er. Sergei, der sich unlängst von einem deutschen Professor beide Hüftgelenke operieren ließ, lernte elf Jahre lang Deutsch in der Schule und perfektionierte die Sprache vor allem autodidaktisch: „Mit einem Freund sprach ich bei Spaziergängen nur deutsch, erst ganz einfach wie ,Da kommt ein Auto, seine Farbe ist weiß'. Später habe ich ganze Bücher laut vorgelesen, um die Aussprache zu lernen." Seine Motivation: „Ich lernte Deutsch wegen der deutschen und österreichischen Kultur mit dem unvergleichlichen Mozart. Denn man muss die Lieder in der Muttersprache kennen, sonst lässt sich die Musik nicht verstehen!"

Fast ein heiliger Moment, wenn er aus der Kammer neben seinem Dienstzimmer das Wertvollste seiner Celli holt: die „Stuart Antonio Stradivari" von 1732! Es ist eins der Meisterwerke des Italieners aus Cremona, der als größter Geigenbauer der Geschichte gilt. Wie eine Reliquie entnimmt er dem Futteral das Instrument, welches mit Kasten 13 Kilo wiegt und bei Reisen auf einem extra Platz in der Business-Klasse neben ihm fliegt. Sanft streichen seine Hände über das von ihm selbst mit Luthier-Balsam aus New York gepflegte Holz, die Saiten der Firma Larsen aus Sonderburg in Dänemark und den von einem deutschen Meister bezogenen Bogen. Zuletzt wurde es vom US-Cellisten Steven Honigberg gespielt, doch soll Friedrich Wilhelm I. von Preußen aus dem Hause Hohenzollern der erste namentlich bekannte Vorbesitzer gewesen sein. 12 Millionen Dollar kostete die Stuart im Auktionshaus „Reuning & Son Violins" in Boston, Massachusetts.

Der kaiserliche Palast, in dem Sergei wirkt, wurde bis 2010 für 35 Millionen Dollar in alter Pracht restauriert – aus einem präsidialen Fonds und Staatsbudget. Die große denkmalpflegerische Sorgfalt russischer Kunsthandwerker zeigt sich hier bis in den kleinsten Messing-Fensterwirbel. Und stolz weist der Maestro darauf hin, dass Präsident bzw. Ministerpräsident Putin selbst mehrfach auf der Baustelle weilte.

Bis heute entdecke ich im Musik-Palast, der mit seinem Turm fast einem Märchenschloss ähnelt, immer etwas Neues. Mitunter zupft Sergei mich am Jackett, führt mich durch die Prunksalons, von denen jeder eine andere kunstgeschichtliche Epoche verkörpert: Ballsaal und Roter Salon sind im Rokoko gestaltet, das Prunk-Speisezimmer mit riesigem Eichen-Kamin flämischen Villen des 17. Jahrhunderts nachempfunden. Es gibt einen Chinesischen und einen Flämischen Salon. Im Englischen Saal werden heute Konzerte veranstaltet. Im Badezimmer mit Schwimmbecken fühlt man sich in eine Villa der untergegangenen Stadt Pompeji versetzt. Sergeis Augen blitzten schelmisch, als er mir den Palast-Architekten, Maximilian von Messmacher, nannte und meinte: „Der Mann muss dich als Dresdner interessieren!" Messmacher, der als Chef-Architekt auch die Restaurierung der Petersburger Isaaks-Kathedrale leitete, den Innenraum der lutherischen Sankt-Petri-Kirche am Newski-Prospekt neugestaltete, zog 1897 in den Künstlervorort Loschwitz bei

Dresden. Hier am Elbhang ließ er sich neben der „Villa Tiberius" die „Villa Messmacher" errichten. Sein Grab befindet sich auf dem Johannisfriedhof in Tolkewitz.

Mir ist bislang wahrlich kein noblerer, exklusiverer Musen-Tempel begegnet als dieses „Haus der Musik" mit seinem edlen Kammermusiksaal für 140 Personen, wo Sergei mit 20 Mitarbeitern den Musik-Nachwuchs unter russischen Staatsbürgern fördert. Den Schwerpunkt bilden Studierende und Absolventen von Konservatorien zwischen 16 und 30 Jahren, die Solisten an Orchester-Instrumenten sind. Teilnehmer der Programme – sie bewerben sich per Video bzw. DVD – wählt Sergei persönlich aus. Sind sie aufgenommen, erwarten sie Meisterklassen bei führenden Professoren ihres Faches, Auftritte in den besten Häusern Russlands, dürfen sie bei renommierten Klangkörpern konzertieren. Selbst Waleri Gergijew lädt die Studenten in sein Orchester ein. Sein Patentrezept: „Nagelprobe ist die Praxis. Nicht allein wir Experten, auch das Publikum entscheidet über ihre Zukunft." So werden die Schüler zu jungen Profis, von denen künstlerische Ereignisse erwartet werden. Am Ende winken internationale Auftritte.

Dank diesem hocheffektiven System arrangierte das „Haus der Musik" im Jahre 2017 genau 551 Konzerte und Meisterkurse. Sergei: „Jeden Tag hatten wir mindestens einen oder zwei Solisten in der Luft. Unsere Eleven gastierten schon in 37 verschiedenen Ländern – von Afrika bis Amerika, selbst im Kongo, Äthiopien, Indien, Vietnam oder Myanmar." Alle diese Möglichkeiten stehen den jungen Musikern absolut gebührenfrei zur Verfügung. Die immensen Gelder für Programme, Reisekosten, Gagen und die wertvollen Instrumente organisiert der Chef hauptsächlich von Sponsoren und Wohltätern.

Er ist der Mann, der anpackt und nicht viel redet. Ich erlebte ihn immer als zutiefst ehrliche, integre, 100-prozentig verlässliche Persönlichkeit. Wie korrekt der große Cellist mit Geld, ja mit jedem Cent, jeder Kopeke umgeht, habe ich selbst erlebt. Für sein erstes Konzert mit einem Moskauer Orchester 2013 bei mir in Linz war eine fixe vierstellige Gage vereinbart. Die haben wir ihm auch ausbezahlt. Nach dem Konzert gab es einen Empfang. Ich wollte nachts um ein Uhr nach Hause, da bat er mich in sein Hotel. Dort drückte er mir einen Briefumschlag mit folgenden Worten in die Hand: „Das Orchester hat mir noch mal die Gage bezahlt. Ich will keine doppelte haben. Gib sie dem Brucknerhaus zurück." Ich war sehr gerührt, zahlte das Geld am nächsten Tag ein.

Dieser Mann ist nicht korrumpierbar. Dass er z. B. offiziell im erweiterten Vorstand einer großen russischen Bank saß, war mir bekannt. Sein Herz, sein Kopf, sein ganzes Leben gehören der Musik. Wie bei vielen Koryphäen ist ihm das nächste Konzert immer das liebste. Scherzhaft meint er manchmal: „Willst du das Schicksal lachen hören, sage deine Pläne." Beim letzten Besuch durfte ich einen Blick in den persönlichen, handschriftlichen Terminkalender werfen: Mit grünem Textmarker sind seine eigenen Cello-Auftritte, gelb die Meisterklassen und rot die Dirigate hervorgehoben. Ausgebucht für die nächsten zwei Jahre!

Wladimir Putin Ehrengast des Dresdner SemperOpernballs

Keine drei Jahre war ich an der Semperoper, da kam die Nachricht, dass Giuseppe Sinopoli 2002 als neuer Chefdirigent der Sächsischen Staatskapelle anfängt und Gerd Uecker das Traditionshaus ab September 2003 als Intendant führt. 2000 gab es mit beiden ein Treffen bei den Bayreuther Festspielen, wo mir der Operndirektor-Posten angetragen wurde. Ich übernahm dann als zweiter Mann der Sächsischen Staatsoper die Planungen, ging monatlich mit Uecker in Klausur. Dem weltgewandten Profi konnte ich dabei eine Idee näherbringen, welche der bisherige Intendant Albrecht ablehnte: ein Opernball!

Albrecht hatte immer Sorgen um den Stuck im Zuschauersaal vorgeschoben und fürchtete wohl eine Entweihung dieser poetischen Architektur von Gottfried Semper, welche das Genie eines Mannes aus Sandstein der Sächsischen Schweiz erbaute.

Der 74 Meter lange, 69 Meter breite und 32 Meter hohe Rundbau war bei der Einweihung 1841 nicht nur ein imposantes Haus. Er verfügte auch über die größte und modernste Bühne damaliger Zeit: 30 Meter breit, 22,5 Meter tief. Dazu ein Flugwagen für Spezialeffekte und 48 Versenkungen, in welchen man Mimen wie von Geisterhand im Boden verschwinden oder wieder erscheinen ließ. 1750 Zuschauer fanden in Parkett, Parkettlogen und vier Rängen Platz. Ein eigenes Gaswerk sorgte für brillante Beleuchtung. 1869 wurde nach einem Unfall am 96-flammigen Kronleuchter über dem Zuschauerraum alles ein Raub der Flammen.

Doch Semper sowie sein Sohn Manfred ließen das Wunderwerk voller historischem Pathos – u. a. angelehnt an die venezianische Hochrenaissance, an Logien des Vatikans und Paläste in Genua – bis 1878 komplett neu entstehen: nun sogar 82 Meter lang, 78 Meter breit, 40 Meter hoch. In Parkett, drei Logenrängen, einem vierten und dem zurückgesetzten fünften Rang gab es 1600 Sitz- und 150 Stehplätze. 18 Künstler der Dresdner Schule malten zwei Jahre lang die Oper aus.

Wir agierten nun bereits in der dritten Semperoper, die nach dem Inferno 1945 anno 1985 wie Phönix aus der Asche auferstanden war. Kaum einem war bewusst, dass in Dresden eine Wiege der heute existierenden Opernbälle Europas stand. Das hing mit der Tradition der Hofbälle zusammen, die Sachsens barocker Sonnenkönig Friedrich August I., der Starke, prachtvoll begründete und seine Erben bis zum Ende der Monarchie 1918 fortsetzten. In Elbflorenz fand auch die Wiener Strauß-Dynastie, beginnend 1834 mit Johann Strauß Vater, ein begeistertes Publikum für ihre Walzer. Seinen letzten Walzer, op. 477, für den Johann Strauß Sohn 1897 den Taktstock hob, nannte er in Erinnerung unvergesslicher Dresden-Auftritte „An der Elbe".

1913 war Sachsens Residenz- und Landeshauptstadt mit 540 000 Einwohnern zudem ein bürgerliches Ballhaus-Eldorado geworden. Das Ballhaus, der Palast des kleinen Mannes, stillte die Sehnsucht breitester Kreise nach Eleganz, Vornehmheit, nach einem Stück süßem Leben der Oberschicht, nach harmloser Lustigkeit, Vergnügen, Zerstreuung. Neben sechs Theatern, drei Varietés, fünf Kabaretts und einem Zirkus existierten schon 70 Ballsäle. Der Zeitgeist ergriff in den Goldenen Zwanzigern auch die Semperoper.

Am 21. Februar 1925, abends acht Uhr, schlug die Geburtsstunde eines Balles der Extraklasse. Neun Stunden lang, bis 5 Uhr morgens, dauerte der „I. Opern-Ball (Redoute)" in Sempers grandiosem Musen-Tempel. In Wien – der weltweit für ihren Ball bekannten Donau-Metropole – wurde erstmalig am 26. Januar 1935 und damit erst zehn Jahre später zum „Opernball" getanzt. Diesen stellte man in der Ära des Ständestaates und unter dem Hakenkreuz im berühmten Haus am Ring insgesamt vier Mal auf die Beine. Der Dresdner Opernball erlebte jedoch bis 1939 gleich elf Wiederholungen. Doch der Wiener Ball hatte durch die Wiedereröffnung der Oper im Jahre 1955 die Chance, früh berühmt zu werden.

Die historische Legitimation in der Tasche, fehlte noch ein geeigneter Anlass. Den brachte die ab 2002 geäußerte Bitte von Oberbürgermeister Ingolf Roßberg, über große Initiativen zur 800-Jahr-Feier Dresdens 2006 nachzudenken. Seit 2003 planten wir an der Oper insgeheim den Ball, verankerten ihn im Terminkalender. Auch wurden drohende Probleme des Umbaus der Oper zum Ballsaal – z. B. die Demontage der 750 Parkett-Stühle oder Großkulissen, welche aus Seitenbühnen Säle für die Gäste zaubern sollten – gelöst.

Viele wichtige Gedanken reiften ab 2003 im „Internationalen Forum für Kultur und Wirtschaft Tiberius". In der Villa Tiberius diskutierten wir mit Sachsens Staatsminister für Wirtschaft und Arbeit i. R. Kajo Schommer, dem Juwelier Georg H. Leicht oder dem General Manager vom Hotel Taschenbergpalais Kempinski, Ronald in 't Veld, dem Vorgänger von Gerold Held, Fragen der Ball-Strategie. Auch Ministerpräsident Georg Milbradt, der ab 2002 die Staatsgeschäfte lenkte, war einbezogen. Er wusste um die Unverzichtbarkeit von Emotionen, erkannte die Bedeutung des Nationalstolzes auf die großen Traditionen und die Kultur als Wurzel, um in Zeiten von Europäisierung und Globalisierung nicht heimatlos zu werden. Gleichsam war ihm bewusst, dass die seit 150 Jahren in Sachsen staatstragende Schicht, das Bürgertum, eine Form der Selbstdarstellung benötigte, welche weit über Sachsen hinausgriff. Der SemperOpernball könnte aus Altem Zeitgemäßes schaffen. Ministerpräsident Milbradt war aber vor allem wichtig, dass die Öffentlichkeit einbezogen und ein Qualitätsniveau erreicht wird, das den Ball auch zum Zugpferd des Tourismus macht.

Tatsächlich fehlten noch 30 bis 40 Prozent Wissen. Wo hätte man da besser Erkundigungen einholen können als bei der Mutter aller neuzeitlichen Staatsbälle, dem berühmten Wiener Opernball? Durch Vermittlung von Juwelier Georg Leicht führte uns Wolfgang Schweizer, einstiger Präsident des Verwaltungsrates einer medizintechnischen Firma in Zug in der Schweiz, in die Wiener Ball-Gesellschaft ein. Von seiner Privatloge bot sich ein Traumblick aufs Ballgeschehen. Schweizer stellte uns auch sofort der Grand Dame der Wiener Gesellschaft und Ball-Organisatorin seit 1999, Elisabeth Gürtler-Mauthner, vor. Sie war ja nicht nur Ball-Chefin, auch Besitzerin vom Hotel Sacher sowie der Sachertorten AG, hielt daneben mehrere Beteiligungen. In der Loge der Familie Porsche traf ich auf den Zigarren genießenden Boss Wendelin Wiedeking, der mich gleich duzte: „Du bist also der Operndirektor aus Dresden. Wir haben in Leipzig gerade ein Werk gebaut." Als ich ihm von den Ball-Plänen erzählte, meinte er: „Junge, wenn du das hinkriegst, kaufe ich dir die größte Loge ab."

Vom Dachboden bis zum Keller durfte ich in Wien alles inspizieren. Bei der Exklusiv-Führung durch Elisabeth Gürtler-Mauthner, vier Uhr nachts, die Säle leerten sich, wurde mir vieles klar, was bei einem solch großen Ball alles zu beachten ist.

Doch wer sollte in Dresden die Verantwortung tragen? Um den Steuerzahler nicht zu belasten, gründeten wir den eingetragenen Verein „Semper Opernball". Ich begnügte mich bis zum Ausscheiden aus der Staatsoper im Sommer 2007 mit einem Stellvertreterposten. Denn der Operndirektor konnte schwerlich einem Verein vorstehen, der mit der Oper und damit quasi sich selbst Verträge schließt. Neben Leicht holten wir u. a. Konzertveranstalter Bernd Aust ins Boot, der beste Kontakte zum öffentlich-rechtlichen Fernsehsender, dem Mitteldeutschen Rundfunk (MDR), hatte. Schatzmeister wurde Rainer Naseband von der Ostsächsischen Sparkasse. Als Rechtsanwalt fand ich mit meinem Onkel dritten Grades, Horst-Michael von Kummer, jemanden aus der eigenen ostpreußischen Großfamilie. Carsten Dietmann, Geschäftsführer der DDV Mediengruppe, die auch die „Sächsische Zeitung" herausgibt, Dresdens damaliger Beigeordneter für Wirtschaft und heutiger Oberbürgermeister Dirk Hilbert, Steuerberater Ernst Kötter und Gerhard Müller von der Sparkassen-Versicherung und vom Vorstand der Stiftung zur Förderung der Semperoper komplettierten das Gründungs-Team. Schließlich lösten wir durch Bürgschaften selbst die Geldfrage. Für den ersten Ball war ein Budget von 1,1 Mio. Euro kalkuliert, das durch Kartenverkauf erwirtschaftet werden musste. Mittlerweile erreicht unser Budget bis zu 2,3 Millionen Euro. Auch unterstützen mich als Künstlerischen Gesamtleiter und 1. Vorsitzenden im Vereinsvorstand heute noch zwei Damen: Dresdens frühere Oberbürgermeisterin Helma Orosz und Projektleiterin Trixi Steiner.

Am 13. Januar 2006, einem Freitag, war es so weit: Der SemperOpernball – lange nur ein Mythos – feierte 67 Jahre nach dem letzten Fest gleichen Namens im ehrwürdigen Bau von Gottfried Semper mit 2200 Gästen die glanzvolle Rückkehr.

Colliers blitzten, leise raschelten Kleider, wenn Damen tuschelten. Herren im Frack oder Smoking standen stolz dabei. Neben wohlriechendem Parfum lagen Festlichkeit, Erwartung und gute Laune in der Luft. Fotografen von über 100 Agenturen und Zeitungen jagten nach exklusiven Bildern, Kamerateams übertrugen das Gesellschaftsereignis der Extraklasse live in deutsche Wohnstuben.

Die Prominentenliste zierte neben bekannten Sachsen sogar ausländische Prominenz: Kanzleramtschef Thomas de Maizière, Tschechiens Außenminister Cyril Svoboda, Kaffeekönig Albert Darboven und Bahnvorstand Otto Wiesheu, Verleger-Gattin und Bertelsmann-Aufsichtsrätin Liz Mohn, Juwelier-Chefin Kim-Eva Wempe, Baron Thomas von Ardenne, Sohn des Atom-, Fernseh- und Krebspioniers Manfred Baron von Ardenne. Wiener Charme versprühte die gebürtige Österreicherin Senta

Berger. Besonders freute ich mich über die Anwesenheit meines Onkels Armin Mueller-Stahl.

Euphorisch sprachen Medien vom „Identifikationsereignis", ja von Dresden als „Zentrum für ein neues Bürgertum in Ostdeutschland". Gleich einem Auto, bei dem der Lack noch nicht auf Hochglanz getrimmt ist, war der erste Ball ein roher Diamant – und ein Wagnis. Doch alles lief wie am Schnürchen. Sogar die „New York Times" berichtete, dass der Glamour nach Dresden zurückkehre. Die Gemeinschaftsproduktion mit dem MDR, Schlüssel-Zeremonie, Vorfahren der Gäste am Roten Teppich, Einzug der Stars, Riesen-Feuerwerk, TV-Show mit Sächsischer Staatskapelle, Ballett, Pop, Jazz und internationalen Gästen, Preisverleihung, kostenlosem Open-Air-Ball (an Großbildschirmen verfolgen bis heute jährlich 15 000 Dresdner und Touristen das Mega-Event auf dem Theaterplatz vor der Semperoper), Debütanten, Eröffnungswalzer, Mitternachtsact – die Grundstruktur war erdacht, fertig und ist natürlich heute bis in tiefste Verästelungen perfektioniert. Selbst wer befürchtete, die Oper übersteht den Trubel nicht, wurde eines Besseren belehrt: Statt geplanter 10 000 Euro Stuckschäden kamen wir mit 1500 Euro aus!

In den Anfangsjahren hatte der SemperOpernball allerdings noch nicht die europaweite Ausstrahlung, welche wir uns wünschten. Während beim Wiener der Bundespräsident und die halbe österreichische Regierung anwesend sind, hatte Deutschlands Bundesregierung diesen Ball noch nicht als den Nationalen entdeckt. Da Prominente so ein Ereignis jedoch ungemein schmücken, suchten wir immer Persönlichkeiten aus dem Ausland, aus Wissenschaft, Kultur und Politik.

Mit einem der mächtigsten Männer der Erde katapultierte sich der Ball 2009 in die Champions League derartiger Vergnügen: Wladimir Wladimirowitsch Putin, der damalige Vorsitzende der Regierung der Russischen Föderation und heutige Präsident der Russischen Föderation, war der heiß debattierte Ehrengast, der die Welt auf die Glamourshow in Dresden blicken ließ.

Der Anstoß kam von Georg Milbradt. Nach der Auswertung des fantastisch gelaufenen Events 2008 meinte er, dass es an der Zeit wäre, einen wirklich wichtigen Staatsgast zu bekommen: „Wir könnten ja mal Putin fragen, der hat eine Affinität zu Dresden …"

Die Putin-Einladung mit ihrem immensen protokollarischen Aufwand war das Aufregendste, was ich bisher erlebte. Und bestätigte mir einmal mehr, dass die Großen dieser Welt nur durch persönliche Kontakte zu erreichen sind. Man kann wie ein Weltmeister Briefe schreiben, E-Mails versenden, sich die Finger wund telefonieren, Geschenkpakete mit Meissener Porzellan packen. Beim Beschreiten des offiziellen Weges müssen viele Assistenten, Berater, Sekretäre und Bedenkenträger überwunden werden, die so eine Weltpersönlichkeit abschirmen. Vermutlich kommt man nie ans Ziel.

Schon im Mai saß ich im Flieger nach St. Petersburg. Im Gepäck führte ich Einladungen vom SemperOpernball und von Sachsens Ministerpräsident für den Ministerpräsidenten der Russischen Föderation mit mir. Im Rahmen eines besonderen Festaktes auf dem Ball sollte dieser mit dem „Sächsischen Dankorden" geehrt werden.

Drei Dinge machen den Dresdner SemperOpernball unverwechselbar, ja weltweit einzigartig: Gottfried Sempers zauberhaftes Haus an der Elbe, der parallel vor der Oper stattfindende Open-Air-Ball und ein wahrhaft königlicher Orden. Um Weltprominenz eine klar definierte Rolle zu geben, kam ich mit Georg Leicht – der Pforzheimer ist Inhaber von Juwelier-Geschäften in deutschen Luxus-Hotels – auf diese außergewöhnliche Auszeichnung: Die Replik eines Ordens aus der weltberühmten Schatzkammer im Dresdner Residenzschloss, dem Grünen Gewölbe. Mit Genehmigung des Direktors Dirk Syndram hatte Leicht schon mehrere Schmuckstücke kopiert. Darunter den Lieblingsring von August dem Starken, den Siegelring von Reformator Martin Luther oder einen Ring vom großen Humanisten Philipp Melanchthon.

Doch für einen so wichtigen Orden war nur der Anhänger mit dem Heiligen Georg als Drachentöter prädestiniert. Die acht Zentimeter hohe plastische Arbeit zählt zu den künstlerisch bedeutendsten Kleinodien des Grünen Gewölbes. Faszinierend, wie der Künstler es verstand, die Dynamik des legendenhaften Geschehens und selbst feinste anatomische Details in purem Gold, mit Email, Diamanten, Rubinen, Perlen sowie einem Smaragd für die Ewigkeit festzuhalten. Der heilige Georg auf dem Pferd, welcher gerade mit seinem Speer der Bestie den Todesstoß versetzt, zieht jeden in seinen Bann. Man weiß, dass dieser Anhänger aus kurfürstlichem Besitz vor 1600 entstand und damit seit mehr als 400 Jahren eine Zierde des Staatsschatzes ist. Ab 1556 bauten Sachsens Herrscher im Schloss den sich über mehrere Räume erstreckenden Riesentresor mit meterdicken Mauern, Gittern, eisernen Fensterläden und verborgener Wendeltreppe in die Wohngemächer. Hier lagerten sie neben Kisten voller Gold- und Silbermünzen, Edelmetallbarren, Schatullen mit Perlen, Diamanten und Smaragden,

Pokalen aus Bernstein, Bergkristall und Elfenbein ihre Schmuck-Garnituren und glanzvolle Kunstwerke. August dem Starken ist nicht nur die großzügige Erweiterung, sondern auch der Umbau zum Museum – dem Grünen Gewölbe – zu verdanken. In der wertvollsten Juwelensammlung Europas und einem der ältesten Museen der Welt glänzen heute über 4000 Schätze: neben den Geschenken von Zar Peter I. an den Herrscher Sachsens, unter anderem eine Taschenbibel von Schwedenkönig Gustav Adolf oder der „Dresdner Grüne Diamant" – mit 41 Karat einer der größten überhaupt.

Für unseren Ball-Orden verzichteten wir auf den Perlenschmuck des originalen Georg-Anhängers. Dafür ist das Motto des Ordens „Adverso Flumine" („Gegen den Strom") als Handgravur verewigt. Auf der Rückseite befinden sich der Goldstempel und das Verleihungsdatum. Ordensstifter Leicht, dessen Juweliere mindestens 14 Stunden an jeder dieser Preziosen arbeiten, hebt gern hervor, dass es der einzige Orden auf der Welt aus massivem 18-karätigen Gold mit blutrotem Rubin von einem Karat Gewicht und zwei Brillanten ist. Der Wert liegt, je nach Goldpreis, bei 8000 Euro.

Als ich die Zeremonialschreiben Sergei Roldugin zur persönlichen Weiterleitung übergab, sagte dieser verschmitzt: „Es war schon immer mein Traum, mit der Sächsischen Staatskapelle zu spielen." Ein toller Wink! Wir haben sofort ein Solostück für Violoncello eingeplant. Begleitet von der Staatskapelle und von Ersten Solisten des Balletts der Semperoper. Dann hörten wir lange nichts mehr.

Zehn Wochen vor dem Ball lachte mich noch der damalige Botschafter Russlands in Deutschland, Wladimir

Kotenjow, aus: „Unser Ministerpräsident kommt nie nach Dresden!" Vier Wochen später sagte Putin zu … Sergei soll ihn mit einem einzigen Satz überzeugt haben: „Es gibt da jetzt in Dresden diesen sensationellen Ball und ich spiele Cello!" Zumindest liefen seit der offiziellen Zusage nicht nur die Protokoll-Abteilungen von Bundesrepublik und Freistaat Sachsen, sondern auch Sicherheitsdienste und Polizei zur Hochform auf. Zwei Tage vor dem 16. Januar war Dresden schon voll junger russisch sprechender Männer – die für Putin eingesetzten Personenschützer. In der Oper und im Grandhotel Taschenbergpalais Kempinski durchsuchten sie jede Kammer. Solchen Aufwand erlebte die Landeshauptstadt nur noch einmal: fünf Monate später beim Besuch des 44. US-Präsidenten Barack Obama! Glücklicherweise ließ man die Idee fallen, alle Ballgäste durch Körper-Scanner zu lotsen.

Aus Sicherheitsgründen durfte Putin aber nicht am großen Einzugsdefilee teilnehmen. Deshalb schritt ich mit ihm durch eine Seitentür. Obwohl Staatsoberhäupter nie vor geschlossenen Türen warten, akzeptierte das Protokoll die Lösung. Und so stand ich mit dem mächtigen Mann und seinem Botschafter zwölf Minuten allein im engen Gang. Um die Zeit zu überbrücken, zeigte ich auf den Monitor, erklärte, dass wir auf diesem alles verfolgen, was auf der Bühne passiert. Da unterbrach mich Putin freundlich mit den Worten: „Ich bin bestens informiert." Dann lächelte er, meinte: „Ich mache in den nächsten 90 Minuten alles, was Sie mir sagen." Da holte ich zu seiner Verblüffung mein Mobiltelefon aus der Tasche, scherzte: „Ich muss jetzt alle Freunde anrufen und ihnen sagen, dass Wladimir Putin alles machen will, was ich ihm sage …" Damit brach das Eis, fiel alles Protokollarische von ihm ab, entstand ein Kontakt jenseits der Steifheit.

Der Ball bot dann ein Brillantfeuerwerk schöner Stimmen und legendärer Klassik-Ohrwürmer, das Ballett der Semperoper tanzte engelsgleich, die Sächsische Staatskapelle machte ihrem Namen „Wunderharfe" alle Ehre. Sergei entlockte dem Cello brillante, seelenvolle, schwebende Töne, von strahlend bis lyrisch, von kraftvoll bis transzendent. Neben Putin in der ersten Reihe sitzend, sah ich, wie entspannt und amüsiert er das Geschehen verfolgte. Eines werde ich nie vergessen: Als Erwin Schrott, damaliger Ehemann von Anna Netrebko und seit reichlich vier Monaten Vater des gemeinsamen Sohnes Tiago Arua, das Torerolied aus der Oper „Carmen" von Georges Bizet geschmettert hatte, ging er nach seinem Auftritt an Putin vorbei, klopfte sich auf die Brust und sagte ganz laut auf Spanisch: „Es lebe Russland! Es lebe Russland!"

Dem neuen Ministerpräsidenten Stanislaw Tillich fiel die Aufgabe zu, den Staatsgast mit einer Rede zu ehren und ihm den „Sächsischen Dankorden des Semper Opernball e. V." für seine Verdienste um den sächsisch-russischen Kulturaustausch zu verleihen. Später wurde der „Sächsische Dankorden" in „Dresdner St. Georgs Orden des SemperOpernballs" umbenannt – man wollte nicht den Eindruck erwecken, es handele sich um eine offizielle Staatsauszeichnung.

Könige, Staatsmänner und Stars pilgern heute nach Dresden. Ihr Interesse am Ball ist so enorm, dass ein Kuratorium alljährlich aus einer langen Liste internationaler Persönlichkeiten den oder die Preisträger bestimmt.

Doch an unserem Anspruch hat sich seit dem ersten Ball nichts geändert: Wie der Heilige Georg sollen sie sich für das Gute einsetzen, gegen alle Widerstände, „gegen den Strom". Und wer diese Würde entgegennimmt, muss beim Verleihungsakt persönlich anwesend sein. Schwedens Königin Silvia, die Präsidenten Klaus Johannis von Rumänien und Ameenah Firdaus Gurib-Fakim von Mauritius, höchste Politiker der EU wie José Manuel Barroso und Jean-Claude Juncker, die deutschen Bundespräsidenten Roman Herzog und Christian Wulff, Salman bin Abdulaziz bin Salman bin Muhammad bin Saud bin Faisal aus der Königsfamilie von Saudi-Arabien, der Außenminister vom Oman Youssef bin Alawi bin Abdullah, Weltstars der Musik, des Films, der Schauspielkunst und Mode wie Naomi Campbell, José Carreras, Gérard Depardieu, Sir Roger Moore, Ornella Muti, André Rieu waren schon da. Die in Krasnojarsk in Sibirien geborene und mit vier Jahren nach Deutschland gekommene Helene Fischer – zurzeit die erfolgreichste Popsängerin im Lande – haben wir natürlich auch geehrt. Besonders freute mich, von ihr zu lesen, dass sie jetzt Russisch lernen und mit russischen Liedern in ihren Shows an das Erbe der Geburtsheimat anknüpfen möchte. Der Schwester von Michael Jackson, Latoya, haben wir den Preis postum für den weltberühmten Bruder verliehen. Bei bislang 13 SemperOpernbällen kommen wir auf 60 Orden! Und Latoya habe ich, wie viele andere reizende Damen, begeistern können, mit mir den Ball durch einen Tanz zu eröffnen.

Doch nicht nur auf die Prominenz machte Wladimir Putins Visite einen starken Eindruck. Sein Ballbesuch in Dresden war Thema aller russischen Hauptnachrichtensendungen, lockt noch heute jährlich Zehntausende seiner Landsleute nach Elbflorenz. Sogar Direktflug-Verbindungen von Moskau und St. Petersburg nach Dresden hat man eingerichtet.

Die traumhaften Einschaltquoten unseres Balls des Jahres 2018 zeigten mir gerade wieder, dass man mit solch einem Klassik-Entertainment-Event Millionen begeistern kann. Mit Diana Damrau und Denis Matsuev, den Weltstars der Klassikwelt, bis zu Dirigent Dmitri Jurowski und der Sächsischen Staatskapelle Dresden, mit dem eigens für den SemperOpernball komponierten „Mephisto-Walzer" von Anton Lubchenko, zu dem die 100 Debütanten-Paare unter der Choreografie von Sabine und Tassilo Lax tanzten, erzielte der Mitteldeutsche Rundfunk bei seiner fast sechsstündigen Live-TV-Übertragung eine durchschnittliche Rekordquote von 21,6 Prozent und den stärksten Marktanteil in der Geschichte der Ballsendungen. Zusammen mit der Wiederholung der Fernsehübertragung am Samstagabend in 3sat erreichten wir fast vier Millionen Zuschauer in Deutschland, der Schweiz und Österreich. Durch Kooperation mit der russischen Filmproduktionsfirma Lenfilm aus St. Petersburg waren wir erstmals auch im Kino der Partnerstadt Dresdens vertreten.

Für mich wurde die Ballnacht im Jahre 2009 noch eine ganz besondere: Bevor Putin den Ball verließ, blieb er vor Sergeis Stuhl in der ersten Reihe für einen sehr kumpelhaften Dialog stehen. Mir schien, dass sich beide zum Bier verabredeten. Deshalb flüsterte ich Sergei, wir duzten uns inzwischen, zu: Es wäre mir eine Freude, dabei sein zu dürfen. Er verließ dann 1.30 Uhr den Ball und 20 Minuten später klingelte das Telefon: Komm rüber! Ich war plötzlich Teil der Runde von Putin, seinem Botschafter, Pressesprecher, außenpolitischem Berater und Roldugin in der Kronprinzensuite vom Kempinski. Da ich nichts verstand, begann Putin für mich zu übersetzen und fragte: „Was haben Sie mit dem Ball vor?" Ich erklärte ihm meine Vision, internationaler zu werden, ins Ausland gehen zu wollen. Er sagte, dass es der eindrucksvollste Ball seines Lebens gewesen sei und er mich nach Russland einladen werde …

Besuch beim Vorsitzenden der Regierung der Russischen Föderation

Putin hielt Wort! Am 132. Tag nach dem Ball 2009, Freitag vor Pfingsten, kam der Anruf: „Montag, 13 Uhr, empfängt Sie der Vorsitzende der Regierung der Russischen Föderation!" Das Visum brachte ein Konsulats-Mitarbeiter. Flug, Airport-Transfer, Hotel – alles organisiert.

Am nächsten Tag fand ich mich schon lange vor dem Termin am „Weißen Haus" in Moskau ein. So wird das Regierungsgebäude der Russischen Föderation, das seit 1994 das Kabinett beherbergt, wegen seiner weißen Fassade genannt.

Zweimal hatte es Anfang der 1990er-Jahre – damals noch Sitz des Obersten Sowjets und des Volksdeputierten-Kongresses – für Schlagzeilen gesorgt. Angesichts der zerfallenden Weltmacht wollten konservative Kommunisten im August 1991 den sowjetischen Präsidenten Michael Gorbatschow absetzen, isolierten ihn bis zum Scheitern des Putsches für drei Tage im Urlaubsort Foros auf der Krim. Wegen des Widerstandes der Moskauer misslang ihnen jedoch auch die Erstürmung des „Weißen Hauses". Zwei Jahre später gab es eine Verfassungskrise. Die Auflösung des Parlaments durch Präsident Boris Jelzin sorgte für einen bewaffneten Konflikt, bei dem die Jelzin-treuen Streitkräfte das Gebäude schwer beschädigten. Fotos der rußgeschwärzten, ausgebrannten oberen Stockwerke gingen damals um den Globus. Doch längst strahlte die Fassade wieder in leuchtendem Weiß.

Anders als sein US-Pendant in Washington, D.C. beherbergt das „Weiße Haus" nicht den Präsidenten – der sitzt im Kreml –, sondern Russlands Ministerpräsidenten. Dieser heißt offiziell Vorsitzender der Regierung der Russischen Föderation, hat gegenwärtig neun Vize-Ministerpräsidenten und wird inoffiziell auch Premierminister genannt. Er ernennt die Minister der Föderation – Ende 2017 waren es 22, von denen der seit 2004 amtierende Außenminister Sergei Lawrow sicher im Ausland der Bekannteste ist – und leitet das Kabinett. Vorgeschlagen wird der Kandidat vom Präsidenten Russlands. Die Duma, das Parlament, stimmt über ihn ab.

Ein Ministerpräsident vertritt auch den Präsidenten, wenn dieser wegen schwerer Krankheit, Tod oder Rücktritt sein Amt nicht mehr ausüben kann. Das geschah nach dem überraschenden Rücktritt von Präsident Boris Jelzin. Vom 31. Dezember 1999 bis zum 7. Mai 2000 übte der damalige Ministerpräsident Wladimir Putin dessen Amt kommissarisch aus. Und blieb als gewählter Präsident im Kreml. Denn gleich im ersten Wahlgang am 26. März 2000 hatte er mit 52,9 Prozent der Stimmen die Präsidentschaftswahl für sich entschieden.

Dass Putin seit 2008 wieder als Ministerpräsident im „Weißen Haus" saß, hatte mit den verfassungsrechtlichen Modalitäten des Amtes zu tun. Ein Präsident darf nur zweimal hintereinander amtieren, wobei die Amtszeit vier Jahre betrug, seit 2012 sechs Jahre.

Demzufolge konnte Putin nicht erneut zur Präsidentenwahl antreten. Diese gewann Dmitri Medwedew. Als dieser am 7. Mai 2008 die Insignien des Präsidenten – dazu gehören die Amtskette, die Standarte, die in rotes Leder aus der Haut eines Warans mit goldenen Buchstaben gebundene Sonderausgabe der Verfassung und der Atomkoffer, welcher zur Autorisierung eines Nuklearschlages befähigt – erhalten hatte, schlug er den Vorsitzenden der Partei „Einiges Russland", Putin, als neuen Ministerpräsidenten vor. Am Folgetag wählte die Staatsduma ihn mit 87,1 Prozent der Stimmen zum neuen Regierungschef.

Wenn man wie ich die Politik als Staats-Kunst betrachtet, dann ist der aktive Sportler, Fitnessfan, Judoka, Skifahrer und Schwimmer Putin ein Genie dieser Kunst. Denn so ein Tandem hat die Welt selten gesehen. Vom früheren Vorsitzenden des Auswärtigen Ausschusses im Föderationsrat, Michael Margelow, soll 2008 der Ausspruch stammen: Medwedew sei ein hochtalentierter Meisterstudent, der viel von seinen Professoren lernte, doch Dekan der Fakultät bliebe Putin. Mir fiel nur Deng Xiaoping ein, der China auf den Sprung zur Weltmacht brachte, zwar offiziell die Zügel aus der Hand gab, aber der Allmächtige hinter den Kulissen war.

Ich saß da nun schon 90 Minuten. Zwischenzeitlich stellte sich ein deutscher Protokollchef vor und es kamen immer mehr Leute, die wie ich warteten. Es seien Kabinetts-Mitglieder, wurde gesagt. Tausend Gedanken schwirrten durch meinen Kopf. Warum hatte Putin ausgerechnet mir in der Nacht nach dem Ball ein so wertvolles Geschenk – ein goldgefasstes Service aus St. Petersburger Porzellan, im etwa 80 cm langen Holzkasten prangte das eingravierte Staatswappen – verehrt? Was durfte ich als Mann der Musikdramatik mit ihm besprechen? Sollte ich

107

ihm verraten, wie mir als kulturellem Brückenbauer seine Rede auf der Münchner Sicherheitskonferenz im Februar 2007 imponiert hatte? Damals erklärte Putin, dass der beendete Kalte Krieg viel scharfe Munition hinterlassen habe: „ideologische Stereotypen, eine Doppelmoral und andere typische Merkmale des Blockdenkens". Er kritisierte: „Es ist eine Welt, in der es einen Herrn gibt, einen Souverän." Dieser stürze die Welt in einen Abgrund permanenter Konflikte, in welcher es unmöglich werde, politische Einigung zu finden. Und er versuche zudem, anderen Nationen seine Werte überzustülpen. Weil Putin neben Wirtschaft, Politik und Bildung auch die Kultur ansprach, rannte er bei mir offene Türen ein.

Würde der Ministerpräsident bei der sich ständig vergrößernden Wartegemeinschaft überhaupt mehr als 60 unverbindlich-freundliche Sekunden und einen festen Händedruck für mich übrighaben können?

Die Uhr zeigte 15 Uhr und ich war sicher, mich hier noch einige Stunden gedulden zu müssen. Plötzlich öffnete sich die Tür, ein Finger winkte: „Herr Frey, bitte kommen Sie!"

Da stand ich nun in der frisch renovierten, rund 150 Quadratmeter großen Machtzentrale, im Dienstzimmer jenes Mannes, der die Geschicke des russischen Volkes lenkt, im „Weißen Haus" von Moskau. Mein Blick schweifte über eine Sofagruppe nebst Konferenztisch für 28 Kabinetts-Mitglieder zu seinem Arbeitsplatz. Eine Art Mischpult mit unzähligen Knöpfen. Dahinter Wladimir Putin, der einen Knopf nach dem anderen drückte, kurze Befehle erteilte. Nach einer Minute wollte ich nicht länger wie verloren in der Tür stehen, ging zu ihm, fragte: „Interessante Anlage, wie funktioniert denn das?"

Sofort wandte er sich mir zu und erklärte in bestem Deutsch, dass er so direkt mit den wichtigsten Entscheidern im Lande, mit allen roten Telefonen, verbunden sei. Als wir Platz genommen hatten, muss er gespürt haben, wie innerlich aufgewühlt sein Gast auf dem Sofa saß. Ich glaube mich zu erinnern, höflich auf die noch wartenden Minister hingewiesen zu haben, und rechnete mit salbungsvollen Abschiedsworten. Doch das Gegenteil trat ein. Beruhigend sagte er: „Alles hat seine Ordnung, ich habe Zeit für Sie."

Tatsächlich. In einem Separee hinter seinem Büro war ein Mittagessen vorbereitet. 90 Minuten sprachen wir unter vier Augen über deutsche Theater, Leitungsstrukturen, meine Interessen. In Russland gibt es das Zwei-Augen-Prinzip, entscheidet der Generaldirektor allein. Ich erklärte ihm das deutsche Vier-Augen-Prinzip, bei dem mindestens zwei Geschäftsführer – einer für Kultur und Marketing, der andere für Finanzen, Buchhaltung, Administration – Wichtiges auf den Weg bringen. Wir diskutierten die Vor- und Nachteile dieser Modelle sehr intensiv. Am Ende drückte er wieder einen Knopf – ich hatte für künftige gemeinsame Projekte einen Termin bei Kulturminister Alexander Awdejew!

Meine Stimmung pendelte zwischen himmelhochjauchzend und tiefer Demut. In jenen Minuten spürte ich, dass sich meinem Leben ungeahnte Chancen eröffneten, ein Neubeginn möglich war. Seit Kurzem lebte ich getrennt von Ehefrau Kirsten. Das war nicht einfach nach elf gemeinsamen Jahren und ein Schock für unsere Tochter Konstanze.

Aus einiger Entfernung wandte ich mich noch einmal um, betrachtete das „Weiße Haus" an der Moskwa, das ich gerade verlassen hatte. Sollte das Gespräch in dieser Zentrale eines gewaltigen Landes, ein Gebäudekomplex mit 19 Hauptachsen, riesigen Glasflächen und zwei Seitenflügeln, aus dem sich nochmals elf Stockwerke emporrecken, alles für mich verändern? Ich verzichtete auf das Taxi, wollte beim kleinen Spaziergang an frischer Luft das Erlebte verdauen und fuhr dann mit der Metro zurück ins Hotel.

Diese Moskauer Metro muss man erleben, erkunden. Sie ist sicher eins der preiswertesten und wohl das schnellste, sicherste und pünktlichste Transportmittel der Welt – bringt einen zu fast jedem Zipfel der Hauptstadt mit ihren rund 14 Millionen Einwohnern. Mir imponiert der auf ein ausgeklügeltes Belüftungssystem hindeutende leichte Luftzug in den bis zu 84 Meter tief unter der Erde liegenden Stationen. Über bis zu 126 Meter lange Rolltreppen gelangt man auf die Bahnsteige, mit bis zu 100 km/h rast man von Station zu Station. Täglich werden bis zu neun Millionen Fahrgäste zwischen 5.30 Uhr morgens und 2 Uhr nachts von 500 Zügen befördert, 2,5 Milliarden pro Jahr. Zu Hauptverkehrszeiten kommen die Züge sogar im 90-Sekunden-Takt an den zentrumsnahen Bahnsteigen an.

Unvergesslich, dieser auf- und abschwellende Hall, der Metro-Geruch – eine Mischung aus Parfümen Zehntausender Menschen, aus Stein, Metall, Schmiere und Geschichte.

In einem Reiseführer las ich, dass Star-Architekt Dmitri Tschetschulin, der 1965/79 das „Weiße Haus" entwarf, auch der Schöpfer von Vestibüls und Bahnsteighallen verschiedener Metro-Stationen war. Wer unterirdische Zeugen des „Sozialistischen Klassizismus" sucht, muss U-Bahn fahren. Viele Stationen sind wahre Unterwelt-Paläste, in denen Architektur- und Kunstfans auf ihre Kosten kommen. Manche höchst luxuriös, fast barock, aus Marmor und Granit, in anderen recken sich mächtige Pfeiler. Es gibt Rundbögen und Kreuzgewölbe, riesige Empire-Kronleuchter, monumentale Mosaiken, Deckengemälde, Majolika-Keramik-Wandbilder, üppigen Stuck, fluoreszierende Wände, kunstvolle Glasmalereien. In Dutzenden der über 200 Metro-Stationen – einige hat die UNESCO als Weltkulturerbe anerkannt – fühlt man sich wie in einem Museum.

Seit 1902 geplant, doch erst ab 1931 realisiert, war der Bau einer unterirdischen elektrischen Stadteisenbahn ein Prestigeobjekt Stalins, der die beste und schönste Metro der Welt besitzen wollte. Und auch ihre Nützlichkeit als Luftschutzkeller im Auge hatte. Oberster Bauherr war Verkehrsminister Lasar Kaganowitsch, der die Parole ausgab: „Mehr noch als alle Theater und Paläste wird die Metro unseren Geist anregen und erhellen."

Zur Entstehung der berühmten Ringlinie, welche einen Kreis um das Stadtzentrum bildet und zu allen sich fast tangential vom Stadtzentrum ausbreitenden zwölf Linien Umsteigemöglichkeiten bietet, gibt es eine bezeichnende Legende: Stalin soll bei einer Sitzung des Metro-Baukomitees seine Kaffeetasse auf den Blaupausen abgestellt haben, welche einen großen kreisförmigen Fleck rund um das Stadtzentrum hinterließ. Nach diesem „Kaffeefleck-Befehl" soll man sie gebaut haben. Zumindest ist die Ringlinie auf dem Streckenplan der Metro immer braun dargestellt. Für keine Legende halten die meisten Moskauer ein im Kalten Krieg von der Sowjetregierung angelegtes geheimes Metro-System, wel-

111

ches neben, unter und über den regulären U-Bahn-Tunneln vermutet wird. Diese „Metro 2" oder „D-6" verbinde z. B. eine unterirdische Bunkerstadt mit dem Kreml, mit Regierungs- und Militärgebäuden sowie dem Militärflughafen Wnukowo-2. Die verrücktesten Spekulationen habe ich da schon von Freunden gehört, auch einiges gelesen. Merkwürdige große Gitter, Treppen und Tunnel, die anscheinend im Nichts enden, verwaiste Eingänge, Stollen und Schächte an einigen Stellen Moskaus – Verschwörungstheoretiker haben in den letzten Jahrzehnten viele Details zusammengetragen. Offizielle Stellen schweigen natürlich.

Inzwischen erreiche ich die Station „Platz der Revolution", von der es nur noch wenige Schritte zum Hotel „Metropol" sind. Hier sitzen tief unter der Erde die wohl beliebtesten Schäferhunde der Stadt. In Bronze gegossen, die Ohren steif, den Blick in die Ferne gerichtet, wachen sie an den Bahnsteigecken neben ebenfalls bronzenen Grenzsoldaten. Ständig fassen vorbeieilende Fahrgäste mit der Hand an die kalten Hunde-Schnauzen, die schon ganz blank gerieben sind und golden glänzen – das bringe Glück, sagen die Moskauer. Ich habe es an diesem späten Nachmittag auch gemacht!

*Star-Cellist Sergei Roldugin musiziert mit der Sächsi-
schen Staatskapelle, Erste Solisten des Semperoper-
Balletts tanzen.* S. 90–104

Zur Show gehört auch der Einzug der 100 Debütanten-Paare. S. 90–104

*Wladimir Putin während seiner Dankesrede nach Verleihung des
Ordens* S. 90–104

*Der „Sächsische Dank-Or-
den des Semper Opernball
e. V."* S. 90–104

Russlands erster Mann und sein Ehrengeleit: Ministerpräsident Stanislaw Tillich und Ehefrau (vorn), Botschafter Kotenjow, Semperoper-Intendant Gerd Uecker, ich und Chef-Dolmetscher Oleg Siborow (zweite Reihe v. l.) S. 90–104

Prächtig illuminiert: Grand Hotel Taschenberg Palais Kempinski Dresden S. 90–104

Ehrentanz mit Schwedens Königin Silvia beim SemperOpernball 2014 S. 90–104

Fotografen umringen mich und La Toya Jackson, Schwester von Michael Jackson, beim SemperOpernball 2010. *S. 90–104*

Dieser Schnappschuss mit einem alten General und dem Chef des Motorrad- und Rockerklubs „Nachtwölfe", Alexander Saldostanow, gelang mir bei den Feiern zum Tag des Sieges in Moskau. S. 105–112

Mein Blick von der Tribüne bei der Parade zum Tag des Sieges am 9. Mai 2015 auf dem Roten Platz S. 105–112

Mit meinem russischen Freund Oleg Siborow in Sibirien S. 129–142

Wir besuchten viele altrussische Dörfer wie dieses. S. 129–142

Haupttempel des buddhistischen Klosters Iwolginski Dazan S. 129–142

Sogar eine burjatische Hochzeits-Tracht hat man mir verpasst.
S. 129–142

Traditionelle Wohnzelte in Burjatien S. 129–142

Das letzte Foto von Oleg Siborow, zusammen mit Alexander Gussew S. 129–142

Gostiny Dwor – der gewaltige Gebäudekomplex im Zentrum Moskaus S. 143–156

Armenak Agababyan im Verkaufssalon seiner Sächsischen Porzellan-Manufaktur Dresden S. 143–156

*Russlands Spionage-U-Boot „U-434" ankert seit
April 2010 am Hamburger Fischmarkt S. 143–156*

*Unternehmer Christian Angermann erfüllte sich mit dem U-Boot ei-
nen Traum. S. 143–156*

Torpedoraum mit Mannschaft – alles ist originalgetreu zu besichtigen. S. 143–156

„U-434" wurde 2017 von Wladimir Putin als Gold-Anstecknadel an die Staatschefs des G-20-Gipfels in Hamburg verteilt. S. 143–156

Mit Wladimir Jurowski und René Pape bei Proben zur Gala am Michailowski-Theater S. 157–164

Jelena Obraszowa in ihrer Glanzpartie als Gräfin in „Pique Dame" S. 157–164

Das Linzer Brucknerhaus spiegelt sich in der Donau.
S. 165–179

Mit Bürgermeister Klaus Luger, Onkel Armin Mueller-Stahl und
Künstler Christian Ludwig Attersee S. 165–179

Sechs Jahre war das fantastische Brucknerhaus meine künstlerische Heimat. S. 165–179

Nach einem Kammermusikabend (v. L.): Arkadi Zenziper mit Frau, Sergei Roldugin mit Frau und Anton Lubchenko S. 165–179

Sergei Roldugin und Ehefrau Elena amüsieren sich beim Linzer Oktoberfest. S. 165–179

Im Brucknerhaus konnte ich auch Elena Garanča begrüßen.
S. 165–179

Verleihung des Ehrenzeichens für russisch-österreichische Freundschaft S. 165–179 (oben links)

Die wertvolle Medaille S. 165–179 (oben rechts)

Mit Dmitri Hworostowski und Daniel Serafin S. 165–179

Ein lieber Gast im Brucknerhaus: Jonas Kaufmann S. 165–179

Präsidenten-Dolmetscher, die russische Seele und der Tod

„Verstehen kann man Russland nicht, und auch nicht messen mit Verstand. Es hat sein eigenes Gesicht. Nur glauben kann man an das Land." Dieses über 150 Jahre alte Bonmot des russischen Dichters und Diplomaten Fjodor Tjuttschew, nach dem sogar ein die Sonne umkreisender Kleinplanet benannt ist, habe ich oft gehört und noch öfter zitiert gefunden.

In einem seiner Nachfolger – wie Tjuttschew im diplomatischen Dienst tätig und ein Schöngeist, dazu ein Sprachgenie, das sogar mittelalterliche deutsche Epen ins Russische übersetzte – fand ich 2009 meinen Cicerone: Oleg Siborow!

Er war Hauptrat im Deutschland-Referat der 3. Europa-Abteilung des Außenministeriums der Russischen Föderation, welche für die mitteleuropäischen Länder zuständig ist. Für seine großen Verdienste – als Chefdolmetscher von fünf Präsidenten begleitete er Michail Gorbatschow, Boris Jelzin, Wladimir Putin, Dmitri Medwedew und nach ihm wieder Putin in die deutschsprachigen Länder bzw. war bei vielen Gesprächen mit Persönlichkeiten dieser Staaten anwesend – beförderte man ihn in den Rang eines Referatsleiters ohne eigenes Referat, dekorierte ihn mit dem „Verdienstorden für das Vaterland, IV. Grades".

Denn er war kein normaler Dolmetscher, sondern ein exzellenter Diplomat, der mit seiner außergewöhnlichen Reaktionsschnelle, seinem Einfallsreichtum, seiner Ausdauer und Verantwortungsbereitschaft kompliziertesten zwischenstaatlichen Verhandlungen selbst entscheidende Impulse verlieh. Weil er über eine besondere Gabe verfügte. Manche glaubten sogar, er könne Gedanken lesen. Sein Geheimnis: Er verstand nicht nur, was die Menschen sagten, sondern las u. a. aus der Klangfarbe ihrer Stimmen, wie sie es meinten. Vier Jahre lang begleitete er mich als bester Freund in Russland.

Sergei Roldugin hatte im November 2009 zum Hauskonzert mit hochbegabten Meisterschülern, quasi der Voreröffnung, in sein „Haus der Musik" nach St. Petersburg eingeladen. Die Zuhörer ein fast intimer Kreis von 20 Personen: neben dem Hausherren, dessen Frau und Bruder Ministerpräsident Putin und Präsident Medwedew. Daneben u. a. Kulturminister Alexander Awdejew, der seit 2013 Botschafter beim Heiligen Stuhl in Rom ist, und Walentina Matwijenko, die langjährige Gouverneurin von St. Petersburg. Sie war die erste Gouverneurin in Russland und wurde 2011 – wieder als erste Frau – in das Amt des Vorsitzenden des russischen Föderationsrates gewählt. An diesem festlichen Abend wurde ich Herrn Medwedew vorgestellt. Russlands Kulturminister machte mich später mit dem etwa 1,90 Meter großen und durch seine hagere Erscheinung unübersehbaren Oleg Siborow bekannt. Sich ständig in der Nähe des Ministerpräsidenten bereithaltend, war er mir schon beim SemperOpernball aufgefallen. Meiner Meinung nach hat man ihn aufgefordert, sich stärker um meine Belange zu kümmern. So wurde er zum persönlichen Berater und Betreuer, der mir bei der Intensivierung kultureller Kontakte in Russland über manche Klippen half.

Wir unterhielten uns bereits an diesem Abend und sechs Wochen später besuchte er mich – auf Schritt und Tritt mein Leben, meine Arbeit, mein Umfeld und meine Gewohnheiten studierend – in Bremen. Seit August 2007 war ich Generalintendant der Theater der Freien Hansestadt, welche als parlamentarische Republik und teilsouveräner Stadtstaat wie Berlin und Hamburg eine exklusive Rolle unter Deutschlands Großstädten spielt. Dass ich den Posten erhielt, verdanke ich dem ersten Semper-Opernball 2006. Unter dessen Gäste mischte sich Jörg Kastendick, der Senator für Wirtschaft und Häfen sowie für Kultur der Freien Hansestadt Bremen. Dieser hatte in der Endrunde noch drei Generalintendanten-Kandidaten, wollte die Entscheidung persönlich treffen. Nach dem glanzvollen Ball stand sein Votum fest. In Bremen konnte ich sogar ein wenig meiner Leidenschaft, dem Inszenieren, frönen, entwickelte das Seebühnen-Konzept für 2500 Zuschauer und übernahm die Regie für die Open-Air-Opern „Der Fliegende Holländer", „Aida" und „Turandot".

Oleg lernte mich kennen und ich ein wenig auch ihn. Als Sohn eines hochrangigen Botschaftsmitarbeiters, der während seiner Zeit in der Bundesrepublik Deutschland beste Kontakte zur FDP und zu Hans-Dietrich Genscher pflegte, wurde er in Bonn geboren. Nach Studium in Berlin und Moskau wurden die russische Botschaft in Österreich und die russische Vertretung der OSZE in Wien seine Arbeitsstellen. Der außergewöhnlich kreative Denker und Analytiker war belesen und an allem interessiert. Ob Wirtschaft, Politik, Geografie, verschiedene Wissen-

131

schaften oder Kultur – in seiner Obhut benötigte man weder Reiseführer noch Lexikon, sein Kopf schien ganze Enzyklopädien gespeichert zu haben. Aus dem Stegreif zitierte er Wolfgang von Goethe, Friedrich von Schiller oder Heinrich Heine. Selbst in den feinen Verästelungen der deutschen Sprache, der historischen Herleitung von Wörtern war er ein Kenner. Früher Präsident des Kickboxverbandes der UdSSR, trug er den Schwarzen Gürtel im Taekwondo, spielte als Tischtennismeister fast exzessiv diese Sportart. Er brauchte wenig Schlaf, war trotz Frau und Tochter quasi 24 Stunden für jeden seiner Freunde erreichbar. Und solche hatte er auf fast allen Kontinenten, schien auch ständig Kontakt mit ihnen zu halten. Als Gastgeber beherrschte er die Kunst, Menschen das Gefühl der Geborgenheit zu vermitteln. Mir fiel auf, von welch großer Ernsthaftigkeit seine Leidenschaft für die Kunst geprägt ist. Der Liebhaber von Ballett, Oper und zeitgenössischer Malerei mit der philosophischen Ader betätigte sich oft als Journalist und Kunstkritiker. Oleg schrieb Artikel in Fachzeitschriften und fand sogar Zeit, Gedichte des Franzosen Charles Baudelaire in seine Muttersprache zu übersetzen. Obwohl er auch Englisch, Französisch, Chinesisch, Latein, Griechisch und Esperanto beherrschte – so sagte er –, sei ihm die deutsche Sprache die musikalischste. Denn er betrachtete sie nicht nur als die Sprache der großen Philosophen, sondern als Sprache der Oper.

Ständig machte mich Oleg mit hochinteressanten Menschen bekannt, zeigte mir bedeutungsvolle Orte: In Wolgograd – dem früheren Stalingrad – besuchten wir den Chefdirigenten der Oper, Anatoly Smirnow, der heute in gleicher Funktion das Wladiwostok Pazifik Sinfonieorchester leitet. Und wir standen vor der 1967 errichteten, 85 Meter hohen Kolossalstatue aus Beton „Mutter Heimat ruft" auf dem Mamajew-Hügel. Das Monumentale lässt sich am besten erahnen, wenn man sich das 33 Meter lange Schwert betrachtet – es wiegt allein 14 Tonnen! Oleg wusste zu berichten, dass diese gigantische Figur mit erhobenem Schwert von Künstler Jewgeni Wutschetitsch nur Teil eines Denkmaltriptychons ist. Den ersten Teil bilde das geschmiedete Schwert im „Arbeiter hinter der Front" in Magnitogorsk, das andere Drittel mit dem gesenkten Schwert sei der „Befreier" im Treptower Park zu Berlin.

In Moskau durften wir Gast der Enkelin des Helden der Sowjetunion Armeegeneral Michail Kasakow, Tamara Kasakowa, in ihrer mit Erinnerungsstücken gefüllten Wohnung sein. Kasakow war Zeitzeuge der Oktoberrevolution 1917, großer Schlachten wie jener von Kursk 1943, der Unterdrückung des ungarischen Aufstandes 1956 und der Geheimnisse des Warschauer Pakts. „Wer die Geschichte meines Landes im 20. Jahrhundert begreifen will", erklärte Oleg, „muss sich in die biografischen Labyrinthe unserer Menschen vertiefen."

Wir besuchten Opernhäuser, Schlösser, Klöster und Museen, bereisten Dörfer und Städte verschiedener Regionen. Von all diesen wunderbaren Begegnungen ergriff mich eine besonders. Es war im südöstlichen Sibirien, in der Hauptstadt der russischen Teilrepublik Burjatien. 404 000 Einwohner zählend, befindet sich diese Stadt am Punkt, an welchem sich Transsibirische und Transmongolische Eisenbahn verzweigen. Sie heißt Ulan-Ude (burjatisch für Rote Uda) und ist 4400 Kilometer von Moskau entfernt. An der Mündung der Uda in die Selenga hatten

Kosaken im Jahr 1666 eine Überwinterungsstation gegründet. Mein Reisebegleiter führte mich in dieser Gegend – neben 62 Prozent Russen leben hier heute Ewenken, das sind die Ureinwohner, Semeskije, eine Glaubensgemeinschaft sogenannter Altgläubiger, und das mongolischstämmige Volk der Burjaten – in ein buddhistisches Kloster. Die Burjaten bekennen sich traditionell zum Vajrayana-Buddhismus – diese auch Lamaismus oder esoterischer Buddhismus genannte Strömung entstand ab dem 4. Jahrhundert in Indien, prägte insbesondere das Hochland von Tibet und den Buddhismus in der Mongolei.

Das drei Hektar große Steppen-Kloster Iwolginki Dazan in der Gemeinde Iwolginsk, 35 Kilometer südlich von Ulan-Ude, zählt zu den größten und wichtigsten buddhistischen Tempelanlagen Russlands. Gleichzeitig ist es auch Universität mit Fakultäten für Philosophie, Theologie, buddhistische Medizin und Malerei. Den Klosternamen übersetzte man mir so: „Das Rad des Lehrers, das Glück bringt und von Freude erfüllt ist".

Freude hatte ich beim Drehen der Gebetsmühlen und dadurch, dass es mir gelang, alle Verhaltensregeln – das Betreten der Türschwellen ist verboten, den Altären darf man nie den Rücken zeigen, man verlässt sie also rückwärtsgehend – einzuhalten. Dann wurde uns etwas ganz Mysteriöses präsentiert, das wohl selbst Gerichtsmediziner sprachlos macht. Ein menschlicher Körper in ewiger Trance, der sich weigert, den Weg alles Irdischen zu gehen. Ich betrachtete mit eigenen Augen seine flexiblen Hände, die wie im Schlaf geschlossenen Augen, seine lederne, samtweiche Haut. Wissenschaftler sollen herausgefunden haben, dass die Eiweißbestandteile des Gewebes denen eines lebenden Mannes entsprechen, sein Blut gel-artig sei. Der nie einbalsamierte Leichnam von Daschi-Dorscho Itigelow, dem 12. Pandito Hambo Lama – als Lama werden die hohen Priester bzw. Lehrer bezeichnet – will seit 1927 nicht verwesen! Wenn ich alles richtig verstanden habe, hatte dieser geistige Führer der Buddhisten in der Sowjetunion anno 1927 seine Schüler um sich versammelt. Angesichts der grausamen Religions-Verfolgungen forderte er sie auf, das Land zu verlassen und erst nach 30 Jahren wieder nach ihm zu sehen. Er selbst wolle zwischenzeitlich in die andere Welt hinübergehen. Auf sein Geheiß umwickelten Studenten den Leib ihres Lamas mit Seidentüchern, verfrachteten ihn in eine Holzkiste, in welcher er – in Lotos-Position, meditierend und Gebete singend – lebendig begraben wurde.

1957 – Stalin hatte Hunderte buddhistischer Lamas ermorden und 46 Klöster niederreißen lassen – konnte das Dazan wiederaufgebaut werden. Und die Mönche folgten der alten Anweisung, gruben den Leichnam aus und waren verblüfft. Ihr Lama saß völlig intakt in Lotosposition, war kein bisschen verwest. Noch war es zu früh, sie mussten dieses Geheimnis weiterhüten, übergaben Itigelows Körper wieder im mit Salz gefüllten Holzsarg der Erde. Erst im September 2002 exhumierten sie den Verstorbenen erneut, überführten den Unversehrten in feierlicher Prozession unter Fanfarenklängen und Glockengeläut ins Kloster.

Am Abend saßen wir mit den Mönchen und ihrem 1995 gewählten Abt sowie Lehrer aller russischen Buddhisten, dem 24. Pandita Hambo Lama, beim Wodka zusammen, diskutierten Glaubensfragen. Oleg ließ vor dem Konvent anklingen, dass ich demnächst an der Oper

Ulan-Ude inszenieren würde, sagte: „Dieser Deutsche wird nächstes Jahr die erste Oper von Richard Wagner jenseits des Ural spielen." Da fragte mich der Abt – vor seiner Berufung hieß er im bürgerlichen Leben Damba Ajuschejew und arbeitete als Lehrer: „Wenn Sie auf einer einsamen Insel wären und wüssten, Sie hätten nur noch fünf Minuten zu leben. Welche Musik würden Sie dann hören?" Mir fiel recht schnell die Tenor-Arie des jungen Ritters Walther von Stolzing aus „Die Meistersinger von Nürnberg" in reinem, klarem C-Dur ein. Im mit allen technischen Errungenschaften gesegneten Kloster holte ein Mönch dem Abt sofort seinen Laptop und wir hörten uns die wundervolle Arie auf YouTube an. Zur Verabschiedung versprach der Abt: „Wenn Sie uns wieder besuchen, singen meine Mönche die Arie auf Deutsch."

Von Ulan-Ude sind es keine 150 Kilometer zum mit 1642 Meter tiefsten und mit mehr als 25 Millionen Jahren ältesten Süßwassersee der Erde. Wir haben nur wenige der über 2000 Kilometer Ufer beschritten, uns an den schier unendlichen Weiten des bis zu 82 Kilometer breiten Sees erbaut. Der Herbst begann schon, sich zu verabschieden und dem Winter Platz zu machen. Wir beobachteten Baikal-Robben, sahen im Nationalpark Hirsche und sogar Bären.

Einmal hat Oleg mir gegenüber Russland mit einem großen Bären verglichen. Die Bären sind unheimlich gutmütig, essen Honig, lieben das Schlafen. Russland sei meist wie ein großer schlafender Bär. Plagt ihn nicht der Hunger, ist er ein völlig friedfertiger Gesell. Doch wehe, wenn man ihn reizt, wenn er angegriffen wird. Da zeigt er seine Stärke und Beharrlichkeit, wie nach dem Überfall Deutschlands im Großen Vaterländischen Krieg.

Unbeschreibliche Momente, wenn Oleg anhob, mir die russische Seele zu erklären. Der Beginn der 6. Sinfonie von Pjotr Tschaikowski – 1893 nur wenige Tage vor seinem Tod von ihm selbst aufgeführt – hat diese Neigung zur Schwermut, diese angebliche Lust am Unglücklichsein, die sich sogar in der Traurigkeit von Gesängen äußert, dieses Aufstöhnen, diese Leidenskraft der sanftmütigen unendlichen slawischen Seele, ihre Ergebung, ihre Fügsamkeit, in Noten gegossen. Vom Mongolensturm, dem Tatarenjoch bis zum Petersburger Blutsonntag fließt der Strom der Leiden durch die ganze russische Geschichte und fand sogar im 20. Jahrhundert eine Fortsetzung. Dazu die Unheimlichkeit und Unvorhersehbarkeit einer jeden Zukunft. Ist das vielleicht die Erklärung einer mitunter rätselhaften Melancholie? Und doch trägt gerade diese Traurigkeit die Hoffnung auf künftiges großes Glück in sich. Erst die Hingabe an das Leiden eröffnet die Möglichkeit seiner Überwindung. Rilke nannte dieses Prinzip Hoffnung gar vierte Dimension der Seele. Was ist sie, diese Seele, dieses Wechselspiel von Mystik und Vernunft, von Alles und Nichts?

Russland und der Russe – lachte Oleg –, das sind zwei, die sich in keine Kategorie zwingen lassen. Der doppelköpfige Adler des Staatswappens schaut mit scharfen Augen nach Westen und Osten zugleich, überblickt alles. Gerade wo die angeblich so zivilisierte „europäische Zivilisation" und „asiatische Wildheit" verschmelzen, zeigt sich menschliche Wärme, hingebungsvolle Gastfreundschaft und das fast biblische Bestreben, sich gegenseitig zu helfen, der Wunsch zu teilen, aber auch Unterstützung von anderen zu erhalten. Immer hoffen sie auf das Beste, sind aber stets auf das Schlimmste vorbereitet.

Mehr als Diamanten, Silber und Gold gelten Freunde und der Glaube. Ja, selbst sozialer Status oder Bankkonten verblassen gegenüber persönlichen Beziehungen. Und dabei ist in Russland das wohl Wichtigste die Loyalität. Hast du gute Kontakte aufgebaut, warst du fair gegenüber deinen Partnern, dann hält diese Handschlagqualität bis zum Lebensende. Doch diese Loyalität und Stabilität muss hart erarbeitet werden. Man umgibt sich vorzugsweise mit Vertrauten oder arbeitet gleich mit Familienmitgliedern, wo man diese unbedingte Loyalität durch die Blutsbande erwarten kann. Es erübrigt sich sicher auszuführen, dass Illoyalität natürlich auch sehr ernste Konsequenzen haben kann.

Die Zeit verging, im Frühjahr 2012 rief mich Oleg an: „Wir müssen liefern, sonst geht uns die Stolzing-Arie durch die Lappen." Ich schickte Noten und Text. Er notierte die drei Strophen für die Mönche in Lautschrift und übersetzte sie auch – damit die Sänger den Sinn dessen verstanden, was sie singen sollten. Als dann meine Proben für „Der Fliegende Holländer" am Opernhaus von Ulan-Ude begannen, hatte ich die Arie völlig aus den Augen verloren.

Denn Oleg organisierte für mich einen militärisch straffen Tagesablauf: 10 Uhr Frühstück, 11 bis 14 Uhr Probe, dann bis 15 Uhr Mittagessen und zwei Stunden Ruhepause. Von 18 bis 22 Uhr wieder Proben. Danach ab 22 Uhr das Abendessen mit anschließendem Tischtennisspiel, bei dem ich ganz schön herumgescheucht wurde. Dafür hatte Oleg extra eine Probebühne leerräumen und die Tischtennisplatte aufstellen lassen. Von 1 bis 3 Uhr nachts diskutierte er noch die Weltlage. In diesem Rhythmus ging es immerzu.

Sechs Tage vor der Premiere, es war der 25. Oktober, ich lag noch im Tiefschlaf, klopfte es laut an meiner Tür. Oleg rief: „Wichtiger Besuch, du musst sofort aufstehen!" Ich wollte eigentlich nur schlafen, doch er gab keine Ruhe. Also sprang ich in meine Sachen, öffnete.

Da stand der Abt des buddhistischen Klosters mit seinem blinden zehnjährigen Sohn. Der fromme Mann murmelte eine Entschuldigung für das unangemeldete Erscheinen, bat um Einlass: „Mein Sohn, der sehr musikalisch ist, hat die Arie gelernt und möchte sie Ihnen, dem Text entsprechend, jetzt am Morgen vorsingen." Es war unheimlich ergreifend, als der blinde Junge mit glockenheller, so reiner Stimme anhob: „Morgendlich leuchtend im rosigen Schein, von Blüt' und Duft geschwellt die Luft, voll aller Wonnen, nie ersonnen ..." Ich muss gestehen, noch vor der dritten Strophe seiner engelsgleichen Interpretation flossen die Tränen. Nach der Opern-Premiere bin ich mit Gästen ins Kloster gefahren, wo dieser begabte Junge nochmals für uns sang, sich sogar selbst am Klavier begleitete. Als ich fragte, wie er die Musik finde, sagte mir der blinde Junge: „Ergreifend, sie ist so hell, so wunderbar hell ..."

Exakt zwei Monate danach, am 30. Dezember 2012, starb für alle ganz überraschend Oleg. Ich denke manchmal, er hatte eine Vorahnung, engagierte sich so für dieses Lied, weil es sein Abschiedslied für den Weg in die nächste Dimension war.

Schon einmal wühlten mich drei kurz hintereinander eintretende Todesfälle ähnlich auf wie seiner: Im Januar 2000 starb mein Vater, im Dezember des gleichen Jahres der Regisseur und Generalintendant der Deutschen Oper Berlin, Götz Friedrich, mein alter Hochschullehrer.

Dann, am 20. April 2001, war ich Zeuge vom Ableben des mir sehr verbundenen Dirigenten Giuseppe Sinopoli. Zu Friedrich wie zu Sinopoli hatte ich eine besondere Beziehung. Beide verkörperten Durchsetzungswillen, Kraft, Stärke, ja Macht, zu denen ich mich hingezogen fühle, weil sie der leibliche Vater nicht so vorlebte. Mein Vater war immer das nachgebende, vermittelnde Element der Familie. Als Pfarrer war er trainiert, Konflikte aus dem Weg zu schaffen. Vielleicht empfinde ich deshalb heute Bewunderung für starke, dominante Persönlichkeiten.

Mit Sinopoli hatte ich die Zukunft der Semperoper geplant, welche eine über viele Jahre konzipierte Zusammenarbeit mit den Salzburger Festspielen krönen sollte. Ob Wien, Mailand oder anderswo – bei all seinen Premieren und wichtigen Dirigaten war ich stets dabei. Wir telefonierten fast täglich. So rief mich Giuseppe auch am 18. April 2001 an und bat, ich müsse unbedingt zu seiner „Aida" nach Berlin kommen. Es war eine Repertoirevorstellung, die 183. Aufführung von Friedrichs Inszenierung von 1982 und damit eigentlich völlig unspektakulär. Doch in der Abschiedsspielzeit von Götz Friedrich war sie als große Versöhnungsgeste gegenüber dem Kontrahenten geplant gewesen. Friedrich und Sinopoli – die beiden Giganten – trennten lange Querelen. 1990 war Sinopoli mit großem Krach vom Vertrag des Generalmusikdirektors bei Friedrich an der Deutschen Oper zurückgetreten. Zehn Jahre später wollte man das Kriegsbeil begraben, lockte den ausgebildeten Archäologen Sinopoli mit der „Aida". Tragischerweise starb Friedrich vier Monate vor dem Dirigat und Giuseppe hatte – da die Versöhnung ja nicht mehr möglich war – in Erwägung gezogen, in Berlin abzusagen. Doch er ging und rief nun an: „Komm!" Nie hätte ich gedacht, dass es eine Nacht würde, welche ein Leben lang Alpträume bereiten kann. An diesem Freitagabend haben wir uns in seiner Garderobe umarmt. Ich wünschte ihm eine gute Vorstellung. Rund 20 seiner wichtigsten Leute, einschließlich seiner Frau, umgaben ihn. Nicht abgesprochen, trafen wir uns dennoch in der Pause alle wieder. Er hat geraucht, kaltes Wasser getrunken und mir noch viele Fragen gestellt. Wie es manchmal so ist, wenn viele um den Maestro stehen und keiner was sagt, entstand eine Gesprächspause. In dieser erhob Frau Sinopoli das Glas: „Lasst uns anstoßen. Das ist doch hier keine Beerdigung, sondern eine Freudenfeier." Giuseppe klopfte mir noch auf den Rücken: „Hajo, wir sehen uns dann zur Feier im Adlon!" Nach dem Beginn des dritten Aktes gab es Unruhe im Orchester, weil sich Giuseppe ein Wasserglas bringen ließ. Da er jedoch mit der rechten Hand weiter den Takt schlug, habe ich das kaum beachtet. Nach weiteren 15 Minuten – in der Nil-Szene, dem großen Liebesduett bei der Begegnung der äthiopischen Sklavin Aida mit dem ägyptischen Feldherrn Radames – polterte es plötzlich und jemand rief aus dem Orchestergraben: „Ein Arzt, ein Arzt!" Der 54-Jährige war am Pult zusammengebrochen. Sofortige Brustmassagen zeigten keine Wirkung. Im Deutschen Herzzentrum, wohin ihn ein Notarztwagen in rasender Eile transportierte, stellten Ärzte nur noch den Herztod fest.

Innerhalb eines reichlichen Jahres waren alle meine drei „Väter" gestorben. Die Zeit danach war ein ganz wichtiger Reifeprozess für mich, um künstlerisch erwachsen zu werden. Bei allen beruflichen Entscheidungen konnte ich nicht mehr auf sie zählen, musste mich nun auf mich selbst verlassen.

Und jetzt, elf Jahre später, verliere ich plötzlich wieder einen meiner wichtigsten Wegbegleiter. Von Olegs Tod erhielt ich eine Schilderung seines Freundes Maxim Schmyrew. In den Armen des mehrfachen russischen Meisters im Tischtennis, des dreifachen Weltmeisters im Ping-Pong und Vizepräsidenten der Russischen Tischtennis-Föderation hauchte er sein Leben aus. Sie hatten in der Nacht bis halb drei Uhr zusammengesessen. „Oleg war ganz aufgekratzt, sprach von sehr guten Aussichten auf Arbeit. Ich vermute, ihm stand ein Karrieresprung bevor", so Maxim, der ihn am nächsten Vormittag zum gemeinsamen Tischtennisspiel zu Hause abholte. Sie spielten dann etwa 30 Minuten: „Gegen 12 Uhr sank er plötzlich auf die Knie, brach zusammen. Ich habe verzweifelt nach einem Doktor gerufen, mit Mund-zu-Mund-Beatmung und Herzmassage Wiederbelebungsversuche gestartet. Der herbeigeeilte Sportarzt half mit – vergeblich. Der nach einer Viertelstunde eintreffende Notarzt stellte gleich den Totenschein aus."

Während der Abschiedsworte vieler Freunde und der Predigt des russisch-orthodoxen Priesters ruhte Oleg offen aufgebahrt im Sarg, den viele Blumen umgaben. Putin und Medwedew hatten ihrem Chefdolmetscher zwei große Kränze mit persönlicher Widmungsschleife gesandt. Als der verschlossene Sarg dann aus der Kirche zum Friedhof getragen und in der Erde versenkt wurde, ich Oleg die letzte Handvoll Erde mit auf die weite Reise gab, hörte ich in mir die Stimme des blinden Jungen mit den beiden letzten Worten der dritten Strophe von Stolzings Arie „Parnass und Paradies!"

Ein Porzellan liebender Russe und ein deutscher U-Boot-Fan

Zum 870. Geburtstag schenkte sich Moskau 2017 einen Park, der weltweit seinesgleichen sucht. Im pulsierenden Herzen der Hauptstadt, malerisch am linken Ufer der Moskwa und in direkter Nachbarschaft zum Kreml – dem imposanten Symbol der Nation – gelegen, erstreckt sich über 13 Hektar eine neue grüne Lunge, eine leichte, offene, junge Oase in dem sehr feierlichen steinschweren Mittelpunkt des Riesenlandes. Dass erstmals in den letzten zwei Jahrhunderten so zentrumsnah eine erquickende Landschaft entstand, verdanken die Bürger ihrem Fleiß, Steuern zu zahlen, weitsichtigen Stadtplanern unter Oberbürgermeister Sergei Sobjanin und von humanem Städtebau überzeugten Politikern. Wladimir Putin, der das Kleinod im September einweihte, soll sich dafür stark gemacht haben, dass dieses wohl teuerste Fleckchen Russlands nicht in die Hände eines Immobilien-Tycoons fällt oder hier beide Parlamentskammern ihr neues Domizil errichten. Ich kenne keine andere Metropole, in welcher man auf so exponiertem Baugrund Freizeit-Belangen Einheimischer und Touristen den Vorrang gegenüber Investoren-Plänen einräumte.

Wo das 1967 eröffnete und 2006 abgerissene Drei-Sterne-Hotel „Rossija" mit 3170 Zimmern in 21 Stockwerken stand, kann man nun über hügelige Landschaften wandeln, die Vegetation der vier wichtigsten Klimazonen Russlands erkunden, auf einer schwebenden, zart geschwungenen Brücke über dem Fluss das Traumpanorama Moskaus genießen. Die alten Kirchen an der Warwarka-Straße und sogar ein Stück Stadtmauer erstrahlen so gerahmt in völlig neuer Pracht. Weitgehend unterirdisch fügten die New Yorker Star-Architekten Elizabeth Diller und Ricardo Scofido in das Ensemble u. a. ein Florarium, eine Permafrost-Höhle, ein Kino und die Philharmonie ein, die ich mit ihren Sälen und dem fast auf Fußweg-Niveau erstrahlenden Glasdach als hochspannend empfinde. Im September 2018 wird hier der in Zusammenarbeit mit Waleri Gergijew entstandene, fantastische Konzertsaal eröffnet, der modernste und vielleicht schönste Moskaus. Yasuhisa Toyota von Nagata Acoustics in Tokio, mit dem wir auch in Sotschi zusammenarbeiten, zeichnet für die Akustik verantwortlich. Mich zieht die einmalige Konstellation dieses Ortes, dieses Kulturparks, immer wieder an: Natur, Innovation, Kunst, moderne Architektur und Konzert.

Der Name des Parks erinnert an das einst hier existierende historische Wohnviertel Sarjadje in der uralten Geschäftsvorstadt Kitai-Gorod. Wer etwas von deren Flair sucht, muss nur die an den Park grenzende Warwarka-Straße überqueren und stößt auf einen wuchtigen, von Säulen gesäumten Bau namens Gostiny Dwor. So bezeichnete man im alten Reich die langen Marktreihen. Seit dem 16. Jahrhundert mehrfach abgebrannt und erneuert, geht das heutige Gostiny Dwor auf das Jahr 1830 und den Baumeister Joseph Bové zurück.

Zwischen den Säulen stößt man auch auf ein Geschäft mit Meissner Porzellan®. Jenes, das aus der ersten Manufaktur Europas stammt, die seit 1710 kostbares Tafelgeschirr, wunderschöne Figuren, Tierplastiken, Prunkvasen, Uhren oder Dosen herstellt, bis heute das Arkanum der Schmelzfarben hütet und Porzellanerde im eigenen Bergwerk abbaut.

Die Freude, hier auf das Weiße Gold meiner Wahlheimat Sachsen zu stoßen – die Porzellanstadt Meißen liegt nur eine knappe halbe Autostunde elbabwärts hinter Dresden – wurde noch verdoppelt. Denn mein Gefühl täuschte mich nicht, als ich den Namen des Besitzers hörte. Der in Georgien geborene Inhaber dieses Geschäftes, Armenak Sergejewitsch Agababyan, ist ethnischer Armenier.

Ein Dresdner Freund ist auch Armenier. Das herauszufinden, dauerte allerdings einige Zeit. Hielt ich doch den Gastwirt meines Lieblingsrestaurants, Artur Gevorgyan, zuerst für einen Italiener. Seine Pizzeria hieß „Casanova" und er stellte sich den Gästen nur mit Arturo vor. Irgendwann beichtete er mir jedoch, Armenier zu sein, aus der Hauptstadt Jerewan zu stammen. In der damaligen Armenischen Sozialistischen Sowjetrepublik geboren, machte er nach der Schneiderlehre den Meister in Textilmaschinen-Fabrikation, kam dann als junger Rekrut 1988 zur Gruppe der Sowjetischen Streitkräfte in Deutschland – Einsatzort Dresden! Seine alte Kaserne steht noch. In der früheren Heeresbäckerei befindet sich seit 2000 das Dresdner Stadtarchiv.

Schon immer ein aufgeweckter Bursche, absolvierte er während der Dresden-Zeit in Bernau die Offiziersschule, wurde zum Praporschtschik – zum Fähnrich – befördert. Diese hatten im Gegensatz zu den niederen Dienstgraden Ausgang. Und bei Spaziergängen durch

Dresden traf er die perfekt russisch sprechende Swetlana, verliebte sich. Ihre Mutter Russin aus Nischni Nowgorod, der Vater ein Wolgadeutscher, war die Familie 1984 in die DDR ausgereist. Seinen Militärdienst beendete Artur in Jerewan, kehrte jedoch nach Dresden zurück, heiratete Swetlana 1992. Den ersten Job nahm er bei einer großen Familiengastronomie an, welche ein Italiener führte. Als dieser in Konkurs ging, machte sich Artur selbstständig, stellte den früheren Boss als Restaurantleiter an.

So lernte ich ihn kennen und verfolge seitdem die Karriere des Mannes, der ein detailverliebter Perfektionist ist. Heute führt er am schönsten Platz Sachsens, direkt neben der weltberühmten Frauenkirche, sein edles Restaurant „Classico Italiano" über drei Etagen. Und betreibt davor auf dem Neumarkt einen Biergarten. Artur erfüllte sich damit seinen Traum eines großen Opernrestaurants, wo man bei klassischer Musik unter großformatigen, auf Leinwand gemalten, Schwarzweiß-Porträts von Weltstars wie Luciano Pavarotti, Maria Callas, Enrico Caruso, Andrea Bocelli oder Cecilia Bartoli speist, trinkt, genießt. Nach jedem SemperOpernball lade ich meine privaten Gäste hierher ein. Wir haben bei ihm Benefiz-Galen organisiert. Und Arturo zeigte mir anlässlich eines Vorentscheids zum „Competizione dell' Opera" seine Heimat Jerewan.

Das „Classico Italiano" ist mein zweites Zuhause geworden. Wenn ich in Dresden zu Gast bin, gibt es keinen Abend, der nicht bei ihm endet. Alle meine Freunde sind gern gesehen bei ihm, fühlen sich wohl. Besonders in der „Champagner-Lounge" im dritten Stock mit ihrer armenisch-russischen Atmosphäre. Hier lassen sie sich von

Arturos Herzlichkeit verzaubern, unterhalten sich gern auf Russisch mit ihm.

Der Inhaber des Spezialgeschäfts für Meissner Porzellan® gleich hinter der Basilius-Kathedrale und dem Roten Platz durfte also mit meiner Sympathie rechnen. Doch es stellte sich heraus, dass ihn die Porzellan-Leidenschaft nicht nur nach Sachsen geführt, sondern sogar zum Kauf einer Manufaktur verleitet hatte.

Mit drei Rubeln in der Tasche war Agababyan 1962 zum Studium ans Moskauer Energetische Institut, die 1930 gegründete Technische Universität, gekommen. Nebenbei verdiente er sich als Stadt- und Museumsführer Startkapital. Heute ist er Generaldirektor der u. a. auf die Produktion nichtgewebter Textilien für Industrie, Landwirtschaft und Haushalt spezialisierten Firma „Monema" im Norden Moskaus, besitzt Firmen, die mit Haushaltswaren, Schuhen und Pelzen handeln. Dazu Geschäfte, welche z. B. Antiquitäten und Porzellan anbieten.

Seine Liebe zur Kultur entdeckte er in der überaus reichen Museenlandschaft Moskaus. „Seit ich es mir leisten kann", lächelt Armenak Agababyan, „besuche ich viele Museen der Welt." Und lässt auch andere an seiner Leidenschaft teilhaben. Als Abgeordneter eines Moskauer Stadtteilrates der Partei „Einiges Russland" stiftete er dem Park seines Wohnviertels ein Denkmal der Muse Melpomene. Ein Zufall ließ ihn sogar zum Gründer einer Spezialsammlung werden, die an seinem Firmenhauptsitz kostenlos besucht werden darf: „Eine der größten Sammlungen russischer Samoware. Die Idee kam mir vor etwa 20 Jahren auf dem Weg zum Flughafen. Ich stellte fest, keine Gastgeschenke für Geschäftspartner zu haben, kaufte einem Straßenhändler Samoware ab. Da sie nicht ausgeführt werden durften, blieben sie bei mir. Heute sind es schon über 1000 Exemplare."

Nach den Samowaren folgte ein sehr viel aufwändigeres Engagement: die „Sächsische Porzellan-Manufaktur Dresden" in Freital. Seine Geschäftsbeziehungen zu führenden Porzellanherstellern hatten ihn früh in Kontakt mit der 1872 in Potschappel (heute Freital) gegründeten Firma gebracht. Denn dieses Dresdner Porzellan erfreut sich schon seit über 140 Jahren in Russland, den asiatischen Ländern und der arabischen Welt großer Beliebtheit. Die Kundschaft schätzt den Reichtum der Verzierung und die üppige Vergoldung. So auch damals die Zarenfamilie. 1890 bestellte Großfürst Wladimir Alexandrowitsch, der dritte Sohn Alexanders II., bemalte Porzellanplatten für Kamine im Potschappeler Werk. Im Sommerpalais des Zaren in Petershof hat sich im „Kalten Bad" ein kunstvoll mit modellierten Porzellanblumen verzierter Spiegel aus der Luxus-Manufaktur erhalten. Selbst die britische Königin wurde beliefert. Prunkvasen mit Watteaumalerei aus alter Produktion zierten die Villen und Schlösser von Königshäusern so wie heute noch das dem Freistaat Sachsen gehörende Schloss Rammenau.

Als 2005 die Manufaktur kurz vor dem Ende und zum Verkauf stand, erwarb sie der Porzellanliebhaber zusammen mit einem Geschäftspartner. Seit 2008 ist Agababyan Alleininhaber und tut alles, damit diese große Tradition eine Zukunft hat. Er brachte Meisterwerke der Dresdner Gemäldegalerie wie „Das Schokoladenmädchen" von Jean-Étienne Liotard oder die „Sixtinische Madonna" von Raffaello Santi auf Porzellanplatten, eröffnete im Grand Hotel Taschenbergpalais Kempinski ein Geschäft. Sein neuestes Vorhaben verriet er kürzlich bei einem Besuch: „Ich plane eine Porzellan-Figuren-Kollektion russischer Generäle bis 1918 wie Alexander Suworow-Rymnikski."

So wie sich der russische Geschäftsmann in deutsches Porzellan verliebte, kaufte sich der deutsche Unternehmer Christian Angermann gleich ein komplettes russisches U-Boot, machte es zum Museum und zur Touristenattraktion von St. Pauli in Hamburg. Als 2002 die Zeitungen davon berichteten, wollte ich es kaum glauben. Doch wer seine Geschichte – eine ganz besondere deutsch-russische Freundschaft – hört, ist fasziniert.

Es war in den Wochen nach dem 12. August 2000. An diesem Tag sank durch die Folgen einer Explosion beim Manöver in der Barentssee die „Kursk", das mit Marschflugkörpern bestückte russische Atom-U-Boot. Dieses tragische Ereignis und die vergeblichen Rettungsaktionen inspirierten Angermann und seinen Geschäftspartner Joachim Wagner. „Uns bewegten Fragen, über die sich damals viele Menschen Gedanken machten. Über Wissenschaft, Technik und Verantwortung. Über Sinn und Unsinn der Hochrüstung. Wir fragten uns, wer hat schon jemals ein russisches U-Boot mit eigenen Augen gesehen? Wie mag die Technik beschaffen sein? Wie funktioniert so etwas? Und welche Chancen gibt es für die Besatzung im Havarie-Fall?", erklärte Angermann seine Motivation in einem Buch über sein U-Boot.

Er ist ein Unternehmer alter Schule, ein Selfmademan mit zahlreichen Begabungen, aus Dresden. Seit der Ur-Ur-Großvater mütterlicherseits aus der österreichisch-ungarischen Monarchie nach Sachsen auswanderte, lebt die Familie nun schon in vierter Generation auf einem

Weinberggrundstück im Norden der Stadt Dresden. Die Ahnen waren Winzer, Königlicher Hofbühnenmeister, Fernmeldetechniker. Christian Angermann erlernte den Beruf des Elektro-Monteurs und machte sich 1982 samt helfender Ehefrau Monika mit einer Firma für Sandstrahlarbeiten selbstständig. Diese bearbeitete Stahlteile für den Zuschauerraum der Semperoper oder Tarndächer für russische SS-20-Raketen. Seine Hauptarbeit aber war das Entrosten von Auto-Felgen und Heizkörpern. Als die Sandstrahlerei in der Wegwerfgesellschaft nicht mehr gebraucht wurde, orientierte sich der Sachse um.

Als ich mit ihm sein großes U-Boot, dieses Gewirr an Kabeln und Leitungen, Gängen, Kabinen, Kombüse, Motorenraum, Arzt-Zimmer, Befehlsstand usw. über zwei Etagen durchstreifte, verriet Angermann, wie er in der Marktwirtschaft die Kurve bekam: „1991 machte ich den Pilotenschein für Hubschrauber und Flugzeuge, kaufte zehn viersitzige Kuriermaschinen der ehemaligen Nationalen Volksarmee der DDR, veranstaltete Rundflüge in ganz Deutschland." Nachdem die Flieger mit Gewinn veräußert waren, leistete er sich einen leichten US-Mehrzweckhubschrauber der Marke „Bell 206B Jet Ranger". Damit gründete Christian Angermann seine Angermann Luftbildservice GmbH, die z. B. den Zustand der Hochspannungsleitungen für europäische Strom-Konzerne dokumentiert, ein Allrounder für Datenservice ist. Der Luftbildbereich brachte ihn mit seinem heutigen Geschäftspartner und engen Freund Joachim Wagner zusammen. Dieser war Chef der DDR-Agrarflieger, betrieb dieses Business nach 1990 als Privatgesellschaft weiter und verfügte über eine Flotte von Hubschraubern für gewerbliche Einsätze.

Die Anfänge seines U-Boot-Projektes, das mit Gründung der „U-Bootmuseum Hamburg GmbH" begann, waren abenteuerlich. Zuerst stießen sie auf Geschäftemacher, die ihnen ein abgewracktes U-Boot der Tango-Klasse im Kohlehafen von St. Petersburg zeigten. „Durch Zufall", so Angermann, „erfuhren wir, dass denen das U-Boot gar nicht gehörte, längst als Museum für Moskau vorbereitet wurde. Künftig beschritten wir nur noch hochoffizielle Wege, stürzten uns in den Papierkrieg." Allein die notariellen Urkunden und Apostillen (Beglaubigungen im internationalen Urkundenverkehr) kosteten 8000 Euro. „Wir kamen nicht voran, irgendwo war Sand im Getriebe. Erst bei Gesprächen in Moskau spürten die Russen wohl, dass wir es ernst meinen, keine Schrotthändler sind, ihre Technik mit Achtung und Würde präsentieren, für die Nachwelt aufbewahren wollen."

Am 24. Juli 2002 wurde es ernst. Mit dem russischen Unterhändler Igor Metzger flogen beide Geschäftspartner von Berlin-Schönefeld via St. Petersburg nach Murmansk.

Angermann ist noch heute die Begeisterung über den Empfang anzumerken: „Die Russen holten uns mit nagelneuen VW-Bussen ab, auf denen sogar das Logo unserer U-Bootmuseum GmbH prangte. Sicherheitsbeamte begleiteten uns höflich. Der Empfang war herzlich, Wodka floss in Strömen. Es gab Kaviar und landestypische Spezialitäten. Statt uns dem Ziel unserer Wünsche zu nähern, wurden wir jedoch am folgenden Tag nur durch Museen geführt. Das ging zwei weitere Tage so. Zwischendurch durften wir immer wieder Fragen zu unserer Biografie beantworten und warum wir ein U-Boot kaufen wollen. Die uns begleitenden Offiziere verfügten über brillante Deutschkenntnisse, kannten sich in deutscher Kultur und Geschichte aus. Nachdem endlich Zweifel an unserer Glaubwürdigkeit ausgeräumt waren, ging es Richtung Barentssee. Nach stundenlanger Fahrt kamen wir in der hermetisch abgeschirmten Stadt Poljarny an."

Sie gehört zu einem ca. 300 Quadratkilometer großen Sperrgebiet, das normalerweise kein Einheimischer ohne Sonderpass, geschweige denn ein Ausländer, betreten darf. Hier befinden sich ein U-Boot-Stützpunkt, die staatliche Russische Schiffswerft Nr. 10 Schkwal für Atom-U-Boote sowie der Atom-U-Boot-Friedhof der Nordflotte. „Fast am Ende der Zivilisation", erinnert sich Angermann, „stand ein Postenhaus. Der Unteroffizier gab meinen Namen ein – und sofort blitzte das Passbild von mir auf dem Monitor, winkte er uns durch." Am Kai lagen mehrere U-Boote aus der Reserve der Nordflotte. Voll funktionstüchtig, aus dem aktiven Dienst herausgenommen, harrten sie dem ungewissen Schicksal entgegen. Im Kriegsfall würden sie es noch einmal rund um den Globus schaffen, werden aber vor allem zu Ausbildungszwecken genutzt. Ein U-Boot faszinierte besonders: „U-434" – ein Jagd-Spionage-U-Boot und dazu noch ein Zwitter an der Nahtstelle zwischen dieselelektrischem und Atom-U-Boot mit mehreren Etagen im Inneren! Sie durften hinein. Die komplette Mannschaft war an Bord, putzte, schob Wache, es wurden Befehle erteilt.

Angermann: „Mich verwunderte der angenehme Umgangston der Offiziere mit den Unterstellten. Wir krochen in allen Winkeln herum, bestaunten Chiffrier- und Dechiffriertechnik, Akkumulatoren, scharfe Torpedos. Die Besatzung spürte vermutlich, dass ihr Boot nicht mehr lange hier bleiben würde."

Drei Monate zuvor, am 10. April 2002, war es laut Befehl Nr. 13 des Staatskomitees aus der U-Boot-Liste der Militärflotte Russlands ausgemustert worden. Angermann und seinem Partner war klar: Sie wollten dieses und kein anderes! 1974 für die Nordmeerflotte auf Kiel gelegt, über 90 Meter lang, 8,72 Meter breit und bis zur ausgefahrenen Antenne 15,7 Meter hoch. Ein Jagd-Spionage-U-Boot mit Suchimpulse verschluckender Tarnbeschichtung. 84 Mann Besatzung versahen in ihm bis in 400 Meter Tiefe oft monatelang Dienst. Es operierte im Mittelmeer und im Atlantik, tauchte in den kubanischen Häfen Cienfuegos und Havanna auf. Auf Schleichfahrt knapp über dem 20 bis 30 Meter tiefen Grund des Hudson treibend, hatte man sich bei einem waghalsigen Manöver bis auf Periskop-Sichtweite an die Freiheitsstatue von New York gepirscht – ein Stück Technik- und Militärgeschichte, Abenteuer-Stoff pur.

Mit dem Vertrag in der Tasche flogen die beiden Unternehmer glücklich nach Hause. Und beschafften sich mit Banken-Hilfe 1,25 Millionen Euro.

Die Demilitarisierung von „U-434" in der geschlossenen Stadt Seweromorsk dauerte einen Monat. Damit das U-Boot nie wieder kriegstauglich ist, schnitt man zwei je zwei mal zwei Meter große Löcher in den Druckkörper. Sie wurden, weil das Boot sonst gesunken wäre, vor der Überführung wieder verschweißt. Ein finnischer Hochseeschlepper zog den 2800 Tonnen schweren Koloss durchs Nordmeer Richtung Hamburg. Am 15. August erreichte man nach 3700 Kilometer Fahrt Helgoland. Hier übernahmen zwei deutsche Schlepper das über 90 Meter lange Boot aus russischer Obhut. In Hamburg verfolgten

Tausende das Einlaufen und die Vertäuung an Dock 10 von Blohm + Voss.

Angermann: „Kaum war ‚U-434' vertäut, erschienen der Zoll, später die Geheimdienste. Sie inspizierten die einstige russische Wunderwaffe bis in den letzten Winkel, fotografierten alles, nahmen Materialproben." Der Germanische Lloyd erstellte inzwischen ein Gutachten, das jegliche Umweltgefahr für Hamburg ausschloss. Neben den Werftaufträgen für den Umbau zum Museum rückte Christian Angermann mit einem eingeschworenen Team enthusiastischer Freunde dem russischen Riesenfisch zu Leibe. 6000 Stunden lang wurde geschweißt, montiert, restauriert, gepinselt. Kapitän Anatolij Garmatenko und sein Bordingenieur Alexander Beslepkin legten selbst mit Hand an und plauderten manchmal aus dem Nähkästchen. Wendeltreppen wurden eingebaut, Dome aufgesetzt, die 220-Volt-Gleichstrom- durch eine Wechselstromanlage ersetzt, Fußböden und Beleuchtung erneuert, Überwachungstechnik installiert. Das Wichtigste: Alles entspricht dem ursprünglichen Zustand, atmet höchste Authentizität.

Am 21. Oktober 2002 war es endlich so weit. Zwei Schlepper nebst Lotse holten „U-434" von der Werft ab. Schließlich weihte Hamburgs russisch-orthodoxer Erzpriester Ambrosius Arnold Backhaus „U-434" für seinen Friedenseinsatz nach uraltem Ritus: mit entzündeten Kerzen, versprühtem Weihwasser, kreisenden Weihrauchkesseln, Gesängen und Gebeten. Hochrangige Vertreter aus dem Generalstab der Marine und Diplomaten Russlands waren anwesend, Medien aus aller Welt berichteten über das russische Jagd-Spionage-U-Boot, das nun in Deutschland ankerte. Und unter seinem Leiter

Harald Büttner nahm das Museum den Betrieb auf, ist neben Rathaus, Reeperbahn, Michel oder Miniatur Wunderland seitdem ein wichtiger Touristenmagnet. Gleich im ersten Jahr kamen 120 000 Besucher.

Seit 2010 ist das U-Boot-Museum am exklusiven Liegeplatz Fischmarkt 10 zu bestaunen. Für Umzug und Kassenhaus – das 97 Tonnen schwere Glas- und Stahlgebäude (Grundfläche 10 mal 20 Meter) hebt sich mit dem sich durch Ebbe und Flut ständig veränderndem Wasserstand – wurden nochmals zwei Millionen Euro investiert.

Christian Angermann hat bis heute Kontakt zum Marinestützpunkt in Murmansk. Eine enge Verbindung entstand auch zu Erzbischof Mark von der russisch-orthodoxen Kirche im Ausland, den er bei der Weihe neuer Kirchen unterstützt. Letztes Jahr hatte er besonderen Grund zur Freude. Das Relief seines U-Bootes schenkte Russlands Präsident beim G20-Gipfel in Hamburg allen teilnehmenden Staatschefs als massiv goldene Anstecknadel. Jetzt hat er nur noch einen Traum: „Einmal im Leben Wladimir Putin begegnen zu dürfen!"

Dass sein U-Boot in Hamburg liegt, macht mich glücklich. Denn außer in Dresden habe ich in keiner Stadt länger gewohnt und über zehn Jahre dort studiert. In dieser Stadt leben heute meine Tochter und meine ehemalige Frau, entstand die fantastische Elbphilharmonie. Gleichzeitig wohnt dort eine frühere Freundin, Irene Pietsch. Eine verrückte Person. Die Gemahlin eines Sparkassendirektors war lange in der Städtepartnerschaft Hamburg – St. Petersburg engagiert. 1995 lernte sie den Vizebürgermeister von St. Petersburg und seine Frau kennen, schrieb darüber das Buch „Heikle Freundschaften". Als ich sie 2004 traf, hatte ich mit Russland noch gar nichts zu tun. Aber sie galt immer als Ex-Freundin der Familie Putin. 2013 hatte ich die Gelegenheit, mit Wladimir Wladimirowitsch über Irene Pietsch zu sprechen, und er hat sehr interessiert zur Kenntnis genommen, was aus ihr geworden ist.

Mit der Obraszowa
zur Städte-Gala
am Michailowski-Theater

Sie war die Königin der Oper, galt seit den Erfolgen des 1938 verstorbenen Fjodor Schaljapin als erste russische Sängerin von Weltruf und als ein grandioser Exportschlager, blieb bis zu ihrem Tode eine zutiefst beeindruckende Frau: Mezzosopranistin Jelena Obraszowa! Ich bin einer der Glücklichen, die mit dieser wahren Diva zusammenarbeiten durften. Die Nachricht, dass sie für eine der wichtigsten Opern-Galas zugesagt hatte, ließ mein Herz Luftsprünge machen. Sofort musste ich an einen Ausspruch des legendären italienischen Film-, Theater- und Opernregisseurs Franco Zeffirelli denken: „In meinem Leben gab es drei Erschütterungen: ‚Anna Magnani, Maria Callas und Jelena Obraszowa.'"

Auf die Minute pünktlich schritt sie zur Orchesterhauptprobe im St. Petersburger Michailowski-Theater herein. Die Frau, die sofort alle Blicke auf sich zog, der die Sympathien meines Inszenierungsteams und der anwesenden Theater-Mitarbeiter zuflogen, war so etwas von herzlich und unkompliziert. Da ich fürchtete, die 72-Jährige, die an jenem Tag nicht gut zu Fuß schien, könne auf der steilen Behelfstreppe vom Zuschauerraum auf die Bühne ins Wanken geraten, bot ich ihr meinen Arm an. Doch tapfer wollte sie die Stufen unbedingt selbst erklimmen. Auf der Bühne stehend, schien ein Ruck durch ihren Körper zu gehen, war sie die alles beherrschende, hochadelige Erscheinung. Sie genoss die um sie schwirrenden Assistenten, den Moment, wo ihr die Requisiteurin den fein ziselierten Gehstock übergab. Mit nobler Geste winkte sie Kapellmeister und Chordirektor für eine letzte Absprache zu sich. Fast hätte es einen Eklat gegeben. Das bereitgestellte Sitzmöbel entsprach nicht der Höhe und Würde der Grand Dame. Bühnenarbeiter eilten los, schleppten aus dem Depot einen reich verzierten barocken Prunksessel heran. Dann spielte und sang sie ihre Kronpartie der vergangenen Jahre, die Gräfin aus „Pique Dame" von Peter Tschaikowski. So ausdrucksstark, mit solcher Hingabe, ja Inbrunst, als würde auf den leeren Stühlen ein aus aller Welt angereistes Publikum lauschen, als gehörten die verwaisten Ränge zu den Häusern ihrer größten Triumphe wie Moskau, Barcelona, Buenos Aires, New York, London, Mailand, Marseille, Paris, Salzburg oder Wien.

Als ich Jelena Obraszowa damals anlässlich der Gala zum 50. Jahrestag der Städtepartnerschaft Dresden – St. Petersburg kennenlernte, lebte sie schon 13 Jahre allein. Ihre große Liebe, der bekannte Bolschoi-Dirigent Algis Ziuraitis, mit dem sie nach einer ersten Ehe 17 Jahre verbrachte und dessen Esprit, Können und Wissen sie unheimlich verehrte, war 1998 unerwartet verstorben. Jeden Morgen, so verriet sie und wollte mich wohl auch für diesen Sport begeistern, hatte er sich zwei Stunden lang mit Yoga beschäftigt. So intensiv, dass sie einmal zu ihm sagte: „Selbst wenn das Haus brennt, wirst du zuerst dein Yoga beenden und dann das Feuer löschen."

Von ihrer Freundin, der großen russischen Sopranistin und Operndirektorin des Moskauer Bolschoi, Makvala

Kasraschwili, weiß ich, dass sie kleine Hunde wahnsinnig liebte, sich gleich vier hielt. Ein Hündchen nannte sie Carmen, mit dem ging sie sogar zusammen auf die Bühne. In Madrid bekam das Tier einen Künstlerausweis: „Carmen Obraszowa, Schauspielerin". Honorar für den Vierbeiner: 150 Gramm Fleisch in der Oper „Pique Dame".

Ihre Kindheit war geprägt von der mörderischen Blockade Leningrads, von wo aus sie 1943 mit der Familie – der Vater war Stellvertreter des Ministers für Schwermaschinenbau der UdSSR – evakuiert wurde. Noch vor Beendigung ihrer Ausbildung am Leningrader Konservatorium hatte man sie am Bolschoi aufgenommen und das Studium beendete die Ausnahme-Stimme aus der Ferne mit einer 5+ – das entspricht der deutschen 1+. Diese Bestnote wurde dort 40 Jahre lang an niemanden vergeben. 1963 feierte die Mezzosopranistin als Marina in der Oper „Boris Godunow" von Modest Mussorgski ihr Bolschoi-Debüt. Stets trug sie ein orthodoxes Kreuz als Kette. Man sah zu Sowjetzeiten über diese Provokation hinweg und räumte ihr Privilegien ein, weil die Künstlerin dem Staat Beachtliches an Devisen und Anerkennung einbrachte. Der frühere Außenminister Andrei Gromyko soll geäußert haben, dass sie mehr für die Sowjetunion getan habe als alle Botschafter des Landes zusammen.

Auch im Alter von über 70 Jahren war Obraszowas Pensum noch gewaltig. Sie kümmerte sich um eine eigene Stiftung in St. Petersburg, gab Meisterklassen auf der ganzen Welt und allein zwischen 2009 und 2013 mehr als 80 Konzerte. Unter Leukämie leidend, widersetzte sie sich anfangs sogar einer Knochenmarkspende – weil diese sie aus der Konzerttätigkeit herausgerissen hätte.

159

Unsere erste Begegnung verdanke ich einem von den Musen der Künste faszinierten Mann, der damals zu den reichen Russen zählte: Wladimir Kechman. Schon als Student des Pädagogischen Instituts Samara (Fremdsprachenabteilung) besaß er eigene Firmen. Ab 1994 war er mit der „Joint Fruit Company" (JFC) größter Südfrüchteimporteur Russlands. Sein Unternehmen besaß eigene Plantagen in Lateinamerika, eine eigene Handelsflotte, eigene Reifekammern und die Bananenmarke „Bonanza". Bereits 1995 hatte Kechman mit der Einladung von José Carreras in die St. Petersburger Philharmonische Gesellschaft Klassik-Fans auf sich aufmerksam gemacht. 2007 dann die Perfektionierung der musikalischen Liebhaberei. Er wurde nicht nur Generaldirektor des Michailowski-Theaters, das noch die Zusatzbezeichnung „Staatliches Akademisches Opern- und Balletttheater St. Petersburg M. P. Mussorgski" trägt, sondern leitete sofort die umfassende Renovierung des Hauses und der Bühnentechnik ein. Dafür verwendete er 30 Millionen US-Dollar aus seiner Privatschatulle.

Das von Alexander Brjullow im neoklassizistischen Stil erbaute Theater verdankt seinen Namen dem Bruder von Zar Nikolaus I., Michael Pawlowitsch Romanow, zu dessen Namenstag es am 8. November 1833 eröffnet wurde. Bis zur Oktoberrevolution bestritten gastierende Schauspiel- und Opernensembles aus Deutschland, Frankreich und Italien den Spielbetrieb. Walzerkönig Johann Strauß (Sohn) hat hier mehrfach dirigiert. Erst in den 1920er-Jahren bekam es unter dem Künstlerischen Leiter Samuil Samossud – dieser machte es zur Experimentierstätte des russischen Musiktheaters – ein eigenes Ensemble. Dmitri Schostakowitschs Opern „Die Nase" (1929) sowie „Lady Macbeth von Mzensk" (1934) erlebten hier ihre Uraufführungen. Erstere wurde nach sechzehn Vorstellungen u. a. wegen Fehlens eines positiven Helden abgesetzt, die zweite zuerst euphorisch bejubelt, jedoch dann nach dem namentlich nicht gekennzeichneten Verriss unter der Überschrift „Chaos statt Musik" in der Parteizeitung Prawda vom 28. Januar 1936 – als Urheber wird Stalin persönlich vermutet – in der Sowjetunion verboten. Obwohl seit den 1930er-Jahren eine Companie existierte, erhielt das Haus erst 1963 den offiziellen Status eines Balletttheaters.

Unter Kechman wurde das Michailowski mit seinen 897 Sitzplätzen zu einem ambitionierten Theater, das international hohe Anerkennung genießt.

2010 hatte ich mich erstmals länger in St. Petersburg aufgehalten, um mitzuhelfen bei der Jubiläumsgala anlässlich des 150. Geburtstages des Mariinski-Theaters von Waleri Gergijew.

In dieser Zeit traf ich mich auch mit Wladimir Kechman. Ich wusste, dass beide Männer ein sehr schwieriges Verhältnis haben und Gergijew nicht besonders begeistert sein dürfte, wenn ich mit diesem Mann zusammenarbeiten würde. Ich habe mich auch lange widersetzt, dies zu tun. Schließlich bat Dresden, vor allem die Oberbürgermeisterin und der damalige Wirtschaftsbürgermeister, Dirk Hilbert, im Michailowski-Theater die große Gala zum 50. Jahrestag der Städtepartnerschaft zu organisieren. Natürlich war Waleri Gergijew davon nicht angetan. Aber ich konnte es nicht verhindern. Für mich war in diesem Augenblick nur wichtig, das Projekt im Sinne des Kulturaustausches gut über die Bühne zu bringen.

Die von mir am 7. Juli 2011 für 800 Gäste inszenierte Gala war für den Chef des Frucht-Imperiums, der inzwischen auch im Besitz des Diploms der Theaterwissenschaft war, ein bedeutender Termin. Als Ehrengäste hatten sich nicht nur die Gouverneurin von St. Petersburg, Walentina Matwijenko, und der Erste Bürgermeister Dresdens, Dirk Hilbert, sondern auch der Ministerpräsident der Russischen Föderation, Wladimir Putin, und der frühere deutsche Bundeskanzler Gerhard Schröder angesagt.

Neben der Obraszowa engagierten wir deshalb noch den Chefdirigenten des London Philharmonic Orchestra, Wladimir Jurowski, für das 80-köpfige Michailowski-Orchester. Welt-Bass René Pape aus Dresden kam, dazu US-Tenor Neil Shicoff und die schwedische Sopranistin Iréne Theorin. Putin war sehr angetan, verwies in seiner Ansprache auf die jahrhundertealten Kontakte von Dresden und St. Pctcrsburg, die im Zweiten Weltkrieg ein sehr hartes Schicksal teilten: „Die Menschen beider Städte leisten einen ernsten, sehr positiven Beitrag zur Entwicklung des bilateralen Verhältnisses", sagte Putin. Der Dresdner Bürgermeister sprach gar davon, dass beide gerade „Goldene Hochzeit" feierten. Nach der zweistündigen Show klang der Abend im Festzelt bei Wodka, Krim-Sekt, Kaviar, Stör, gebratenem Ochsen und einem Genussfeuerwerk exotisch-leckerer Früchte aus.

Kechman, so las ich später in russischen Zeitungen, verließ in jenen Monaten leider das Unternehmer-Glück auf dem Südfrüchte-Gebiet. Der „Arabische Frühling" ließ seinen dortigen Markt einbrechen, Nebengeschäfte z. B. im Immobiliensektor liefen nicht so, Import-Konkurrenten machten ihm in Russland das Leben schwer.

Doch Oper, Konzerte und Ballett blieben seine Welt. Heute ist Kechman, der in der Kulturszene Russlands als umstritten gilt, Künstlerischer Leiter des Michailowski-Theaters.

Er bekam sogar ein weiteres Theater angetragen. Als Künstlerischer Leiter ist er auch für das „Staatliche Akademische Opern- und Ballett-Theater Nowosibirsk" in Sibirien verantwortlich. Das Gebäude ist dem Moskauer Bolschoi ebenbürtig. Im 1944 fertiggestellten Kuppelbau (35 Meter hoch, 30 Meter tiefe und 30 Meter hohe Bühne, 11 837 Quadratmeter Grundfläche) hätte nach Stalins Willen ein Notparlament tagen müssen, wenn Moskau in Gefahr geraten wäre. Kechmans Plan, es in „Bolschoi Nowosibirsk" umzubenennen, scheiterte am Veto seines Moskauer Kollegen.

Als ich ihn zuletzt auf dem Flughafen Domodedowo sah, trug er einen langen Bart wie ein orthodoxer Priester. Für sein karitatives Wirken, z. B. beim Wiederaufbau orthodoxer Kirchen, zeichnete ihn die Russisch-Orthodoxe Kirche mit drei hohen Orden aus.

Helena Obraszowa, der Weltstar, verzauberte mit ihrer einzigartigen Stimme noch die von mir geleitete Eröffnungsgala des neuen Opernhauses der Primorje-Region Wladiwostok im Oktober 2013. Ende 2014 sollte ihr letzter Aufritt anlässlich eines ihr gewidmeten großen Jubiläumskonzerts im Kreml-Palast sein. Doch ihre Kräfte reichten nicht mehr, das Konzert wurde abgesagt. Sie hoffte auf Besserung und Rückkehr auf die Bühne. Ärzte rieten ihr wegen des milderen Klimas zu einem Aufenthalt in Sachsen, in Leipzig, wo sie wenige Wochen später verstarb. Sie war im Bolschoi Theater aufgebahrt worden. Die Totenmesse fand in der Erlöserkathedrale, dem russisch-orthodoxen Heiligtum, statt. Ich hätte mich so gern eingereiht in den langen Trauerzug, konnte jedoch dienstlich nicht umdisponieren. Auf dem Moskauer Neujungfrauenfriedhof, wo sie zur letzten Ruhe gebettet wurde, legte ich später in aller Stille eine rote Rose auf ihr Grab.

Wie Linz eine Kulturbrücke nach Russland bekam

Städte am Strom versprühen einen ganz besonderen Charme. Und das österreichische Linz, durch welches die 2857 Kilometer lange Donau – nach der Wolga der zweitgrößte Fluss Europas – fließt, wurde für mich eine ganz wichtige Station. Im Sommer 2011 rief mein ehemaliger Mentor Peter Ruzicka an, der viele Jahre Intendant der Salzburger Festspiele war und bis heute Intendant der Salzburger Osterfestspiele ist. Er erzählte, in Linz – Stahlindustrie-Metropole, Europäische Kulturhauptstadt des Jahres 2009 und Geburtsstadt des ältesten Torten-Rezepts der Welt – sei die Position des Künstlerischen Direktors der LIVA frei. Das wäre eine sehr interessante Aufgabe. Die LIVA, mit vollem Namen Linzer Veranstaltungsgesellschaft m.b.H., ist ein Unternehmen der Landeshauptstadt von Oberösterreich, betreibt stadteigene Kultur- und Freizeiteinrichtungen, führt auch öffentliche Veranstaltungen durch. Kulturelles Herzstück ist das nach Plänen von Kaija und Heikki Sirén erbaute und nach dem Komponisten Anton Bruckner benannte Brucknerhaus. Top-Veranstaltungen sind das Brucknerfest und die „Linzer Klangwolke" – ein Open-Air-Musikfestival mit 100 000 Besuchern zwischen Nibelungen- und Eisenbahnbrücke im Donaupark vor dem Brucknerhaus, bei dem Lautsprecher mit 250 000 Watt Gesamtleistung auf Kränen montiert werden. Auch das Linzer Stadion nebst weiteren Sportstätten, das Kinderzentrum „Kuddelmuddel" und eine Mehrsparten-Kultureinrichtung namens „Posthof" für Musik, Tanz, Theater, Kleinkunst und Literatur gehören dazu.

Als ich Ruzicka fragte, ob er dort etwas für mich tun könne, verneinte dies der erfahrene Mann in Ermangelung entsprechender Verbindungen. So absolvierte ich die Bewerbungstour. Das erste Hearing fand schon im Juli statt, die zweite Runde im September. Ich kam gerade aus Moskau, wo ich die Oper „Zar und Zimmermann" inszenierte, durfte meine Visionen unterbreiten und wurde befragt. Am Ende des etwa 60-minütigen Gesprächs, gegen 14 Uhr, fragte Bürgermeister Franz Dobusch, wie er mich in den nächsten Stunden erreichen könne. Meine Antwort: Sie haben nur vier Stunden Zeit, 18 Uhr startet mein Flug nach Moskau. Kurz vor dem Abflug in Wien seine Nachricht: „Wir haben uns für Sie entschieden. Ich muss Sie aber darauf hinweisen, dass ich politisch unter Druck stehe. In zehn Minuten wird der Österreichische Rundfunk anrufen. Geben Sie dem bitte ein Interview." Die Redakteurin befragte mich dann zu ganz vielen Details. Stets antwortete ich mit Floskeln wie „davon gehe ich aus", „Linz darf sich auf eine spannende Zeit freuen" oder „warten Sie die Planungen ab". Mehr als ausweichende, höfliche Antworten konnte man zu diesem Zeitpunkt nicht geben. Wie ein Politiker, der viel redet, ohne etwas zu sagen. Aber mir war nun klar, dass ich den Vertrag in der Tasche hatte.

Ende September kam ich zwecks Vertragsverhandlung wieder zum Bürgermeister und habe ihn wohl ziemlich verblüfft. Obwohl ich wusste, dass er mir 20 Prozent weniger Gehalt als meinem Vorgänger anbot, dessen Preis ich natürlich kannte, nahm ich sofort sein Angebot an. Allerdings unter der Prämisse nebenberuflicher Freiheiten: namentlich meine Gast-Professur in Südkorea, den SemperOpernball, den Opernwettbewerb „Competizione dell' Opera" und eigene Inszenierungen, vor allem in Russland.

Auf den Billig-Abschluss fixiert, ohne die Konsequenzen zu bedenken, wurde mir ein Vertrag ausgefertigt und schon am 4. Oktober 2011 machte man die Personalie bei einer Pressekonferenz bekannt. Bemerkenswert: Der Vertrag beinhaltete keine Angaben zu Anwesenheitszeiten. Ich hätte nach diesem Papier einen Tag pro Jahr in Linz sein können und trotzdem den Vertrag 100-prozentig erfüllt. Später hat man dies dann allerdings präzisiert. Aus meiner Sicht auf jeden Fall ein sehr fairer Deal. Mit Alt-Bürgermeister Dobusch, dem ich sehr dankbar bin, dass er mich nach Linz holte, sitze ich bis heute manchmal zusammen. Dann erinnern wir uns schmunzelnd an den Vertrags-Coup.

Linz befand sich in einem interessanten Spannungsfeld, in welchem auch die Ursache mancher Probleme zu liegen schien. Die Stadt war fest in den Händen der Sozialdemokratischen Partei Österreichs (SPÖ), alle Verantwortung im Land, der Region Oberösterreich, trug jedoch die konservative Österreichische Volkspartei (ÖVP). Bei solch politischer Situation sind Animositäten, Intrigen und Skandalisierungen vorprogrammiert, muss man auf der Hut sein, nicht zwischen die Mahlsteine divergierender Parteieninteressen zu geraten.

Das Brucknerhaus, in welchem ich am 1. Januar 2012 anfing und wo ein Jahr später offizieller Dienstantritt als

Geschäftsführer war, besaß eine absolute Allein- und Monopolstellung. Jedoch eröffnete in der Stadt von knapp 205 000 Einwohnern im April 2013 zusätzlich das Musiktheater als Spielstätte des Landestheaters Linz. Kapazität: 1000 Plätze. Somit wuchs ein gewaltiger Wettbewerber auf dem Musik- und Kunstmarkt heran. Mit diesem fast täglichen Zusatzangebot von 1000 Tickets geschickt umzugehen, glich der Quadratur des Kreises.

Von vornherein hatte ich für Linz ein neues Konzept entwickelt, das in drei Schritten verwirklicht wurde: erstens eine sich über die ganze Saison erstreckende Festivalstruktur, welche – unabhängig vom Brucknerfest – alle Zielgruppen des klassischen Publikums anspricht. Ende Oktober, Anfang November starteten wir mit einem Vokal-Festival. Dem schloss sich das Advents- und Weihnachtsfestival an. Den Januar dominierte das Klavier-Festival, den Karneval im Februar garnierte ich mit Weltmusik, März und April folgten Barock- und Passionsmusiken, im Mai das Frühlingsfest, im Juni moderne Musik und zum Saisonende ein Kinderkehraus. So bin ich durch die Spielzeit geschritten, integrierte internationale Aspekte und große Konzerte berühmter Orchester aus aller Welt. Außer in Wien und Salzburg gastierten beispielsweise die Wiener Philharmoniker bei uns am häufigsten. Seit der Brucknerhaus-Eröffnung mit dem Dirigenten Herbert von Karajan im Jahre 1974 gaben sie hier schon rund 100 Konzerte.

Mein zweites Augenmerk lag auf künstlerischen Innovationen. Zum Brucknerhaus gehört ein fantastischer Klangkörper, das Brucknerorchester, mit 120 Planstellen. Durch das neu eröffnete Linzer Musiktheater war es nun auch dort fest eingebunden. Hilfe kam aus Russland.

Denn es gelang mir, den berühmten russischen Cellisten, meinen Freund Sergei Roldugin, für Linz zu interessieren. Sein „Haus der Musik St. Petersburg" fördert nicht nur die größten Talente Russlands, es finanziert auch Gagen und Reisen. Mit ihm und seinen hochbegabten jungen Musikern haben wir erfolgreiche Reihen wie „Meisterinterpreten von morgen", „Meisterinterpreten im Brucknerhaus", „Russische Meistersolisten" oder die „Russischen Dienstage im Brucknerhaus" an mehr als 60 Abenden in sechs Jahren veranstaltet. Finanziell unterstützt vom „Haus der Musik" und dem russischen Kulturministerium. Ich erinnere mich unvergesslicher Stunden mit Koryphäen wie dem Klarinettisten Nikita Ljutikow, den Pianisten Juri Faworin, Lukas Geniusas, Philipp Kopachevski, Miroslaw Kultyshew, Sergej Redkin und Andrej Telkow, dem Posaunisten Alexej Lobikow, den Violinisten Pawel Miljukow, Aylen Pritchin und Dmitri Smirnow. Sergei Roldugin selbst gab von 2013 bis 2016 jährlich zwei Konzerte bei uns, er spielte Kammerkonzerte, musizierte mit dem Brucknerorchester oder Arkadi Zenziper. Es macht mich stolz, dass die Veranstaltungen auch unter meinem Nachfolger fortgeführt werden.

Dritte große Neuerung meiner Ära waren die Länderschwerpunkte: 2013 Russland, 2015 China und 2016 Südkorea. Einerseits konnte damit eine künstlerisch vernachlässigte Öffnung nach Osten überwunden werden. Andererseits bot sich uns die einmalige Chance, auf finanzielle Mittel der Kulturministerien vieler Länder zurückzugreifen. Selbst solcher Staaten wie Weißrussland, Aserbaidschan oder Armenien. Denn für viele Künstler und Orchester ist ein Auftritt im Welt-Kulturland Österreich mit Wien als Mekka allen Klangzaubers, Salzburg als Olymp der Musik und Linz mit seinem Brucknerhaus – dem größten Konzerthaus außerhalb Wiens – hochattraktiv. In allen Fällen wurden die Reisespesen und Gagen aus diesen Ländern gezahlt. Die LIVA übernahm die Kosten für Hotelzimmer und Flughafen-Transfers plus Tagespauschalen für die Musiker.

So gelang es mir beispielsweise, hier jedes Jahr die großen Orchester Russlands spielen zu lassen: die St. Petersburger Philharmoniker unter Juri Temirkanow, das Philharmonische Orchester Wolgograd unter Edward Serow, das Sinfonieorchester Wladiwostok unter Anton Lubchenko, die Ural-Philharmonie Jekaterinburg, das Tatarstan National-Orchester, das Tschaikowski Sinfonieorchester Moskau mit Maestro Wladimir Fedossejew. Mehrmals waren Waleri Gergijew und sein Orchester des Mariinski-Theaters im Brucknerhaus und im Stift Sankt Florian zu Gast. Weltstar Gergijew wollte nach europäischen Maßstäben und ohne Staatsbeihilfe der Russischen Föderation bezahlt werden, ja er bestand wegen seiner überragenden Bedeutung auf dem gleichen Niveau der Honorierung wie der der Wiener Philharmoniker oder der Sächsischen Staatskapelle Dresden. Eins der größten Projekte, welches wir als Brucknerhaus und LIVA mit vereinbarten, ist die Einspielung sämtlicher Sinfonien von Anton Bruckner mit den Münchner Philharmonikern unter seiner Leitung in den Jahren 2017 bis 2019 im Stift Sankt Florian. Die Münchner, welche seit ihrem Chefdirigenten Sergiu Celibidache eine große Bruckner-Kenntnis haben, werden dabei vom Fernsehen aufgenommen, es sind CD- und DVD-Einspielungen vorgesehen. Es war mir wichtig, dies für Waleri Gergijew zu schaffen.

Ich übertreibe sicher nicht, wenn ich sage, dass die wichtigsten russischen Künstler im Brucknerhaus aufgetreten sind: die Dirigenten Dmitri und Wladimir Jurowski, Tugan Sochijew, der Musikdirektor und Chefdirigent des Orchesters vom Moskauer Bolschoi, Pianisten-Koryphäen wie Denis Matsujew, Daniil Trifonow und Grigori Sokolow, der Bratschist Juri Baschmet. Moskaus Kammeroper Boris Pokrowski gab gleich drei große Gastspiele. Die Kolobow Novaja Opera Moskau, Gesangssolisten des Moskauer Bolschoi und das Bolschoi Belarus – alle reisten an. Dmitri Hworostowski, der viel zu früh verstarb, sorgte mit einer großen Gala für Beifallsstürme.

Bei einem großen Kulturforum in St. Petersburg konnte ich meine Begeisterung nicht verbergen, erklärte den Anwesenden, dass gegenwärtig kein Haus in Europa so viele russische Künstler einlädt wie meins in Linz. Von unserem klassischen Angebot bestritten die Russen ein Viertel, alle Veranstaltungen betrachtet wohl ein Sechstel. In den freudig lächelnden Gesichtern war zu lesen, dass alle das Brucknerhaus kannten. Das hat mich tief berührt. Ich denke, unsere Kulturbrücke Linz – Russland war auch eine Bereicherung für viele Österreicher. Seit dem Truppenabzug 1955 hatten sie mit russischer Kultur nicht viel zu tun. Man spürte ihre Sehnsucht nach Komponisten wie Alexander Borodin, Aram Chatschaturjan, Michail Glinka, Modest Mussorgski, Nikolai Rimski-Korsakow, Dmitri Schostakowitsch, Igor Strawinski oder Peter Tschaikowski.

Österreich hat ja eine ganz andere Haltung gegenüber Russland als die übrige westliche Welt. Kein Flughafen der Erde ist besser an das Territorium der ehemaligen

Sowjetunion angebunden als der von Wien. Durch seine strikte Neutralitätspolitik und Nichtmitgliedschaft in der NATO hat Österreich auch viel mehr Freiheiten.

Als Bundespräsident Heinz Fischer im April 2016 zum Abschiedsbesuch bei Wladimir Putin nach Moskau flog, durfte ich seine Kulturdelegation – ihr gehörte beispielsweise auch die Präsidentin der Salzburger Festspiele, Helga Rabl-Stadler, an – leiten. Es war mir eine große Ehre, für diese verdienstvollen Persönlichkeiten ein zweitägiges kulturelles Programm in der russischen Hauptstadt zusammenstellen zu dürfen. Selbstverständlich reiste auch der damalige Außenminister und heutige Bundeskanzler, Sebastian Kurz, mit. Registriert habe ich das gute Verhältnis beider Staaten, die sich gegenseitig akzeptierten und achteten. Während meiner gesamten Arbeit in Österreich hörte ich nie Ressentiments, irgendwelche Angriffe oder überzogene Kritik gegenüber Russland.

Mit meinem tollen Team waren wir in Linz sehr erfolgreich bei der Suche nach einem neuen Zielpublikum. Ich sah das Konzerthaus immer als Kulturbetrieb in der Mitte der Gesellschaft mit ihren vielfältigen Interessen. Unter den etwa 100 Fremdvermietungen pro Jahr gab es natürlich auch ganz populäre Veranstaltungen der Unterhaltung. Diese finanzierten mit ihren beträchtlichen Einnahmen den Hochkulturbetrieb. Gleichzeitig organisierten wir 170 Eigenproduktionen – vom Kammerkonzert bis zum großen Sinfoniekonzert. Mit diesem Mix führten wir im Jahr 250 000 Besucher ins Brucknerhaus.

Ich fand in Linz und darüber hinaus einen spannenden Freundeskreis, zu dem Frauen und Männer aus allen Bereichen der Gesellschaft zählen. Als inspirierende Quelle einer engen Zusammenarbeit zwischen Malerei und Musik bin ich Christian Ludwig Attersee – dem in Pressburg geborenen österreichischen Maler des Pop Art, der zugleich ein begnadeter Bühnenbildner, Musiker und Schriftsteller ist, es als Segelsportler zum dreifachen Staatsmeister brachte – verbunden. Wir freundeten uns 2005 auf der Finca des Kammersängers Kurt Rydl auf Mallorca an. Während der Zeit meiner Generalintendanz in Bremen gründete ich die erste gesamtdeutsche Theatergalerie. Nicht so billig wie in mancher Arztpraxis, sondern von einer Kustodin professionell gehängt, mit ausgefeiltem Lichtkonzept, als Verkaufsschau, von der 40 Prozent der Einnahmen ans Theater gingen. Ich habe dafür einen eigenen Ästhetikstil entwickelt. Die erste Ausstellung war meinem Onkel Armin Mueller-Stahl gewidmet, der dort auch gleich Konzerte gab. 2008 stellte Attersee aus, der auch – unterstützt von einem jungen Regieteam – die „Salome" inszenierte, dazu Bühnenbild und Kostüme entwarf. In Linz traf ich ihn wieder. Hier haben wir 2015 gemeinsam die „Weiße Rose", die berühmte Kammeroper vom Dresdner Udo Zimmermann, gemacht. Sein fabelhaftes Bühnenbild und meine Inszenierung wurden im Folgejahr beim „Tongyeong International Music Festival" in Südkorea gezeigt.

Besonders gern erinnere ich mich der zauberhaften Abende mit Familie, Freunden, Gästen und Kollegen im Pöstlingberg-Schlössl, von dem aus man den traumhaften Panoramablick auf Linz genießen kann. Mit seiner zweiten Frau, der Mariinski-Sopranistin Elena Mirtowa, besuchte mich mein St. Petersburger Freund Sergei Roldugin auch in der Linzer Wohnung in der Straße, die den Namen des legendären Komponisten Robert Stolz trägt. Wir saßen bis spät in die Nacht auf der Dachterrasse, schmiedeten Pläne, erkundeten gemeinsam das Linzer Oktoberfest.

Ab 2015 besuchte ich auf Empfehlung an vielen Sonnabenden eine hochintelligente, liebenswürdige Frau, die sich redlich mühte, mir die russische Sprache beizubringen: Dr. Marion Jerschowa. Die gebürtige Linzerin hatte Slawistik studiert, sich in einen russischen Mathematikstudenten verliebt, ihn geheiratet und elf Jahre in Moskau gelebt. Seit der Rückkehr in die Heimat arbeitete sie als freiberufliche Übersetzerin, unter anderem auf literarischem Gebiet. „Das Duell und andere Erzählungen" von Anton Tschechow in ihrer Übersetzung aus dem Russischen setzt bis heute Maßstäbe. Sie verfasste auch zwölf eigene Bücher, in denen sie Erlebtes und Autobiografisches verarbeitete. „Honigland, Bitterland" habe ich verschlungen. Kann man sich doch mit diesem Roman leicht in den Moskauer Alltag während der 1970er-Jahre und jene Zeit, die Glasnost und Perestrojka genannt wird, hineinversetzen. Während ich kyrillische Buchstaben entzifferte, mit Nüssen und Äpfeln die Zahlen bis 1000 lernte und durch Frage- und Antwort-Spiele sowie Bilder mit den Namen berühmter russischer Persönlichkeiten aus Kunst und Kultur vertraut wurde, erfuhr ich viel aus ihrem Leben und aus der vergangenen Sowjetunion.

Jerschowas Vater, Franz Böhme, war Chef der VÖEST-Werksicherung – der Vereinigte Österreichische Eisen- und Stahlwerke (heute voestalpine AG). Die nach dem Krieg an Kinderlähmung leidende und schwer gehbehinderte Mutter Marlene arbeitete als Sekretärin in der US-Auswanderungsbehörde. Denn Linz, einst von Adolf Hitler als Altersruhesitz auserkoren und als Standort für sein Führermuseum mit geraubter Kunst aus aller Welt vorgesehen, war von 1945 bis 1955 eine geteilte Stadt. Die Donauseite, wo ihre Eltern lebten, besetzten die Amis. Auf der gegenüberliegenden Seite, dem Mühlviertel, hatten die Sowjets das Sagen. Um von einer in die andere Zone zu gelangen, musste der Checkpoint auf der Brücke passiert werden.

„Viele Bauern im Mühlviertel sprachen noch lange Zeit gut von den einquartierten Russen, vor allem von ihrer großen Kinderliebe. Meine Eltern unterhielten engen Kontakt zu einem auf unserer Seite lebenden Popen. Dieser schöne Mann, von dem ich als Teenager schwärmte, kümmerte sich als Hirte um die kleine russisch-orthodoxe Gemeinde – alles Emigranten, die nach 1918 aus Russland geflohen waren", vertraute sie mir an.

Frau Jerschowa ist ihren Eltern noch heute dankbar für einen Rat, den sie ihr und Schwester Angelika gaben: „Lernt Russisch, das ist eure Lebensversicherung!" Und so studierte sie später an der Universität Wien, wo die neue Fakultät Slawistik ins Leben gerufen wurde. Als eine von fünf Studentinnen erhielt sie das Austauschstipendium für ein Jahr Moskau. So wie viele Österreicher quasi mit Ski an den Füßen geboren, fuhr sie im Winter 1964/65 die Leninberge hinunter, besuchte sogar ein Trainingslager der Ski-Sektion der Lomonossow-Universität – und lernte so den Mathematikstudenten Michail Jerschow lieben. Geheiratet wurde 1967 in Moskau, wo sie auch viele Jahre wohnten, wo ihre Söhne Pjotr und Alexej geboren wurden. „Beide sind Chemiker geworden, einer ist sogar Professor in den USA", erzählte mir die glückliche Mutter. Ihr Schwiegervater Pawel Jerschow war ein gefragter Spezialist für Holzbauten mit mehreren Patenten, der Flugzeug-Hangars und mobile Baracken für Bauarbeiter in der Taiga baute, dafür noch als 90-Jähriger kreuz und quer durchs Land reiste. Nur mit ihrer Schwiegermutter kam sie nie klar: „Eine böse Frau, die mir das Leben schwer machte und von Anfang an gegen unsere Hochzeit intrigierte. Dazu unheimlich abergläubisch, heimlich russisch-orthodox und misstrauisch war. In ihrem Kasten hatte sie die Ikone versteckt. Nur wenn sie zum Arzt ging, nahm sie das Kreuz ab. Diese Hypochonderin, die nur ihre Krankheiten kannte, sah in mir eine Spionin, isolierte mich von der Verwandtschaft. In dieser Hinsicht war sie überhaupt keine typische Russin." Und ein Grund dafür, warum die Familie nach Österreich übersiedelte, ihr Mann eine Professur an der Fachhochschule Essen annahm.

Ein Kulturschock, als sie Ende der 1980er-Jahre Moskau wieder besuchte: „Plötzlich brach der Kapitalismus in den Sozialismus ein. Das Land wurde überschwemmt mit Neuem, nicht immer Gutem. Wo Parteilosungen hingen, prangte jetzt Reklame für Zigaretten, Whisky, Banken. Unvorbereitet traf es Millionen Menschen. Hilf- und fassungslos standen sie da. Junge stellten sich rasch um. Doch die mittlere Generation und die Intellektuellen, die mit ehrlicher Arbeit Geld verdienten, waren überfahren von der Situation. Ganz zu schweigen von den alten Leuten."

Wenn ich an die Samstage bei Marion Jerschowa zurückdenke, fällt mir das Labyrinth ein, das sie malte, um mir die russischen Bezeichnungen für Himmelsrichtungen beizubringen. Und die vielen Trinksprüche, die man ständig gebrauchen kann und die mir bis heute nützlich sind: „Sa naschu kampaniju!" – „Auf unsere Freundesrunde!", „Sa sdorowje!" – „Auf unsere Gesundheit!", „Sa Ljubow!" – „Auf die Liebe!"

Marion Jerschowa weckte meine Liebe zur russischen Sprache und Literatur. Hätte ich die Zeit bei ihr besser genutzt, mehr geübt, könnte ich auf manche Dolmetscher-Dienste verzichten. Die Linzer Zeit war aber auch deshalb so wichtig für mich, weil sie meine Kenntnisse als Kulturmanager erweiterte und abrundete. In Dresden hatte ich mich in den Kunstbetrieb der großen Oper, in den Umgang mit Sängern, Regisseuren, Dirigenten eingearbeitet. Als Generalintendant in Bremen kamen noch viele administrative Erfahrungen, außerdem Schauspiel, Tanztheater und Kindertheater, hinzu. Linz verschaffte mir die detaillierte Kenntnis eines Konzerthausbetriebes auf Weltniveau. Das hat mich ganz wesentlich geprägt. Ohne dieses allumfassende Wissen hätte ich gar nicht den Schritt nach Russland wagen können. Ich glaube, es gibt in Europa ganz wenige Manager, die schon ein großes internationales Konzerthaus, ein eigenes Festival, ein großes berühmtes Opernhaus und ein Mehrspartentheater geleitet haben.

Natürlich hatten wir in Linz auch kritische Wochen, verschiedene Meinungen, galt es außergewöhnliche Herausforderungen zu meistern. Doch wenn ich zurückblicke, war es eine glückliche Zeit voll wunderbarer Begegnungen: Daniel Barenboim, Gustavo Dudamel, Andris Nelsons, Rudolf Buchbinder, Anne-Sophie Mutter, Elina Garanča oder Jonas Kaufmann – ich lernte sie alle näher kennen. Berührend, als mir nach einem sensationellen Konzert mit Denis Matsujew 2015 die Direktorin des Russischen Kulturinstituts das Ehrenzeichen für russisch-österreichische Freundschaft überreichte. Bis nach

Deutschland strahlte das Engagement aus. Kürzlich übersandte mir ein Freund den Abschlussbericht des scheidenden Botschafters der Russischen Föderation in Deutschland, Wladimir Grinin. Zu meinem Erstaunen fand ich mein Wirken darin mit einem ganzen Absatz gewürdigt.

Am 27. November 2017 dann mein festlicher Abschied anlässlich des Galakonzerts zum Abschluss des österreichisch-russischen Tourismusjahres im Brucknerhaus. Die russische Dirigenten-Legende Wladimir Fedossejew war angereist. Auch er ein Brückenbauer, der sogar zwei Staatsbürgerschaften, die russische und die österreichische, besitzt. Ab 1994 zehn Jahre lang Chefdirigent der Wiener Symphoniker, hat er sich immer für moderne Musik eingesetzt. 2016 dirigierte er das Bruckner-Orchester in Linz und studierte dabei eine Erstaufführung des bekannten oberösterreichischen Komponisten und römisch-katholischen Ordenspriesters Balduin Sulzer ein. Nach diesem Konzert entwickelten wir die Idee, dass er mit seinem Tschaikowski Sinfonieorchester Moskau zu meiner Verabschiedung spielen sollte. Es wurde ein Feuerwerk der Klänge. In der zweiten Hälfte musizierte mein Freund Heinz Haunold, der Erste Konzertmeister des Bruckner Orchesters Linz, als Gastkonzertmeister mit. Zahlreiche Solisten aus Österreich und Russland erwiesen mir die Ehre: Pawel Miljukow, Arkadi Zenziper, Kurt Rydl oder Margarita Lewchuk. Als besondere Ehrengäste sprachen der Kulturminister der Russischen Föderation, Wladimir Medinski, und der Botschafter der Russischen Föderation in Österreich, Dmitri Ljubinski. Er hat mich ganz maßgeblich bei der Arbeit in Österreich unterstützt. Wir lernten uns bei der Beerdigung meines Freundes Oleg Siborow kennen, der auch sein Freund war. Mit Ljubinskis Vorgänger, Sergej Netschajew, der jetzt Botschafter der Russischen Föderation in Deutschland ist, arbeiteten wir ebenso ausgezeichnet zusammen. Weiterhin sprachen Dr. Christoph Leitl, der Präsident der Wirtschaftskammer Österreichs, Dr. Michael Strugl, der Vertreter des Landeshauptmanns Oberösterreichs, Klaus Luger, der Bürgermeister der Stadt Linz, und Dirk Hilbert, der Oberbürgermeister von Dresden. Natürlich waren neben der Familie ganz viele Freunde aus Österreich, Deutschland und Russland wie der Bariton und frühere Intendant der Seefestspiele Mörbisch, Harald Serafin, mit seinem Sohn Daniel erschienen.

Das wertvollste Geschenk war jedoch die Welturaufführung einer neuen Linzer Symphonie meines Freundes, des russischen Komponisten Anton Lubchenko. Nach Wolfgang Amadeus Mozart ist er der Zweite, welcher dieser zauberhaften Stadt eine eigene Symphonie widmete. In ihr sind furios alle Eindrücke verarbeitet, die er bei seinen sechs Besuchen liebgewann. Oft genieße ich den Mitschnitt, höre den Klang der Linzer Glocken, das Rauschen der Donau, das quirlige Treiben auf dem Markt und in Gassen, die Idylle der Umgebungen, fühle mich nahe der Perle Österreichs, welcher ich die bislang vielleicht schönsten Jahre meines Lebens verdanke.

Musik hilft sogar beim Export einer neuen Brot-Kultur

Das Brucknerhaus galt schon immer als Ort, der Neuem und Innovativem eine Bühne bot. Und jede Kultureinrichtung zählt es zu den ureigenen Intentionen, Menschen, Kulturen, Völker und Institutionen einander näherzubringen, Brücken zu bauen, Netze zu knüpfen. Deshalb schwebte mir eine Plattform am Schnittpunkt von Kultur, Wirtschaft und Politik vor, auf der man sich hilft, Türen zu öffnen und gemeinsam von internationalen Netzwerken zu profitieren. Schnell fanden sich erste Gleichgesinnte und bereits wenige Monate nach meinem Start in Linz gründete ich mit dem Präsidenten der Wirtschaftskammer Österreichs, Dr. Christoph Leitl, das Internationale Kultur- und Wirtschaftsforum (IKW). Das wurde ein richtiger Verein mit Präsident, Kassierer, Schriftführer, Rechnungsprüfer. Ich übernahm die Position des 2. Stellvertretenden Präsidenten. Die Borealis Agrolinz Melamine GmbH wurde hier genauso Mitglied und Sponsor wie die Linz Textil Holding AG, die voestalpine AG, die Raiffeisenbank Oberösterreich, die Linz AG oder die Oberösterreichischen Nachrichten. Mit deren Chefredakteur Gerald Mandlbauer habe ich bis heute eine enge Verbindung. Manfred Grubauer, Chef der Messe Linz und des Tourismusverbandes Linz und Oberösterreich, sowie der Linzer Tourismusdirektor Georg Steiner unterstützten meine Festivalkonzepte. Sie begriffen sofort, was man für den Tourismus erreicht, wenn man sich anderen Ländern öffnet, kooperiert. Bei all meinen weltweiten Kontakten war es gut, in der Phase der Vorbereitung internationaler Kultur-Kooperationen etwa zwei Dutzend Firmen im Rücken zu wissen. Die Stadt, ja die ganze Region haben von unseren Aktivitäten im Verlauf der Jahre Nutzen gezogen. Allein am Finale des internationalen Gesangswettbewerbs „Competizione dell' Opera", der ab 2013 bereits viermal in Linz stattfand und auch für 2019 wieder in der traumhaften Donaustadt geplant ist, lässt sich das ermessen. In jedem Jahr buchten die Juroren und Jurorinnen sowie die 110 Nachwuchssängerinnen und Sänger 1350 Hotel-Übernachtungen.

Über eine Aktion, bei der Musik sogar bei einer Wirtschaftsansiedlung helfen konnte, bin ich besonders stolz. Ende 2014 wurde mir der Geschäftsführer für Unternehmenskommunikation und Marketing der Firma backaldrin®, Wolfgang Mayer, beim IKW-Forum vorgestellt. Er schien jemanden mit Beziehungen nach Russland zu suchen. Nachdem ich erstmals vergeblich zur Firma auf der Kornspitzstraße 1 nach Asten fuhr und sein Gegenbesuch wegen Terminproblemen bei mir ins Wasser fiel, trafen wir uns schließlich beim dritten Versuch auf der Terrasse des Arcotel Nike Linz neben dem Brucknerhaus.

Schon die Unternehmensgeschichte beeindruckte mich sehr. 1964 gründeten Bäcker Peter Augendopler und seine Eltern in Wien eine Firma, welche sich auf die Backgrundstoffherstellung spezialisierte. Um Startkapital zu beschaffen, beliehen sie ihr Einfamilienhaus mit einer Hypothek von 100 000 Schilling, stellten in nur zehn Wochen den Familienbetrieb mit sechs Beschäftigten auf die Beine. Heute arbeiten rund 950 Mitarbeiter für Inhaber Peter Augendopler, betreut die als Stiftung organisierte Firma mit 80 Prozent Exportanteil die Branche in mehr als 100 Ländern, umfasst das Sortiment über 700 Produkte. Die Geschäfts-Idee: backaldrin® liefert vorbereitete Rohstoff-Mischungen, nimmt Bäckern und Konditoren damit einen Großteil ihrer Arbeit ab. Diese müssen den Produkten für Brot, Gebäck, Feinbackwaren oder edle Füllungen zum Beispiel nur noch Mehl, Wasser, Salz, Hefe oder Gewürze hinzufügen und können sofort mit dem Backen beginnen.

Da es außer in Österreich und Deutschland für den Bäckerberuf weltweit kaum mehr richtige Lehrausbildungen gibt, höchstens für Lebensmitteltechnologen, betreibt backaldrin® am Firmenhauptsitz in Asten ein eigenes Bäckerei-Innovationszentrum. Hier werden auch kultur- und länderspezifisch ständig neue Leckereien entwickelt, tüfteln Experten an den Brot- und Gebäcksorten von morgen. 1984 schlug so die Geburtsstunde für den Kornspitz. Das erfolgreichste Markengebäck Europas wird täglich rund 4,5 Millionen Mal verspeist.

Als Pfarrerssohn elektrisierte mich ein ebenfalls in Asten kreiertes Bibelbrot. Wolfgang Mayer machte mich darauf aufmerksam, dass viele Religionen eng mit dem Brot verknüpft sind, da man seit Menschengedenken um den Wert des täglichen Brotes als einem kostbaren Nahrungsmittel gesunder Ernährung weiß. In 338 Versen setzt allein die Bibel dem Brot ein Denkmal. Quasi durch den Wink des Himmels schuf backaldrin® so jene knusprige Spezialität, deren Zutaten sie im Buch der Bücher entschlüsselten: Gerste, Weizen, Dinkel, Hirse, Honig, Mohn, Leinsamen, Kümmel, Salz aus dem Toten Meer, Wasser und Hefe.

Natürlich wollte man seine Heiligkeit, Papst Benedikt XVI., als Ersten mit der Köstlichkeit beschenken. Da der Stellvertreter Gottes auf dem Stuhle Petri in seiner Bescheidenheit Präsente in Rom nicht anzunehmen pflegt, ersann die Firma eine List.

Vom Apostolischen Nuntius, dem Botschafter des Heiligen Stuhls in Österreich, Peter Stephan Zurbriggen, kam der Hinweis, für die Bibelbrot-Übergabe die päpstliche Tschechien-Reise Ende September 2009 zu nutzen. Mayer: „Der Nuntius kannte einen tschechischen Kardinal, der uns unterstützen wollte. Dennoch war die Chance, dass der Papst unser Brot zu Gesicht bekommt, gering. Beim Länderbesuch werden ihm für gewöhnlich etwa 5000 Geschenke verehrt. Eine Kommission bestimmt davon 250, welche man in einem Kloster arrangiert. Aus diesen wählt dann der Präfekt des Päpstlichen Hauses, der engste Vertraute und Privatsekretär seiner Heiligkeit, Georg Gänswein, jene fünf aus, die der Papst persönlich begutachtet, bei Interesse sogar berührt. Alles läge in Gottes Hand …"

Generalstabsmäßig geplant, wurde das Bibelbrot morgens in Tschechien frisch gebacken, auf feinstem Seidenpapier gebettet, in einer kardinalspurpurnen Samtkiste zusammen mit einem handgeschriebenen Brief in deutscher Sprache dem tschechischen Kardinal überreicht. Alle in die Aktion eingeweihten Mitarbeiter beteten fleißig. Am Abend endlich die erlösende Nachricht: „Unser Bibelbrot war unter den fünf auserwählten Geschenken, der Papst hielt es in den Händen. Der Moment ist sogar dokumentiert. Denn der Leibfotograf aus jener uralten Familie, welche die Päpste früher auf Leinwand malte und später mit moderner Technik für die Ewigkeit porträtierte, hatte auch einen brillanten Job gemacht", lächelte Mayer damals.

Jahre später, so Anfang 2015, nahm ich in seinem Gesicht einen Schmerz wahr. Ihn wurmte etwas, raubte den Managern, welche das Bibelbrot-Wunder vollbrachten, den Schlaf. Die erfolgreiche Firma, weltweit eine der zehn größten ihrer Branche – in Jordanien, der Schweiz, in Mexiko, Südafrika und sogar der Ukraine hat man eigene Produktionsstandorte –, drohte gerade mit ihrer neuen Wirtschaftsansiedlung in Russland zu scheitern.

Wolfgang Mayer versuchte, mir die verzwickte Lage zu erklären: „Das EU-Embargo gegen Russland traf uns mit ganzer Härte. Denn Russland ergriff Gegenmaßnahmen. Über Nacht durften wir die russischen Partner nicht mehr beliefern, vollbeladene Lastkraftwagen mussten vor der Grenze umkehren. Von der ersten Stunde an war klar, dass wir uns zu Russland bekennen, so ein starker Partner ins Portefeuille gehört. Zumal dieses Land und seine Menschen dem Unternehmen viel näher stehen als irgendein Staat hinter dem Atlantik."

Seit 1995 macht man gute Geschäfte, eröffnete 2007 am Moskauer Stadtrand das Bäckereizentrum „Dom Chleba" („Haus des Brotes") als zentrales Vertriebszentrum der Astener Produkte für die Russische Föderation sowie Armenien, Aserbaidschan, Georgien, Kasachstan, Kirgisien, Tadschikistan und Usbekistan.

Die Vision, dass Russland ein Erfolg wird – so verriet mir Peter Augendopler einmal –, kam ihm in einem Moskauer Supermarkt. Da stand er neben einer jungen Frau,

die mit größter Selbstverständlichkeit „dwa Kornspitz po-
schalista" („zwei Kornspitz bitte") orderte. Denn Russland und Österreich, natürlich auch Deutschland vereint
eine ähnliche Backkultur. Im größten Land der Welt hat
das Backen sogar 1000 Jahre Tradition und Brot einen noch
höheren Stellenwert als bei uns. Augendopler muss es
wissen. Verfügt er doch über die weltweit wohl größte
Sammlung von Alltags- und Kunstgegenständen, Gemälden, Möbeln und Werkzeugen zur Geschichte des Brotes
und der Bäckerzünfte nebst einzigartiger Spezialbiblio-
thek. Eine Porzellanfigur von Meissen® regte ihn zu dieser
Sammelleidenschaft an. Heute besitzt er neben 7000 Jahre
alten Getreidesicheln die größte Kollektion ägyptischer
Kornmumien aus der Zeit ab 600 vor Christi oder mit dem
1461 bis 1630 geführten Buch der Bäckerbruderschaft von
Padua das älteste schriftliche Zeugnis dieser Art. Seit
Oktober 2017 präsentiert er seine Schätze auf 990 Qua-
dratmetern im eigenen Museum „PANEUM – Wunder-
kammer des Brotes" in Asten. In einem 20 Meter hohen
futuristischen Bau aus 393 Kubikmeter Holz, zusammen-
gehalten durch 60 000 Holzschrauben, mit 45 Tonnen
schwerer Stahltreppe über alle vier Etagen im Inneren.

2015 fiel dann relativ rasch die Entscheidung, in Russland ein eigenes Werk zu errichten, welches die berühmten Qualitätsmischungen aus guten einheimischen russischen Rohstoffen herstellt. Die Behörden haben für solche Interessenten sogenannte Sonderwirtschaftszonen
deklariert. In diesen erhält der Investor neben adminis-
trativer Unterstützung in den ersten Jahren Steuervortei-
le. Für die russische backaldrin®-Tochter standen mehrere Gewerbeflächen zur Auswahl. Gekauft wurde ein
25 000 Quadratmeter großes Grundstück in der Sonder-

wirtschaftszone „Stupino Quadrat" 80 Kilometer südöstlich von Moskau. „Wir haben alles beplant, der Tief-
bau lief. Doch seit Jahresanfang stockt es. Baufirmen halten ihre Zusicherungen nicht mehr ein. Sie nahmen sogar Veränderungen in der Abwicklung des Großprojektes
vor. Es steht Spitz auf Knopf. Im besten Fall verzögert
sich alles um viele Monate, womöglich müssen wir jedoch die ganze Investition in den Wind schreiben", klag-
te mir Wolfgang Mayer sein Leid.

Ich versprach, mich umzuhören, eventuell zu helfen.
Und gab ihm nach einigem Nachdenken folgenden guten
Rat. Unverzüglich solle er einen einseitigen, an Wladi-
mir Putin persönlich adressierten Brief in russischer
Sprache schreiben. Den von Geschäftsführer Harald
Deller – er ist auch Honorarkonsul des Haschemitischen
Königreichs Jordanien für Oberösterreich – und Mayer
unterzeichneten Brief übergaben wir Sergei Roldugin,
der gerade in Linz gastierte, nach seinem Konzert im
Brucknerhaus beim Abendessen. Zusätzlich überreichte
ich ihm einen ganzseitigen Zeitungsbeitrag mit der
Überschrift „Der Blick in die russische Seele". Diesen
verfasste ich angesichts der sich überstürzenden Ereignisse für die Wochenendausgabe der „Sächsischen Zeitung" und wies darin auf die ganz besonderen kulturellen
Beziehungen zwischen Deutschland und Russland hin.
Hinsichtlich der Krise in den Beziehungen beider Staaten
war es mir sehr wichtig zu betonen, dass die Deutschen
mehr versuchen sollten, die Sichtweise der Russen zu
verstehen. Konnte doch nur jener in einen Dialog eintre-
ten, der die russische Ansicht kennt.

Eine Woche später saß ich abends in China mit einem
Impresario zusammen. Bei schwülwarmem Wetter hat-

ten wir jeder drei bis vier Gläser Rotwein getrunken. Da kam mir die Idee, Sergei anzurufen, den man abends bis 22 Uhr in St. Petersburg stören darf. Er nahm auch sofort ab, entschuldigte sich jedoch: „Ich kann jetzt nicht sprechen, wirklich nicht." Ich entgegnete, es gehe um eine Einladung nach China, er solle hier ein großes Konzert geben. Nach kurzer Unterbrechung reichte er den Hörer weiter, erklärte vorher: „Ein Freund von mir ist auch hier, er will dir etwas sagen. Aber bitte nicht am Telefon seinen Namen nennen …"

Es war der Präsident persönlich, der mit mir einige Worte wechselte: „Lieber Herr Frey. Ich habe Ihren Artikel gelesen und ich habe mich sehr gefreut. Im Übrigen – es gibt keine Sanktionen für dieses österreichische Unternehmen. Aber sie sollen dann hier ihre Fabrik bauen!"

Einen Tag später rief mich Wolfgang Mayer an: „Ich weiß nicht, was los ist. Alles hat sich zum Guten gewendet." Die damalige Generaldirektorin der Moskauer backaldrin®-Dependance hatte direkt aus dem Kreml einen Anruf erhalten. Danach erschien ein hoher Beamter aus dem Präsidial-Büro, machte sich vor Ort ein Bild von der Situation. Über die Hintergründe nicht informiert, waren alle Mitarbeiter vor Ort natürlich völlig überrascht. Noch mehr, als sie auf dem Briefkopf der österreichischen Mutterfirma einen handschriftlichen Vermerk Putins entdeckten. Danach waren alle Probleme gelöst. Es gab für backaldrin® bis zur Fertigstellung der Fabrik rasche und kompetente Unterstützung seitens der Administration. Und auch die letzte Baufirma hatte begriffen, dass man sich an Verträge und geltendes Recht halten muss.

Am 13. Oktober 2017 wurde die Eröffnung des Standortes der backaldrin®-Tochter ARVALUS in Stupino gefeiert. Sergei spielte zur Einweihung des Werkes, das mit 35 Mitarbeitern künftig tausende Tonnen Backmittel und Backmischungen jährlich herstellt, auf seinem Cello. Wenn ich Wolfgang Mayer begegne, schwärmt er immer noch davon und meint: „Mit der Geschichte unseres Unternehmens sind jetzt zwei Männer untrennbar verknüpft: Sergei Roldugin und sein ‚Großer Freund‘!"

Bolschoi – dieses Opernhaus ist wirklich das Größte!

Obwohl ich seit 2014 fester Berater des Generaldirektors bin, mich in diesem gigantischen Palast der Künste längst wie zu Hause fühle, betrete ich das Moskauer Bolschoi-Theater immer noch mit größter Ehrfurcht. Ist dieser grandiose Tempel göttlichen Tanzes, genialer Musik und gewaltiger Stimmen doch viel mehr als ein Theater, von denen es in der Hauptstadt mittlerweile um die 60 gibt – große und kleine, föderale, städtische und private, dabei viel mehr Sprech- als Musiktheater. Ihr Bolschoi ist für die Russen eines der nationalen Hauptsymbole, das wichtigste Staatstheater, das Zentrum der musikalischen Weltkultur. Es ist ein Denkmal des Erbes der Menschheit und zugleich Russlands Heiliger Gral der Musen, in dem Erinnerungen, Sehnsüchte, Selbstbewusstsein, Musiktheaterkunst, Schicksal und große Historie verschmelzen.

In der dramatischen Geschichte des Hauses kennt sich die Direktorin des Bolschoi-Museums, Lydia Charina, aus. Und machte mich unlängst darauf aufmerksam, dass gerade alle Bücher über das Haus umgeschrieben werden dürften. Nach bisheriger Lesart hatte Zarin Katharina die Große dem Fürsten Pjotr Urussow im März 1776 das Privileg für den Theaterbetrieb in Moskau erteilt. Nun fanden sich Dokumente, welche belegen, dass die Zarin bereits zehn Jahre früher zwecks Bau eines öffentlichen Theaters eine Art Ausschreibung durchführte. Von fünf Angeboten – vier kamen aus dem Ausland – überzeugte sie nur das russische vom adeligen Dichter, Dramatiker und Musiker Nikolai Titow. Der Vorhang hob sich am 21. Februar 1766 zum ersten Mal. Doch dauerte Titows Ära nur drei Jahre – dann war er pleite! Zwei Italiener, Belconti und Chinti, von denen man nicht mal die Vornamen weiß, wurden Eigentümer und wie die halbe Moskauer Einwohnerschaft von der Cholera-Epidemie hinweggerafft. Ihr Landsmann namens Gratti folgte als Theaterchef. Erst von diesem übernahm Fürst Urussow das Privileg für den Theaterbetrieb. Doch sein Haus brannte ab. Demotiviert verkaufte er die Spielberechtigung an den Engländer Michael Maddox. Der Mathematiker suchte jenes Grundstück aus, auf dem das Bolschoi noch heute steht: Eröffnung mit 1000 Plätzen am 30. Dezember 1780! Ein Brand vernichtete 1805 auch diesen Hort der Musen. Den Neubau übernahm Architekt Joseph Bové. Seit der Eröffnung am 18. Januar 1825 nennt man es Bolschoi. Nach einem Großfeuer 1853 entstand es bis 1856 unter Architekt Alberto Camillo Cavos noch viel üppiger, prachtvoller.

Man könnte der Dame, die mit ihren zehn Mitarbeitern 200 000 Bolschoi-Devotionalien hütet – darunter alle Theaterzettel vom Jahre 1776 an bis heute, zwei goldene Bühnenvorhänge, Kulissen, Kostüme –, stundenlang zuhören. Ein Detail hat mich dann doch schockiert. 1918 forderte Lenin den Abriss des Bolschoi-Theaters. „Die Oper sei verdorbene Kunst der Bourgeoisie, die zu viel Geld koste. Außerdem seien die Tänzer so dreist, viel Geld zu fordern." Nur mit Mühe konnten ihn Stalin und der Volkskommissar für Bildungswesen und Kultur, Anatoli Lunatscharski, von dieser Barbarei abbringen. Und so hielt Lenin hier im Bolschoi 36 seiner Reden vor Arbeiter- und Soldatenräten, wurde von der Bühne sein Tod verkündet, rief Nachfolger Stalin im Dezember 1922 vor 2000 Delegierten den neuen Staat, die Union der Sozialistischen Sowjetrepubliken (UdSSR), aus.

Das „Staatliche Akademische Große Theater Russlands" – so die offizielle Bezeichnung – oder eben Bolschoi, übersetzt „das Große", ist natürlich auch das Paradeobjekt der Architektur des russischen Klassizismus und zählt zu den schönsten Opernhäusern. In seinen jetzigen Zustand versetzten es ab 2005 Tausende Tiefbauer, Handwerker und Ingenieure.

2010 lernte ich im Flugzeug von Dresden nach Moskau einen Mann kennen, welcher an der Lösung eines der kompliziertesten Probleme beim bis Oktober 2011 dauernden und mindestens eine halbe Milliarde Euro teuren Bau mitarbeitete: Dr.-Ing. Björn-Gunnar Haustein. Der ehemalige Dresdner Kreuzschüler, Dipl.-Ingenieur für Schwachstromtechnik und Fachingenieur für Akustik, war extra aus dem Ruhestand geholt worden. Ab 2006 leitete er sechs Jahre lang das Ingenieurbüro von Müller-BBM in Moskau. Die international tätige Firma aus Planegg bei München löste als Subunternehmer des für Bühnen-, Theater- und Medientechnik verantwortlichen Unternehmens Bosch Rexroth alle Probleme der Schall- und Schwingungstechnik. Seine Kompetenz und die Beherrschung der russischen Sprache prädestinierten ihn für diese Aufgabe. Zwischen 1971 und 1988 hatte er im Rat für gegenseitige Wirtschaftshilfe (RGW) am Umwelt-Problem Nr. 6 „Senkung von Emissionen durch Lärm und Schwingungen", bei dem die DDR federführend war, mitgearbeitet.

Nun erhielt ich während des knapp zweistündigen Fluges durch ihn eine Einführung in das Jahrhundertprojekt und sein schwieriges Metier.

Der Wiederaufbau war unumgänglich. Denn das einst auf sumpfiger Wiese an der Mündung dreier Flüsse errichtete und wegen des sandigen Untergrundes von Holzpfählen gestützte Symbol Russlands litt unter bedrohlichen Abnutzungserscheinungen sowie sich senkenden, berstenden Wänden. Ränge im Zuschauerraum und das Hauptportal mit der Kolonnade mussten schon lange vor der Schließung wegen Einsturzgefahr gesperrt werden.

Zuerst hat man unter dem riesigen Gebäude von zehn übererdigen Etagen ein Stahlbeton-Fundament gegossen. Dieses wurde 2009 mit 26 Meter langen Stahlpfählen direkt im gewachsenen Kalkfelsen verankert. Dabei entstanden sechs Tiefkeller-Etagen u. a. für Kulissen- und Kostümlager sowie Technikräume. Dazu tief vor dem Säulengang des Theaters mit acht Säulen in der dritten Kellerebene der neue Beethovensaal als Konzert- und Probensaal.

In den folgenden Jahren waren täglich bis zu 3500 Bauleute und Spezialisten, darunter etwa 1000 Restauratoren, mit dem Bolschoi beschäftigt. Sie legten u. a. übertünchte Deckenmalereien frei, webten neue Wandstoffe aus Naturseide, restaurierten den zentralen, seit 1895 mit elektrischem Licht betriebenen Bronzelüster samt seinen Kristallen, ergänzten die Stuckaturen aus Pappmaschee und Knochenleim an den fünf Rängen im

2017 gaben sich Juri Temirkanow und seine St. Petersburger Philharmoniker die Ehre. S. 165–179

Erhebende Stunden: Star-Pianist Denis Matsujew beim Linzer Frühlingsfestival S. 165–179

Zu meiner Abschiedsgala am 27. November 2017 kam als Ehrengast der Kulturminister der Russischen Föderation, Wladimir Medinski, hier mit der Linzer Kulturstadträtin Doris Lang-Mayrhofer. S. 165–179

Das Moskauer „Haus des Brotes" der österreichischen Firma „Backaldrin" S. 180–188

*„Backaldrin"-Geschäftsführer Wolfgang Mayer und die russi-
sche Dirigenten-Legende Wladimir Fedossejew mit seiner
neuen CD S. 180–188*

Das Moskauer Bolschoi-Theater – der Welt-Musentempel S. 189–223

In der Generaldirektoren-Loge mit Bolschoi-Chef
Wladimir Urin S. 189–223

Szene aus der Oper „Boris Godunow" am Bolschoi-Theater S. 189–223

Das weltberühmte Bolschoi-Ballett mit „Don Quichote" S. 189–223

Michail Schwydkoi in seinen Diensträumen im Außenministerium
der Russischen Föderation S. 189–223

197

„Zar und Zimmermann" in der Moskauer Kammeroper Boris
Pokrowski S. 224–249

Inszenierung von „Ariadne auf Naxos" am gleichen Haus S. 224–249

Künstler, Regieteam und Dirigent Alexej Wereschtschagin (links neben mir) bei „Ariadne auf Naxos" *S. 224–249*

Besuch im Atelier
von Bühnenbildner
Viktor Wolski
S. 224–249

199

Staatliches Akademisches Opern- und Ballett-Theater Ulan-Ude S. 224–249

„*Der fliegende Holländer*" *in Ulan-Ude* S. 224–249

„Cosi fan tutte" an der Oper Ulan-Ude S. 224–249

Neubau des Staatlichen Primorje Opern- und Ballett-Theaters
Wladiwostok S. 224–249

*Russlands Präsident
Wladimir Putin
vor der Eröffnung
im Opernhaus von
Wladiwostok
S. 224–249*

*Gespräch mit
Andrei Fursenko
in der österrei-
chischen Botschaft
in Moskau
S. 224–249*

*Am Rande
der Eröffnungs-
Gala in Wladi-
wostok mit Anton
Lubchenko,
Jelena Obraszowa
und Alois Mühl-
bacher S. 224–249*

Plakat der Wladiwostoker „Tosca"-Inszenierung in Peking S. 224–249

Das Opernhaus in Georgiens Hauptstadt Batumi S. 224–249

Jeden Abend wurde mit den Künstlern in Batumi gefeiert. S. 224–249

Nationales Akademisches Großes Opern- und Ballett-Theater der Republik Belarus in Minsk S. 224–249

„Der fliegende Holländer" in Minsk wurde als beste Inszenierung der Spielzeit 2013/14 mit dem Internationalen Kulturpreis der Republik Belarus ausgezeichnet. S. 224–249

Probenarbeit bei der Oper „Die Zauberflöte" in Minsk S. 224–249

Mozarts Oper mit Figuren aus „Der Herr der Ringe" und „Game of Thrones" S. 224–249

Zur Premiere in Minsk besuchte mich meine Tochter Konstanze. S. 224–249

Das Kolobow Neue Operntheater von Moskau S. 224–249

Besetzungs-Absprache mit Intendant Dmitri Sibirtsew und einer Mitarbeiterin an der „Neuen Oper" S. 224–249

Schlussapplaus für „Lucia de Lammermoor" S. 224–249

*Chefdirigent Jan Latham-Koenig ist der erste Engländer,
dem seit der Oktoberrevolution ein russisches Orchester
anvertraut wird.* S. 224–249

Zuschauersaal, brachten die Polimentvergoldung aus Eiweiß, Wodka und kiloweise Blattgold auf, malten den alten Schmuckvorhang mit seinem patriotischen Motiv neu. Hammer und Sichel hat man durch den russischen Doppeladler ersetzt und den Orchestergraben so vergrößert, dass auch Opern von Richard Wagner gespielt werden können. Dabei reduzierte sich die Zahl der vorher fast 2300 Sitze auf über 1500 Stühle. Natürlich arbeiteten Experten auch die 35 Glocken auf. Das Bolschoi besitzt als einziges Theater der Welt ein Geläut aus echten Kirchenglocken. Die acht Kilo bis 6,5 Tonnen schweren Glocken stammen aus nach 1918 zerstörten Gotteshäusern. Staunend hörte ich vom Geheimgang, durch den Stalin – er war oft mehrmals wöchentlich Gast – direkt vom Kreml in seine Loge links neben der Bühne gelangt sein soll. Und dass die seitliche Stahlbetonwand, welche ihn vor Attentaten aus dem Zuschauerraum schützte, selbstverständlich beibehalten wird.

Besonders fesselten mich jedoch die Akustik- und Schwingungsprobleme. Drei Metro-Linien kreuzen in der Kalkfelsschicht den Bereich vom Bolschoi. Weil das Theater nun durch Stahlstützen direkt mit diesem Felsmassiv verbunden ist, wirkten sich die Schwingungen stärker als vorher aus. Deshalb kamen die Metro-Schienen auf Gummimatten, wurde der zu Sowjetzeiten eingebaute Betonfußboden im Zuschauerraum durch einen leicht geneigten und schwingungsfähigen aus filigranem Holz ersetzt. Dieser lässt die Töne der Musiker und Sänger sogar über die Beine spürbar werden.

„Der unverwechselbare, einzigartige Bolschoi-Klang entsteht durch die Schallwellenausbreitung zwischen der 23 Meter tiefen, 39 Meter breiten und 29 Meter hohen

Hauptbühne und dem 30 Meter langen, 31 Meter breiten und 19 Meter hohen Zuschauerraum. Letzterer ist bis auf Stalins Schutzwand aus Holz gefertigt. So wie der Resonanzkörper einer riesigen Geige", erläuterte mir Haustein. Da durch Ein- und Umbauten im Laufe der Jahrhunderte der Klang zu trocken wurde, ließen sich die Fachleute einiges einfallen. Statt Sperrhölzer nutzten sie für die Stühle ein ganz spezielles Klangholz aus den österreichischen Alpen. Selbst die hohe Töne verschluckenden Polsterauflagen hat man flacher gestaltet. Am liebsten hätten Akustiker die dekorativen, aber schweren, den Schall absorbierenden Vorhänge eliminiert. Doch diese prägen seit jeher das Erscheinungsbild des Zuschauersaales, der nun seine Gestalt von 1856 wiedererhielt. Wenigstens über den Faltenwurf konnte da etwas gegengesteuert werden.

Haustein fand in Moskau auch sein persönliches Glück. Ende Oktober 2007 saß er im großen Saal des Staatlichen Moskauer Peter-Iljitsch-Tschaikowski-Konservatoriums, das zu seinen berühmtesten Absolventen Koryphäen wie Sergei Rachmaninow, Alexander Skrjabin, Andrei Gawrilow, Alfred Schnittke oder Aram Chatschaturjan zählt: „Michael Güttler, der Sohn von Trompeter Ludwig Güttler, dirigierte die Wassermusik von Händel und das Staba Mater von Pergolesi, Anna Netrebko sang. Neben mir saß eine charmante Dame. Fünf Jahre später haben Natalia Zagorskaia und ich in Moskau geheiratet", lächelt Haustein.

Wenn ich die zauberhaften Töne genieße, den funkelnden, magischen goldenen Glanz der die Sinne blendenden Arabesken im Zuschauersaal des Bolschoi auf mich wirken lasse, diese durch himbeerroten Samt der Holzstühle und Logen unterbrochene Mischung aus Renaissance mit byzantinischen Stilelementen inhaliere, denke ich oft an den Akustiker.

Ein selbst ihm unbekanntes Detail zeigte mir mein Freund Alexander Gussew. Der alte Fuchs führte mich vor die Oper, sodass wir die große Skulpturengruppe auf dem Portikus genau sehen konnten: Gott Apoll auf dem Streitwagen, den vier Pferde ziehen. Früher aus Alabaster, ist die Plastik sei 1856 aus getriebenem Kupferblech ausgeführt. „Schaue genau auf Apoll", sagte Alexander. Dann zog er lächelnd einen 100-Rubel-Schein aus der Jackentasche, welcher die Bolschoi-Quadriga zeigt. Auf dem Geldschein ist Apoll nackt, auf der renovierten Oper hat man die Männlichkeit seit 2011 per Feigenblatt unsichtbar gemacht. Russland hat eben nicht nur den ersten Satelliten in die Erdumlaufbahn geschossen, sondern ist vielleicht auch auf dem Gebiet solcher Verhüllungen Vorreiter, antwortete ich ihm. Bei Facebook begann man erst danach, nackte Menschen und Plastiken zu löschen oder anzukleiden. Ganz zu schweigen von Forderungen, die an Kunst und Kultur seit der sogenannten MeToo-Debatte 2017 herangetragen werden. Apoll liegt Alexander besonders am Herzen: „Hinter seiner linken Arschbacke hatte ich mein Büro", verrät er. Über viele Jahre war er ein Vertrauter des Schauspielers und Staatsmannes Georgij Iwanow. Schon als dieser Leiter der Theaterabteilung des Kulturministeriums der UdSSR war, arbeitete Gussew als sein Referent. 1976 berief man Iwanow zum Generaldirektor von Bolschoi und Kreml-Kongresspalast. Alexander Gussew folgte ihm sofort als Chefdramaturg. Und als aus dem Generaldirektor der stellvertretende UdSSR-Kulturminister wurde, avancierte mein Freund zu dessen Assistenten. Wenn er aus dem Nähkästchen plaudert, mir Geheimnisse anvertraut, spitze ich die Ohren: „Der frühere Bolschoi-Intendant und große Komponist Kirill Molchanow ist in meinen Armen gestorben. Ich saß am 14. März 1982 neben ihm in der Intendanten-Loge, die gegenüber der Stalin-Loge rechts der Bühne im 1. Rang liegt. Er verfolgte im Ballett ‚Macbeth' den Tanz seiner 3. Ehefrau, der Ballerina Nina Timofejewa. Plötzlich kippte er vom Stuhl – Herzinfarkt! Sollte man ihr die Wahrheit sagen? Als ich in der Pause zu Nina ging, fragte sie aufgewühlt: ‚Ist er tot?' Von der Bühne aus hatte sie sein Verschwinden bemerkt. Mit Tränen in den Augen schwebte die Volkskünstlerin der UdSSR nach der Pause gleich einer Göttin weiter über das Parkett, tanzte ihre Rolle zu Ende ...“

Alexander Gussew ist ein großer Putin-Fan. Und begründet es gern: „Weil der Präsident klug ist, weiß, was er macht, und die Fäden fest in der Hand hält. Vor allem ist er viel kultureller als unsere verblichenen Staatsoberhäupter Chruschtschow, Breschnew, Tschernenko, Gromyko, Gorbatschow oder Jelzin.“ Mir fiel auf, dass er ausgerechnet Juri Andropow, der 1983 vom KGB an die Staatsspitze gelangte, ausließ. Darauf angesprochen, sprudelte aus ihm heraus: „Andropow war von Kultur beseelt. Ich weiß es genau. Denn mit dem Ehemann seiner Tochter, Michail Filippow, spielte ich im Amateurtheater der Moskauer Universität. Irina Andropowa arbeitete als Kritikerin für dramatisches Theater. Einmal passierte etwas, das sie verändert hat. Sie schrieb 1979 für das Musikmagazin ‚Das musikalische Leben' eine euphorische Kritik zum Ballett ‚Romeo und Julia' am Bolschoi. Den größten Raum widmete sie der Figur des

Tybalt, getanzt von Solist Alexander Godunow. Das Ballett war inzwischen auf Gastspielreise nach New York gereist und Godunow haute ab. Der Artikel war bereits durch die Typografie. Da wurden die Druckmaschinen angehalten, die Druckplatte vernichtet, der Name des Verräters getilgt und dafür der Tänzername der Zweitbesetzung eingesetzt. Als der Artikel erschienen war, wurde auch dieser Tänzer republikflüchtig. Das muss sie schwer getroffen haben. Ich las nie wieder was aus ihrer Feder und der Ehemann von Andropows Tochter ließ sich scheiden."

Sopranistin Makvala Kasraschwili, die Grand Dame vom Bolschoi, welche schon 24-jährig als Solistin hier sang und bis heute hohe Leitungsfunktionen innehat, brachte es mir gegenüber einmal auf den Punkt: „Es gibt ein ungeschriebenes Schweigegesetz. Seit Jahrhunderten versuchen wir, Skandale intern zu halten. Das Ballett hat es leider nicht geschafft."

Und meinte damit nicht die alten Kamellen abhanden gekommener Tänzer, sondern das Attentat auf Sergej Filin, den Chef des weltberühmten Bolschoi-Balletts.

Die Geschehnisse machten die Runde um den Globus: In der Winternacht des 17. Januar 2013 lauerte ein Vermummter im Hof vor seiner Wohnung, schleuderte ihm einen Becher Schwefelsäure ins Gesicht. Der Angreifer, ein hafterfahrener Kleinganove, sein Komplize, der das Auto fuhr und der 50 000-Rubel-Auftraggeber, Bolschoi-Startänzer Pawel Dmitritschenko, gestanden knapp zwei Monate später die Tat, wurden zu vier bis sechs Jahren Haft verurteilt. Dmitritschenko hat man 2016 wegen guter Führung vorzeitig aus dem Straflager entlassen. Doch der Ansehensverlust der legendärsten Companie konnte kaum schlimmer sein. Über Wochen war sie internationales Medien-Thema, glich die weltgrößte Ballett-Truppe mal einer Schlangengrube, mal einem Minenfeld. In ihr schien es mehr um Eitelkeiten, Intrigen, Korruption, sexuelle Gefälligkeiten und Kämpfe um die besten Rollen, um Perversitäten, Geld und totalitäre Machtspiele als um hehre Tanzkunst zu gehen.

Die Berufung von Startänzer Machar Wasijew auf Filins Posten im Jahre 2015 hat endlich Ruhe in die Companie gebracht, in welcher tanzen zu dürfen der Traum jährlich Tausender Mädchen und Jungen ist. Doch nur einige Dutzend von ihnen lassen bei Aufnahmeprüfungen überragendes Talent erhoffen, haben die idealen, feingliedrig-geschmeidigen Körper und schaffen es. Von allen, die das anschließende harte Training durchstehen und eine immense Leidensbereitschaft aufbringen, erreicht am Ende nur jeder Zehnte das Ziel, als Eleve ins Corps de Ballett vom Bolschoi aufgenommen zu werden.

Während im restlichen Europa das Ballett zum Tanztheater mutiert, oft ein Nischendasein fristet, haben es auch diese strenge Auslese, dieser fast überirdische Qualitätsanspruch ermöglicht, dass es sich in Russland in alter Urkraft erhielt. Bis heute ist das Ballett hierzulande die populärste Form, wird es am Bolschoi mehr als Oper gespielt.

Russische Tänzerinnen und Tänzer wie George Balanchine, Michel Fokine, die Prima Ballerina Assoluta Matilda Kschessinskaja, Olga Lepeschinskaja, Jekaterina Maximowa, Anna Pawlowa oder die unvergessene Maja Plissezkaja haben sich für ewig einen Platz in der Walhalla dieser Kunst gesichert. Ich war in Plissezkajas Münchner Wohnung, wo der große russische Komponist Rodion Schtschedrin, ihr Ehemann, jeden Tag frische Blumen für seine verstorbene Frau aufstellt und neben den Partituren das riesige Porträt der Primaballerina liegt.

Eine Ikone des Tanzes, Rudolf Nurejew, welcher zwar zur Companie des Leningrader Kirow-Balletts gehörte, dennoch 2017 am Bolschoi für Furore sorgte, möchte ich nicht unerwähnt lassen.

Die Aufführung des Balletts „Nurejew" über sein Leben in der Inszenierung von Regisseur Kirill Serebrennikow und Choreograph Juri Possochow war sehr delikat. Ursprünglich für Sommer 2017 geplant, kam sie erst am 9. Dezember zur Premiere. In der Zwischenzeit wurde der Regisseur auch unter Hausarrest gestellt und man war u. a. wegen einiger homosexueller Details aus Nurejews Leben nicht sicher, ob dies eine bewusste Skandal-Inszenierung würde oder nicht. Zusammen mit Serebrennikow wurde einiges korrigiert. Am Ende der Generalprobe fragte mich Kulturminister Wladimir Medinski, was ich darüber denke und ob man das für Russland herausbringen könne. Ich habe ihm nur gesagt: Wenn Sie einen Skandal und damit Sebrennikow groß machen wollen, bringen Sie es nicht heraus. Lassen Sie es lieber einfach laufen. Theaterabende wie diese sind in Europa Alltag. Eigentlich ist es eine relativ normale, aber spektakuläre Inszenierung. Sie zeigt schöne Bilder, ist aber nichts Herausragendes. Ich weiß, dass der Kulturminister noch viele andere Gespräche führte, auch mit dem Bolschoi-Generaldirektor Wladimir Urin. Man hat die Inszenierung dann ohne jegliche Art von Zensur auf die Bühne gelassen. Und das Bolschoi hat wegen der öffentlichen Diskussion einen großen Erfolg gefeiert. Alle Medien beachteten und besprachen diese Produktion. Das Publikum hat sich darum gerissen, diese Inszenierung zu besuchen.

In der Saison stand „Nurejew", eingestuft für Zuschauer ab 18 Jahre, noch vier Mal auf dem Spielplan. Damit war dieses Ballett öfter als „Raymonda" bzw. genauso oft wie die Inszenierung von „Romeo und Julia" von Jury Grigorovich zu sehen, der als Direktor des Bolschoi-Balletts und als Choreograf über drei Jahrzehnte lang das sowjetisch-russische Ballett mit unvergleichlichem Nachdruck prägte.

Intendant bzw. Generaldirektor – so heißt der Posten offiziell – am Bolschoi zu sein, gleicht einem ständigen Tanz auf einer Rasierklinge. So beschrieb der 2013 nach 13 Jahren im Amt abberufene Anatoli Iksanow einmal seinen gefährlichen Job.

„Man spürt hier die vielen Gespenster", scherzt der heutige Hausherr, Wladimir Urin, gern.

Wer die auf seiner Intendanten-Etage untergebrachte Galerie jener 44 Direktoren vor ihm studiert, sieht, dass 26 von ihnen kaum vier Jahre aushielten. Zwei von ihnen wurden sogar später „repressiert". Eine höfliche Umschreibung für das grausame Ende von Grigori Koloskov. Ihn hat man am 20. Dezember 1936 wegen angeblicher Beteiligung an einer konterrevolutionären Terrororganisation zum Tode verurteilt und am selben Tag erschossen. Erst 21 Jahre später hob der Oberste Gerichtshof der UdSSR das Unrechtsurteil auf.

Vieles ist einzigartig in diesem riesigen Haus, das weiß- und champagnerfarben auf dem Theaterplatz thront. Der Bolschoi-Generaldirektor hat sogar einen eigenen Eingang. Nr. 17 steht winzig über seiner unscheinbaren, jedoch kameraüberwachten Tür an der Gebäudeseite rechts vom säulengeschmückten Hauptportal. Ab dort geht es viele Marmortreppenstufen hinauf in ein verschwiegenes

Reich, von dem aus das Kulturinstitut mit den Dimensionen einer deutschen Kleinstadt gelenkt wird. Zusammen mit dem historischen Gebäude und weiteren Bauten im angrenzenden Areal gehören 50 Immobilien zum Bolschoi-Imperium, mit einer eigenen Poliklinik, komfortablen Werkstätten und Druckerei, mit Kindergarten, Kinderferienlager und Erholungshäusern z. B. am Schwarzen Meer. Urin ist der Top-Manager von 3000 Mitarbeitern, darunter 200 Tänzer, 200 Orchestermusiker, 60 Gesangssolisten, 120 Chormitglieder und 60 Mimen.

Mit Neuer Bühne und Beethovensaal existieren 2700 Plätze, die bei 500 Vorstellungen mit bis zu 600 000 Zuschauern jährlich zu 97 Prozent ausgelastet sind. Vier Milliarden Rubel spendiert der russische Staat, über zwei Milliarden Rubel erwirtschaftet man pro Jahr allein durch Ticketverkauf und andere Einnahmen.

Die Preise für die heißbegehrten Karten liegen zwischen 100 und 15 000 Rubel (1,31 Euro bzw. 196,97 Euro am 2. Mai 2018). Jeder Bürger Russlands soll sich den Besuch leisten können. Zwanzig Prozent der Tickets werden deshalb zum niedrigen Preis (bis 200 Rubel) verkauft. Mit dem Programm „Großartig für Studenten" können diese ein Billett für 100 Rubel erwerben – dafür sind pro Vorstellung 84 Tickets im historischen Saal und 30 in der Neuen Bühne reserviert. Um den eigenen Bürgern diese Chance zu eröffnen, werden Bolschoi-Karten nur gegen Vorlage eines gültigen Personalausweises verkauft, der auch beim Theaterbesuch vorgezeigt werden muss. Eine spezielle Abendgarderobe ist zwar nicht Pflicht, aber gepflegtes Äußeres wird vorausgesetzt. Wie heute in vielen Regionen der Welt passieren Besucher eine mit Metalldetektoren ausgestattete Sicherheitskontrolle. Mit Maniküre-Set oder Taschenmesser kommt man nicht ins Theater.

Wladimir Urin stammt aus Kirow, wo er als Jüngstes von vier Kindern einer Ingenieurin der Stadtwerke aufwuchs und durch den frühen Tod des Vaters schnell Halbwaise wurde. Seine Theaterkarriere startete 1973. Schon 1981 leitete er die Abteilung Jugend und Puppentheater in der Theatervereinigung Russlands. Nach dem Studium an der Akademie für Theaterkunst erhielt er die Stelle des Sekretärs der Theatervereinigung Russlands, später bekleidete er dort die Funktion des Vize-Präsidenten. 1994 initiierte er die „Goldene Maske" als nationalen Theaterpreis. Ein Jahr später berief man ihn zum Intendanten des Stanislawski- und Nemirowitsch-Dantschenko-Musiktheaters Moskau.

„Als mich 2013 der Kulturminister fragte, ob ich das Bolschoi als Generaldirektor übernehmen kann, lehnte ich zuerst ab. 18 Jahre lang war ich am Stanislawski sehr glücklich, hatte ein tolles Team und gerade die Renovierung beendet", erzählte mir Urin. Man muss wissen, dass Vorgänger Iksanow und er sehr gute Freunde sind, Urin mit ihm seit vielen Jahren an der Bulgarischen Riviera die Urlaube verbringt. Schließlich sagte er doch zu.

Und konnte sich mit einem Umstand überhaupt nicht anfreunden: „Diesem völlig übersteigerten Selbstwertgefühl der Bolschoi-Mitarbeiter über ihre persönliche Größe. Jeder hielt sich hier für etwas Besonderes. Die Größe jedes Theaters misst sich jedoch in der Tiefe der Empfindungen der Künstler, in der Einzigartigkeit und Unverwechselbarkeit ihrer großen Talente, nicht dass man sich für unersetzbar hält. Dieses Gefühl darf bei den Mitarbeitern nicht aufkommen. Allerdings weiß ich, dass dieser Lernprozess nie abgeschlossen ist. Bald kommt der Nächste, der wieder so ein Gefühl entwickelt. Wer jeden Tag hart arbeitet, danach strebt, der Beste zu sein, hat gar keine Zeit für das Gefühl der eigenen Wichtigkeit."

Urin – mittlerweile Großvater von drei Enkeltöchtern, seine Frau Irina Tschernomorowa leitet am Haus die Abteilung für perspektivische Planung und Sonderprojekte, Sohn Andrej ist 1. stellvertretender Generaldirektor am Stanislawski-Theater – hat im Bolschoi manches umgekrempelt. Die Atmosphäre am Haus beruhigte und stabilisierte sich, Krisen und Skandale scheinen der Vergangenheit anzugehören. Er dämmte die Spekulationen mit Theaterkarten und die unseligen Zwischenverkäufe ein. Der Spielplan ist jetzt immer drei Spielzeiten im Voraus fest geplant, alle Verträge geschlossen. Er macht das Bolschoi durch Vielfalt der Programme zum Theater für jedermann, für alle Generationen und Vorlieben – man sieht hier tatsächlich viel junges Publikum.

Natürlich bewegt Wladimir Urin wie viele die Frage, was das russische nationale Musiktheater sei: „An erster Stelle die Musik, zu der klassische Stücke genauso wie neue Partituren zählen." Mit den Komponisten Leonid Desyatnikov oder Ilya Demutsky gibt es da einige Hoffnungen. Es ist aber auch der Versuch, eine moderne Stimme in der russischen Oper zu finden. Urin: „Die Schwierigkeit besteht darin, dass die Stücke in ihrer Entstehung und Aufführung an historische Vorgaben gebunden sind, die Aktualisierung angemessen erfolgen muss."

Gerade arbeitet das in aller Welt mit Gastspielen präsente Haus – besonders viel in Paris und Tokio – an einer Serie von Koproduktionen mit der Metropolitan Opera

New York für 2019 bis 2022. Verdis „Aida", Strauss' „Salome" und Wagners „Lohengrin" werden zu sehen sein.

Noch etwas scheint Urin ganz wichtig. Wer auf die Internet-Seite vom Bolschoi geht, findet rechts unten den Button „Antikorruption". Nach dem Text des Bundesgesetzes vom 25. Dezember 2008 „Zur Bekämpfung der Korruption" mit entsprechenden Erläuterungen sind gleich Telefonnummer, E-Mail und Arbeitszeiten der Compliance-Abteilung zu finden.

Als ich kürzlich den Button entdeckte, erinnerte mich das an eine merkwürdige Begebenheit im Jahre 2011. Wir veranstalteten für meinen „Competizione dell' Opera" eine Gala im Bolschoi. Als Hauptsponsor stellte sich ein Oligarch zur Verfügung, der beim Wiederaufbau mitmischte und engste Verbindungen zur damaligen Führung des Hauses pflegte. Da habe ich erlebt, wie man mich in gewisse zwielichtige Kreise hineinmanövrieren wollte, cs auf meine hochrangigen Kulturverbindungen abgesehen hatte. Ich wurde im Hubschrauber in Genf abgeholt, ins Mont-Blanc-Massiv geflogen, wo mich der Oligarch in einem feudalen Luxusressort mit eigenem Landeplatz und riesigem Piranha-Aquarium empfing. Man konnte sich in die Kulisse des Schurken Goldfinger aus den James-Bond-Filmen versetzt fühlen. Und war völlig irritiert, da ich spürte, dass er mich mit diesem Pomp beeindrucken, blenden, kaufen wollte. Meine Reaktion auf diesen Reichtum blieb kühl, nie wieder traf ich diesen Herrn. Ich will ein Land entdecken und spannende Produktionen kreieren, Kulturbrücken bauen.

Und stoße dabei immer wieder auf überaus faszinierende Menschen mit großem Einfluss und brillanter Intelligenz.

Zum Beispiel Michail Schwydkoi, „grauer Kardinal" und „Kulturpapst" Russlands in einer Person. Von 2000 bis 2004 war er Kulturminister der Russischen Föderation und bis heute hat dieser Mann die Position eines Sonderbeauftragten des Präsidenten der Russischen Föderation für internationale kulturelle Zusammenarbeit inne. Mit eigenem Mitarbeiterstab residiert er im 172 Meter bzw. 27 Stockwerke hohen Außenministerium an der alten Arbat-Straße – einer der sieben „Stalin-Kathedralen" Moskaus, die 1947 bis 1953 im Zuckerbäckerstil des Sozialistischen Klassizismus in die Höhe wuchsen. Schwydkoi sorgt dafür, dass der weltweite Austausch von russischen Kulturgütern und Kulturinstitutionen funktioniert. In diesem Zusammenhang lernte ich ihn kennen. 2013 besuchte er unser Brucknerfest in Linz und verlas das Grußwort des russischen Präsidenten. Seitdem treffen wir uns regelmäßig. Der gebürtige Kirgise aus Kant ist auch Mitglied meiner Stiftung „Brücke der Künste" und ein wichtiger Berater. Dieser promovierte Kunstwissenschaftler war lange als Journalist in vielen herausragenden Funktionen tätig, schreibt Bücher, hat eine eigene wöchentliche TV-Show, ist Präsident der Akademie des Russischen Fernsehens und Professor an Universitäten. 2012 erfüllte er sich einen Traum und eröffnete in Moskau auch noch das größte private Musical-Theater mit 1660 Plätzen. Künstlerisch und geschäftlich scheinen die Produktionen und Shows sehr erfolgreich zu sein.

Natürlich ist er engstens mit dem Bolschoi und seinem Generaldirektor verflochten. Als Stellvertretender Vorsitzender des Aufsichtsrats unterstützt er das Nationaltheater sehr. Seine unschätzbare Hilfe ist auch mir teuer.

Schwydkoi ist diplomatisch, mit allen Wassern gewaschen, doch stets ausgleichend, immer konstruktive Lösungen suchend. Man kann ihn nie fangen, man weiß nie, was er genau denkt. Aber er ist überaus sympathisch und kennt jeden Hebel, den man braucht, um mit der russischen Bürokratie geschickt umzugehen.

Im Zusammenhang mit meinem Beratervertrag am Bolschoi hatte ich 2015 vorgeschlagen, zur Fußballweltmeisterschaft hier einen Opernball ins Leben zu rufen. Nach langem Hin und Her wurde dann die Idee geboren, am 14. Juli 2018, dem Vorabend des Finales der Fußball-WM in Russland, eine große Operngala zu veranstalten. Mit Anna Netrebko, Placido Domingo und vielen anderen. Eine Reise um die Welt, wo verschiedene Länder wie Deutschland, Frankreich, Spanien und die Qualifikationsländer, aber auch die Kontinente Südamerika, Nordamerika, Afrika und Asien musikalisch in Erscheinung treten. Dieses Projckt beaufsichtigt Igor Lewitin, der Berater und Assistent von Präsident Putin für Verkehr, Infrastruktur, Technik und Sport, der auch die Fußball-WM betreut. Von 2004 bis 2012 war er Verkehrsminister der Russischen Föderation. Die Zusammenarbeit mit ihm ist eine wichtige Erfahrung für mich. Bei ihr spüre ich, welch tief durchdrungenes, reflektierendes System der Präsident um sich aufgebaut hat. Lewitin ist einer der maßgeblichen Berater für Sport und hat auch bei den Dopingskandalen für eine ausgleichende Haltung gesorgt. Dass Russland – obwohl dies innerhalb des Landes sehr umstritten war – mit weißen Trikots ins Olympiastadion der südkoreanischen Stadt Pyeongchang einmarschierte, dass man einsah, Fehler gemacht zu haben, dass man sich entschuldigte, ja demütig ist – diese ausgleichende Haltung zeigt mir, dass keine radikalen Kräfte am Werk sind. Und dass dieses Land mit großer Erfahrung und Umsicht geführt wird. Wir im Westen interpretieren jedoch vieles falsch. Nur wenn wir uns mit den komplizierten Zusammenhängen genauer befassen, uns wirklich damit auseinandersetzen wollen, können wir sehen, welch tiefgründige Politik dahintersteckt.

In der Zeit von Boris Jelzin war das Land tief gespalten, zerrissen. Es drohten eine „Jugoslawisierung", Bürgerkriege, Bandenkriege. So wie die Staaten um die Sowjetunion „abfielen", drohte auch die Sowjetunion zu zerfallen. Diese Gefahr war konkret gegeben. Wir sollten überlegen, was das für den europäischen Kontinent bedeutet hätte. Daher kann man eine gewisse Achtung haben und ein Verständnis dafür, dass der russische Präsident das Land einte. Er führt es mit harter Hand, aber auch mit klaren Strukturen. Vor diesem Hintergrund muss man verstehen, wenn Russland so reagiert, wie es reagiert. Man darf es natürlich immer kritisch beleuchten, wird auch die individuelle Freiheit und die Ansichten einzelner Völker betrachten. Für mich ist entscheidend, dass wir es schafften, seit 1945 keinen Krieg an der Grenze zu Russland zu haben, und dass Deutschland ohne große Probleme und friedvoll wiedervereinigt worden ist. All das war nur mit Russland möglich. Diese Balance zu wahren, ist unsere heutige Herausforderung. Deshalb gilt es, dieses Land kennenzulernen und den mühevollen Weg zu beschreiten, sich in Details zu vertiefen. Alle Politiker, die sich über Russland äußern, sollten kommen, um es differenzierter zu sehen.

Erlebnisse als Regisseur zwischen Minsk und Wladiwostok

Regiearbeit war in meinem Leben immer etwas Besonderes, Exquisites, wovor ich großen Respekt hatte. Am Ende meines Studiums der Musiktheaterregie standen im Zuge der deutschen Wiedervereinigung Regieaufträge an einigen Häusern der neuen Bundesländer wie Annaberg-Buchholz, Greifswald, Eisenach und Stralsund. Doch das Schicksal entschied, dass ich schon mit 31 Jahren Künstlerischer Betriebsdirektor an der Semperoper wurde. Aus Hochachtung vor dieser Kunst verzichtete ich bis 2008 auf die Verwirklichung eigener Projekte. Als Dresdner Operndirektor hatte ich natürlich mit großen Regisseuren zu tun und lernte viel von ihnen. Dass ich des Metiers selbst mächtig bin, kehrte ich aber nie hervor. Allerdings rückten bei mir durch den SemperOpernball die Inszenierung von Galas in den Mittelpunkt und in Bremen dann einige Open-Air-Opern. Im Gegensatz zu anderen Intendanten, die gelegentlich Ausflüge ins Regiefach wagen, vermied ich dies an der eigenen Bühne. Interessanterweise führte die Begegnung mit Oleg Siborow bei mir zu einem Umdenken.

Irgendwann stellte Oleg – er sagte immer Hans zu mir und so nennt man mich seitdem in Russland – die Frage: „Bist du Kulturmanager? Bist du Direktor? Oder bist du mehr? Hast du was dagegen, dass wir dich verstärkt in unsere Opernarbeit integrieren?"

Start war 2011. Neben der Gala im St. Petersburger Michailowski-Theater inszenierte ich an der Moskauer Kammeroper Boris Pokrowski „Zar und Zimmermann" von Albert Lortzing. In Leipzig uraufgeführt, verarbeitet die Oper humorvoll die Saga, nach der Zar Peter I., der Große, nach Holland geht, um sich mit Schiffbau zu beschäftigen.

1972 gegründet und heute eins der fünf großen staatlichen Opernhäuser Moskaus, hat die Kammeroper mit ihrem Orchester von 30 Musikern seit 1996 in einem Gebäudekomplex an der Nikolskaya Ulitsa nahe dem Roten Platz ihr Domizil. Präsident Boris Jelzin und der damalige Bürgermeister Juri Luschkow weihten die neue Spielstätte persönlich ein. Der Namensgeber und Gründer Boris Pokrowski zählt zu den berühmtesten und hochdekorierten Männern der russischen Kulturelite. Er war Anhänger von Konstantin Stanislawski, Schüler von Wsewolod Meyerhold, Klassenkamerad von Georgi Towstonogow und Freund von Dmitri Schostakowitsch, diente von 1943 bis 1982 dem Bolschoi als Künstlerischer Direktor und Chefregisseur. Viele der aufwendigen Großproduktionen vom Bolschoi, aber auch die ersten Gastspiele der Sowjetunion in den USA trugen seine Handschrift. Obwohl westliche Kritiker seine Arbeit als konservativ bezeichneten, nutzte er das 1972 mit Gennadi Roschdestwenski gegründete Kammeroper-Theater wie ein Labor, bot manchem als obskur geltendem russischen Werk oder Arbeiten junger Komponisten sowie selten gespielten westlichen Opern eine Bühne. Fans aus der ganzen Sowjetunion pilgerten zu Pokrowski, standen

in den 1980er-Jahren nächtelang Schlange für die begehr-
ten Karten. Bis heute hat sich sein Prinzip der Kollektiv-
beteiligung erhalten. Im 56-köpfigen Sängerensemble
wird nicht konsequent zwischen Solist und Chorsänger
unterschieden, wechseln die Aufgaben. Dies war auch
eine Antwort auf Walter Felsensteins Prinzip, welches
besagt, jeder sei ein Individualist.

Bei meiner allerersten Opernregie in Russland war
auch ich Lernender, musste begreifen, wie wichtig hier
Hierarchien sind. Bei der Probe passierte es: Ein ange-
trunkener Chorsänger trieb Unsinn und Schabernack,
imitierte ständig den Hitlergruß, deutete mit zwei Fin-
gern den Diktatoren-Bart an. Ich wollte diesen Vorfall eu-
ropäisch absorbieren, sah zuerst darüber hinweg und
strafte den Sänger mit Nichtbeachtung.

Oleg, der dolmetschte, war bei allen Proben dabei. Er
hatte einen besonderen Bezug zu dem Theater. Zweimal
heiratete er dieselbe Frau, eine Solistin, ein Liebling des
großen Pokrowski. Was Freundschaft und Treue in Russland bedeuten, habe ich mit dieser Frau erlebt, welche
ich zuletzt auf Olegs Beerdigung sah. Als ich 2017 in
Minsk inszenierte, tauchte die Witwe bei der Premiere
auf, verriet, jetzt mit dem Militärattaché der Botschaft
der Russischen Föderation in Weißrussland vermählt zu
sein, lud mich in ihre Wohnung ein.

Mein Freund Oleg hat mich nach der Probe für „Zar
und Zimmermann" schwer gemaßregelt. Er meinte,
wenn die anderen mitbekämen, dass ich so lasch auf die
Provokationen reagiere, sei ich zwar moralisch überlegen, würde bei der Chorgemeinschaft jedoch trotzdem in
die Verliererposition kommen. Sein Lebensrat: „Bei Kon-
flikten ist es das Wichtigste, als Stärkster, als Sieger her-

vorzugehen. Kompromiss bedeutet Schwäche und Ehr-verlust! Zeige, wer der Führer ist, sonst bist du unten durch."

Ich nahm mir den Sänger vor allen anderen zur Brust – er hörte trotzdem nicht auf. Oleg: „Statuiere ein Exem-pel, schmeiß ihn aus der Produktion. Alle müssen sehen, dass du das Zepter in der Hand hältst." Obwohl mir solch eine Eskalationsstufe fremd ist, befolgte ich seinen Rat. Und erinnere ich mich bis heute daran und denke oft über eine Frage nach: Wann ist der richtige Zeitpunkt, Härte zu demonstrieren? Beim Umgang mit Geschäfts-partnern stoße ich immer wieder auf die empfindsame russische Seele. Da ist es manchmal klüger, dein Gegen-über gewinnen zu lassen. Auch eine kurze Unterwer-fungsgeste kann Wunder bewirken. Danach darf sich der Partner generös zeigen und ist nachgiebig. Ich fühle es immer wieder: Wir Deutschen sind in Russland etwas ganz Besonderes. Unsere Disziplin, unser Ehrgeiz, die Exaktheit, das planvolle und strategische Denken – all das bewundern die Russen, sagen aber von sich, dass sie emotionaler seien.

Die Oper wurde ein großer Erfolg, stand rund 30 Mal auf dem Spielplan. Denn Peter I. ist ein Zugpferd. Dabei glich meine Inszenierung einer mit mancher Zutat ge-würzten Komödie. Zu Beginn stand der Zar als unberühr-bares Denkmal auf einem großen Sockel, von welchem ich ihn im Verlauf der Handlung immer weiter herabstei-gen ließ, ihn vermenschlichte. Dies zeigt sich ja auch in seinem Umgang mit dem kleinkarierten Bürgermeister. Ein Höhepunkt – der sogenannte Holzschuhtanz – wird normalerweise vom Ballett getanzt. Bei mir tanzte der Chor und es gab dafür drei Paar Schuhe. Eins für die Füße, die Damen hatten ein weiteres Paar an den Händen, schlugen damit den Takt. Die Herren nutzten das winzige dritte Paar wie Fingerhüte. Es wurde ein virtuoser, ganz andersartiger, Tanz, der den Holzschuh in den Mittelpunkt rückte.

Zum Opernerfolg trug auch Michael Kislerow bei. Von 2010 bis 2017 war er Künstlerischer Leiter und Hauptregisseur. Sein Vater Stepan Michailowitsch kam als 17-Jähriger an die Front, marschierte mit bei der großen Siegesparade Stalins im Juni 1945 auf dem Roten Platz, arbeitete später u. a. als Militärdolmetscher und Fahrer, brachte es bis zum Pädagogen für deutsche Sprache und Gesang. Der Sohn machte am 1878 gegründeten Moskauer GITIS-Institut – dem Staatlichen Institut für Theaterkunst, seit 1992 Russische Akademie für Theaterkunst – die Ballettmeister- und Choreografen-Ausbildung und studierte danach noch Diplom-Theaterregie. Ich halte ihn für einen der besten Regisseure des Landes, lud die Kammeroper drei Jahre lang nach Linz ein, wo sie sieben verschiedene Opernproduktionen präsentierte. Die meisten hat Michael inszeniert.

„Ariadne auf Naxos" von Richard Strauss führte mich im Juni 2016 wieder an die Kammeroper Boris Pokrowski. Diese Vereinigung von Tragödie und Komödie schwebte mir schon lange vor. Ich ließ die Oper, durchaus parodistisch, in einem russischen Hinterhoftheater spielen. Der nach dem Libretto als Auftraggeber des derben Tanzstückes fungierende Mann war bei mir ein russischer Oligarch. Er und seine Frau griffen immer wieder ins Geschehen ein. Diese Brechung kam beim Publikum sehr gut an. Sogar ein Berater des Präsidenten, der die Anspielung auf die neureichen Russen, welche sich nicht immer benehmen können, sehr genossen hat, klopfte mir danach auf die Schulter, meinte: „Du hast unser Land und die Leute sehr gut studiert." Das Bühnenbild schuf der „Verdiente Künstler des Volkes" Viktor Wolski, die Kostüme seine Tochter. Aus uralter Moskauer Künstlerfamilie stammend – seine am Arbat lebenden Ahnen lassen sich bis 1800 zurückverfolgen – ist er eine Institution in Russland. Mit Bruder Raffael, der auch ein genialer Buchillustrator war, entwarfen sie u. a. die Kulissen für über 300 Produktionen: Ballett, Schauspiel, Oper, gigantische Open-Airs, internationale Festivals, beispielsweise im Olympiastadion Luschniki. Man rief ihn nach Indien, nach Deutschland, Österreich, Italien, Ungarn: „Allein mit dem begnadeten Tänzer und Choreografen Wladimir Wassiljew habe ich mehr als zehn Ballette in Paris, Tokio und im Kreml-Palast ausgestattet." Ein wenig trauerte Viktor der alten Zeit nach: „Wir dachten nie an Geld zu meiner Zeit. Es war immer der Wunsch, etwas Interessantes, etwas Neues zu machen, die Motivationen der alten Meister zu verstehen, den eigenen Platz zu finden." Wenn Weltstar Jelena Obraszowa in Salzburg für ihren Auftritt 10 000 DM erhielt, wurde er am gleichen Ort mit 170 Rubeln abgespeist – und konnte trotzdem sehr gut leben. Sein 160 Quadratmeter großes Atelier mit 3,50 Meter hohen Wänden und altem Stuck war 40 Jahre lang im Gebäude der 1918 enteigneten Nachkommen des legendären Heerführers Boris Scheremetjew und damit fast neben dem Kreml untergebracht. Das Haus an der Straße Romanow Pereulok 3–5 beherbergte nur berühmte Leute: „Der Stalingrad-Sieger Marschall Georgi Schukow, der dreifache Held der Sowjetunion Marschall Semjon Budjonny, Bildungs- und Kulturministerin Jekaterina Furzewa – sie alle, ihre Familien und noch viel mehr gingen täglich an meiner Ateliertür vorbei", erinnerte sich Wolski und seufzte bei meinem letzten Atelierbesuch: „2014 musste ich raus. Jetzt wohnen dort Oligarchen drin. Ich kaufte nicht weit weg diese Eigentumswohnung hier. Weil mir die 4,50 Meter hohen Salons zu gewaltig erscheinen, zog ich noch die Zwischendecke ein."

Ein ganz anderer Kulturkreis wartete 2012 in Ulan-Ude, der Hauptstadt der russischen Teilrepublik Burjatien im südöstlichen Sibirien mit etwa 405 000 Einwohnern, auf mich. Man sieht es den Burjaten bis heute an, dass sie einst zum Mongolenreich von Dschingis Khan gehörten und sich als seine Nachfahren fühlen. 1939 gründeten sie ihre burjatische Oper, bekamen 1952 ein eigenes Haus und haben im nach zehn Jahren Renovierung neu eröffneten Theater heute eine 60 Tänzerinnen und Tänzer starke Ballett-Truppe und 30 Sänger. Aus sowjetischer Zeit erbten die stimmlich überdurchschnittlich guten Solisten die Gepflogenheit, Opern in russischer Sprache zu singen. Doch mit dem jungen Kulturminister von Burjatien, Timur Tsybikov, waren Innovationen möglich. Er wurde mir ein guter Freund. Ob Linz, Dresden, Moskau oder Ulan-Ude – überall schaut er vorbei. Ich durfte als erster ausländischer Regisseur jenseits des Urals eine Oper Richard Wagners, noch dazu in Originalsprache, herausbringen: „Der fliegende Holländer"! Gleichzeitig war es die erste Koproduktion des Staatlichen Akademischen Opern- und Ballett-Theaters Ulan-Ude mit dem Irkutsker Symphonieorchester. In Irkutsk kam Wagner dann natürlich ebenfalls auf die Bühne. Die Premiere war so erfolgreich, weil ich mich auf kraftvolle mongolische Männerstimmen sowie burjatisch-russische Solistinnen mit leuchtendem Sopran verlassen konnte und das Thema Erlösung in den Mittelpunkt stellte. Romantisierend sprang Senta nicht von den Klippen in den Tod, sondern schritt mit dem Holländer ins ewige Licht, in eine metaphysische Ebene.

Man muss wissen, dass in dem buddhistisch geprägten Land das Schamanentum großen Einfluss hat. Das Thema Erlösung sprach dem Publikum geradezu aus dem Herzen. Wer in Burjatien ein Glas Wodka trinkt, taucht den kleinen, den saubersten, Finger der rechten Hand in das Glas und hält ihn zum Himmel. Damit symbolisiert man, auch an die Ahnen und andere Wesen zu denken. Oft waren wir am nahegelegenen Baikalsee, in dem ich auch mehrmals schwamm. Es gibt die Legende, dass jeder Russe mindestens einmal in seinem Leben in diesem gigantischen See gebadet haben muss. Bei unseren Fahrten zum Baikalsee war es unverzichtbar, Wodka in die Luft zu schütten – weil dort viele Götter wohnen. Spiritualität wird eben großgeschrieben. Ich hörte die Anekdote von einem burjatischen Sänger, der einen schweren Autounfall hatte. Sein Verhängnis: Im Wagen lag eine verschlossene Wodkaflasche. Hätte er alle 50 Kilometer angehalten, etwas von dem Hochprozentigen versprüht, wäre ihm kein Missgeschick passiert. Doch weil er so geizig war, holten sich die Götter ihren Wodka selbst.

Zwei Jahre später, am 18. Oktober 2014, feierte meine „Cosi fan tutte" hier Premiere. Die Inszenierung war unkonventionell, bewegte sich trotzdem im theatralischen Duktus von Wolfgang Amadeus Mozart und Lorenzo da Ponte. Unterstützt vom belgischen Choreografen Marc Bogaerts, den ich bei der „Linzer Klangwolke" kennengelernt hatte, ersannen wir einen Bewegungschor. Der aus zwölf jungen Paaren bestehende Chor begleitete die ganze Handlung. Das Vorspiel war noch nicht erklungen, da bot ein durch den Saal schreitendes burjatisches Paar eine Pantomime dar. Er mit mongolischer Maultrommel, sie mantraartige Verse im mongolischen Obertongesang deklamierend. Da Mozart hier völlig unbekannt ist, integrierte ich ihre traditionelle Kultur in die Oper. Während das bekannte Spielchen um den alten Philosophen und die zwei Liebespaare auf der Bühne abläuft, treten immer wieder die jungen Leute auf: Mal singend, mal tanzend, mal pantomimisch – das Geschehen beobachtend, kommentierend, quasi aus Erfahrung lernend. Der tanzende Chor verkörpert so die wahre Schule der Liebenden – ganz im Sinne des Untertitels von Mozarts unsterblicher Oper. Am Anfang gab es sogar eine Modenschau. Diese Frische und Leichtigkeit, die es nie eintönig werden ließen, fand großen Beifall. Dabei konnte ich mich kaum auf den Beinen halten. Während der „Cosi fan tutte"-Proben bekam ich eine Lugenentzündung. Es war meine einzige Erkrankung in Russland, die ich anfänglich unterschätzte. Damit ich es durchstand, verabreichte man mir in den Tagen vor der Premiere stundenlange Antibiotika-Infusionen.

Bin ich in Ulan-Ude, fällt mir immer meine erste Begegnung mit der russischen Sauna – der Banja – ein. Es herrschten damals minus 40 Grad und ich fror schrecklich. Handschuhe genügten nicht. Um zu überleben, kaufte ich sofort eine Kamelhaarmütze. Und lernte die Vorzüge der Banja kennen. Sie befindet sich meist in einer Holzhütte, per Holzofen beheizt, aber viel heißer als die finnische Sauna. Ich denke, über 100 Grad. Ohne Filz-

232

mütze und länger als acht Minuten hält man es nicht aus und springt ins Kältebecken. Der Banja-Meister schlägt zwischendurch mit in Wasser getauchten Fenchel-, Birken- oder Fichtenruten auf einen ein. Zusätzlich zu dieser Massage bekam ich Fenchel unter den Kopf gelegt, atmete die ätherischen Öle ein. Banjas sind Orte der Kommunikation. Im Gemeinschaftsraum sitzt man um den großen Holztisch auf der Eckbank oder einem Schemel. Die Tische biegen sich unter Speisen und Wodka. Das Gemeinschaftserlebnis – gemischt oder nach Männern und Frauen getrennt, manchmal ganze Familien – geht über Stunden. Mein härtester Banja-Besuch war in Wladiwostok. Da wurde statt Wodka Medowucha – ein prickelnd-süßes Alkoholstarkbier – gereicht. Beim Genuss dieses teuflisch-gefährlichen Gebräus waren die typischen Wirkungen übermäßigen Alkoholkonsums vorerst nicht zu merken und ich trank immer mehr. Ins Auto steigend, hielt ich mich noch für völlig nüchtern, fiel nach einer Stunde jedoch sofort in die Horizontale. Aber ich liebe die Banja …

Ab Januar 2013 wurde mein enger Freund, der junge russische Komponist und Dirigent Anton Lubchenko, für drei Jahre Künstlerischer Leiter und Generalmusikdirektor des Staatlichen Primorje Opern- und Ballett-Theaters Wladiwostok der Primorje-Region. Das riesige Russland umfasst einschließlich der noch international umstrittenen Republik Krim und der Stadt föderalen Ranges Sewastopol 85 Föderationssubjekte: 22 Republiken, die Jüdische autonome Oblast, vier autonome Kreise, 46 Oblaste, die drei „Stadtstaaten" Moskau, Sankt Petersburg und Sewastopol und neun Regionen. Primorje mit knapp zwei Millionen Einwohnern und 164 673 Quadratkilometern Fläche – etwas weniger als die Hälfte Deutschlands – liegt im äußersten Südosten Russlands, direkt am Japanischen Meer. Die nordkoreanische Grenze ist 300 Kilometer, Südkoreas Hauptstadt Seoul lediglich 750 Kilometer oder eine Flugstunde entfernt. Auch die 1000 Kilometer bis Tokio oder jene reichlich 1300 Kilometer bis Peking erscheinen überschaubar. Fahre ich auf dem Globus mit dem Finger auf dem gleichen Breitengrad ostwärts, lande ich nach 7500 Kilometern in Seattle im US-Bundesstaat Washington.

Strategisch interessant gelegen, erlebt Russlands wichtigste Hafenstadt am Pazifik, per Transsibirischer Eisenbahn ist sie 9288 Kilometer von Moskau entfernt, gerade ihre wirtschaftliche Renaissance. Bei der etwa 590 000 Bewohner zählenden Stadt Wladiwostok denke ich auch an die uralten Gedanken eines „Europäischen Hauses" oder der „Freihandelszone von Lissabon bis Wladiwostok", die kluge Politiker seit 1990 ins Spiel bringen. Wladiwostok mit seinem viel milderen Klima als Sibirien, welches Ausländer seit 1991 ohne Sondergenehmigung besuchen dürfen, entwickelt sich langsam zu einer modernen, ja fast europäischen Metropole mit imposanten Bauwerken. Die prestigeträchtige, 1104 Meter lange Russki-Brücke zählt genauso dazu wie die neue Universität oder das Opernhaus mit seiner Panorama-Glasfassade. Auf den Hügeln erbaut, bietet es einen fantastischen Blick aufs Meer. Es beherbergt mit dem Großen Saal (italienische Hufeisenform, vier Balkonpfeiler, Holzpaneele in hellen Farben, Traum-Akustik) für 1356 Zuschauer, dem Kammersaal (305 Sitzplätze) und der für Open-Air-Veranstaltungen konzipierten Sommerterrasse drei Bühnen.

Im Vorfeld der Eröffnung bat mich Anton, das Haus kennenzulernen, ihm bei Planungen – er stellte in kurzer Zeit ein Orchester mit 100 Musikern, einen 80-köpfigen Chor und das Ballett mit 60 Tänzerinnen und Tänzern zusammen – behilflich zu sein. Ich sollte ihn auch weiterhin unterstützen und bei seiner Eröffnungsgala Regie führen.

Sechs Wochen vor Einweihung, am 1. September, fragte er: „Kannst du am 3. September in Wladiwostok sein?" Man muss sich klarmachen, dass Wladiwostok achteinhalb Flugstunden von Moskau entfernt liegt. Vorher sitze ich noch drei Stunden im Flieger von Wien nach Moskau. Ich sagte trotzdem sofort zu, machte mich unverzüglich auf die Reise.

Denn am 3. September war ein privater Vorabbesuch des russischen Präsidenten Wladimir Putin geplant. Allerdings stand ich auf keiner Protokollliste, durfte eigentlich nirgendwo auftauchen. Anton sorgte dafür, dass ich neben ihm und dem damaligen Gouverneur am Eingang warten konnte. Erst das Vorauskommando des Protokolls komplimentierte mich von diesem schönen Platz in einen Saal. Dort lernte ich den Journalisten Hubert Seipel kennen. Dessen Film „Ich Putin. Ein Porträt" von 2012 war mir bekannt. Ließ er doch mehrfach meinen Freund, Sergei Roldugin, zu Wort kommen. Seipel hat auch Sachbücher verfasst, eine ausgezeichnete TV-Dokumentation über Russland gemacht. Ich freue mich immer, ihn zu treffen und Erlebnisse auszutauschen.

Während der Führung zeigten Gouverneur und Intendant dem Präsidenten das Theater mit allen Details. Dabei erwähnte Anton: „Die Eröffnungsgala macht Professor Frey aus Dresden." In diesem Augenblick korrigierte ihn Putin: „Herr Frey ist nicht mehr in Dresden. Er macht dort nur noch den Opernball, ist jetzt Direktor eines Konzerthauses in Linz." Anton war verblüfft, antwortete keck: „Er ist nicht nur in Dresden und Linz, er ist auch hier in Wladiwostok, sitzt unten in einem der Räume." Da ließ Putin die Führung schnell zum Ende kommen: „Ich möchte ihn sehen!"

Plötzlich ging in dem Raum, wo ich mit Seipel und vielen Sicherheitsleuten saß, die Tür auf, der Präsident trat ein und begrüßte mich sehr herzlich. Als die Delegation das Theater verlassen hatte, winkte man mir zu, in eine seiner Limousinen zu steigen – die Einladung zum Abendessen beim Präsidenten der Russischen Föderation!

Für mich ein Beispiel, dass sich der Präsident Zeit für Menschen nimmt und sich auch wirklich für ihre Arbeit, ihre Biografien interessiert. Dabei pflegt er den Austausch auf eine ganz besondere Art und Weise. Ich würde sogar sagen, dass kein Präsident der Welt mehr und regelmäßiger Kulturveranstaltungen besucht als er. Der Kulturbezug ist für ihn selbstverständlich. Kontinuierlich hält der erste Mann des Staates Kulturratssitzungen ab und ich bin überzeugt, dass er die Elite der 30 wichtigsten Kulturpersönlichkeiten Russlands persönlich genauso kennt wie viele Details ihres Schaffens. So kam es zu diesem Abendessen, bei welchem ich auch seinen Berater und ehemaligen Minister für Bildung und Wissenschaft, Andrei Fursenko, traf. In dieser Nacht bekam ich sogar von beiden noch die Universität Wladiwostok gezeigt. Es war ein sehr intensiver Austausch. Dabei kam es zur Diskussion, mich enger an Russland zu binden, mir mit einem Beratervertrag am Bolschoi eine festere Position zu verschaffen. Dafür wurde sofort mit dem Kulturminister telefoniert. Diese Art von Spontanität, von Führung, aber auch genauer Prüfung war beeindruckend.

Andrei Fursenko wurde ein guter Freund. Mit dem Doktor der Mathematik und Physik traf ich mich im Brucknerhaus, beim SemperOpernball, zu verschiedensten Anlässen. Er kommt aus einer Familie von Professoren. Sein Vater war ein bekannter Historiker, sein jüngerer Bruder Sergei zwei Jahre Präsident der russischen Fußballunion. Die Fursenko-Brüder sind höchst gebildet, gehören der geistigen Elite des Landes an, die sich mit den unterschiedlichsten Fragen auseinandersetzt. Sie sind überhaupt nicht materiell orientiert, ausschließlich geistig.

Für mich glich es einer Offenbarung, in Wladiwostok zu sehen, wie eine russische Opernhaus-Eröffnung funktioniert. Wir Deutschen sind immer maßstabsgetreu, vertreten das Land der strategischen Planer. Dies macht uns stark, verschafft einen logistischen und zeitlichen Vorteil. Auf der Strecke bleiben Flexibilität, Spontanität und der Spielraum für Emotionen. Bei meiner Arbeit in Russland lernte ich, dass es einen Freiraum gibt, zu improvisieren. Deutsche und Österreicher brauchen die Planung als eine Art Stützkorsett, um sich sicher zu fühlen. Wo wir aufhören, beginnen die Russen. Und das mit einer Kraft und Leidenschaft, die ihresgleichen sucht, keine Grenzen kennt. Während der letzten 80 Stunden – bis 90 Minuten vor Eröffnung des Hauses – arbeiteten 1000 Leute allein in den Vestibülen. Da ging es wie in einem Ameisenhaufen zu.

In die Gala baute ich neben Jelena Obraszowa kurzfristig „Mega-Bass" Kurt Rydl – keiner hat wohl mehr Vorstellungen als er an der Wiener Staatsoper gesungen –

und Österreichs besten Countertenor Alois Mühlbacher ein. Kurt kam aus Amsterdam und wir hatten Probleme, blitzschnell ein Visum für ihn zu erhalten. Am Vorstellungstag traf er um 12 Uhr, direkt vom Flughafen kommend, im Theater ein. Ich besprach kurz seinen Auftritt mit ihm. Dann legte er sich mit der Gewissheit ins Hotelbett, die Gala würde abends, sieben Uhr, starten. Sie begann jedoch schon zwei Stunden früher! Er hatte die Krönungsszene des Zaren aus Mussorgskis „Boris Godunow" zu singen. Gegen 18.30 Uhr, fünfmal hatten wir bereits vergeblich auf seinem Handy angerufen, wurde ich arg nervös. Endlich nahm er schlaftrunken ab. Meine einzige Frage: ob er wisse, dass in 25 Minuten sein Auftritt sei. Sofort hat man ihn ins Theater gefahren, im Auto mit Erfrischungstüchern hergerichtet. Da die Zeit zu knapp war, den Bühneneingang zu nehmen, warteten Maske und Kostüm am Haupteingang. Außerplanmäßig ließ ich ihn in großer Zeremonie durch den ganzen Zuschauerraum auf die Bühne schreiten. Anton fragte später, warum ich ihm diesen genialen Regieeinfall nicht vorher mitgeteilt habe.

Beim nächtlichen Buffet hatte ich die Ehre, mit wichtigen Persönlichkeiten am Tisch zu sitzen: mit Olga Golodez, der Vizeministerpräsidentin der Russischen Föderation, dem Gouverneur der Region, Wladimir Mikluschewski, mit Rydl und der Obraszowa. Letztere schwärmten von vergangenen Zeiten, erzählten sogar zweideutige, anzügliche Witze. Es war vor allem ein Erlebnis, die unvergessene Jelena Obraszowa noch einmal so privat zu erleben.

Zwei Jahre später, am 4. April 2015 mit „Tosca" von Giacomo Puccini, der nächste Schritt in Wladiwostok:

Sechs Monate vorher fragte Anton, ob ich für einen erkrankten Kollegen einspringen könne. Mit dem detailverliebten Pjotr Okunew aus alter Bühnenbildner-Dynastie, der den traditionellen russischen Stil mit Fashion und Design verknüpft, wurde es eine psychodramatische Inszenierung. Der Schauplatz: vor den Toren Roms, im Hintergrund der Petersdom. Im Schlussbild springt Tosca nicht von der Engelsburg in den Tod, sondern erstarrt als eine der ewigen Heiligen auf dem Petersdom – in der Pose der „Mutter-Heimat-Statue" von Wolgograd. Ehrlich gesagt, hasse ich es, am Ende einer Oper alle sterben zu sehen, und versuche, mich da aus der Affäre zu ziehen.

Anton, der an diesem Tag seinen 30. Geburtstag feierte, dirigierte selbst. Wochen zuvor hatte in Regensburg die von ihm komponierte Oper „Doktor Schiwago" nach Boris Pasternaks Roman ihre glanzvolle Welturaufführung. So gab es am Abend nach unserer mit stehenden Ovationen bejubelten „Tosca" zwei Anlässe, anzustoßen.

Meine „Tosca" läuft bis heute als Produktion des Mariinski-Theaters und berühmte Sänger dieses Hauses haben die Partien schon gesungen. Ja, sie war so erfolgreich, dass sie Mitte November an die Nationaloper Peking kam. Die Verträge lagen alle vor, doch Chinesen und Russen konnten sich nicht einigen. Mitte September trafen in Linz zwei Briefe aus Wladiwostok und Peking ein. Von russischer Seite sollte die Produktion für sechs Wochen nach Peking ausgeliehen werden. Chinas Hauptstadt wollte sie aber in ihr Eigentum übernehmen. An diesem Widerspruch drohte es zu scheitern. Aber nicht in China! Wenn ich innerhalb von acht Tagen alle Unterlagen und Modelle übersendete, würden sie die komplette Oper mit Bühnenbildern und Kostümen in sieben Wochen kopiert haben. Das Unglaubliche geschah. Als ich sechs Tage vor der Premiere auf der Pekinger Bühne stand, war die Qualität der Arbeiten faszinierend. Aus den Videos empfand man selbst die Perücken nach. Da wir in Wladiwostok als „Tosca" eine rothaarige Solistin hatten, tauchte unter all den schwarzhaarigen Chinesen selbstverständlich ihr Pendant in roter Haarfarbe auf. Sie verstanden erst gar nicht, warum ich dies korrigieren ließ.

„Tosca" hatte auch noch eine Einladung in Georgiens Hauptstadt Batumi. Die Stadt mit einer von Herzen kommende Freundlichkeit Fremden gegenüber ist mir in dankbarer Erinnerung. Da es sich um die Übernahme einer Inszenierung handelte, war die Probenphase nicht so arbeitsintensiv. Kein Abend, an welchem wir nicht zusammengesessen und gefeiert hätten. Die georgische Herzlichkeit hat noch vieles übertroffen, was ich in Russland erlebte.

Ende 2015 gab es Diskussionen über die Zukunft des schönen Hauses in Wladiwostok. Nachdem Waleri Gergijew mehrfach dort dirigieren durfte, wurde er beim Präsidenten vorstellig. Diese Oper sei der ideale Außenposten für sein St. Petersburger Mariinski. Man könne dort Produktionen lagern, die in St. Petersburg nicht mehr gebraucht würden, und bei den zahlreichen Tourneen nach Asien in Wladiwostok Zwischenstation machen. Auch drängte ein finanzielles Problem. Denn ein dieser Oper wirklich angemessenes Budget sah die Region Primorje nicht vor. Deshalb fiel sein Vorschlag auf fruchtbaren Boden: Seit 1. Januar 2016 firmiert Wladiwostok als „Primorje-Bühne des Mariinski-Theaters" unter Waleri

Gergijew. Die erfolgreiche Übernahme und sehr positive Entwicklung zeugt einmal mehr von Gergijews strategischer Weitsicht.

Mein Freund Anton ist heute Chefkomponist von „Lenfilm", einer der größten Filmproduktionsunternehmen Russlands in St. Petersburg mit bis 1908 zurückreichender Geschichte. Außerdem ist er Künstlerischer Leiter des 1991 gegründeten Sinfonieorchesters der Stadt Sotschi und Leiter der musikalischen Abteilung des 1832 eröffneten Alexandrinski-Theaters St. Petersburg.

Mit der Klärung der Wladiwostoker Verhältnisse eile ich der Zeit etwas voraus. Vom Dezember 2013 ist nämlich noch eine Premiere zu nennen: „Der fliegende Holländer" im Nationalen Akademischen Großen Opern- und Ballett-Theater der Republik Belarus in Minsk! Auch dieser 1938 fertiggestellte, prunkvolle Bau, den Iosif Langbard entwarf, darf sich seit 1940 Bolschoi nennen. Zum Trio der Bolschois gehört neben Moskau und Minsk noch das Haus in Taschkent, welches den Titel 1964 verliehen bekam.

Meinen Kontakt nach Minsk verdanke ich Andrei Petrow. Wie der Maler Marc Chagall ist er bei Witebsk geboren und ein Weißrusse mit großem Nationalstolz. An dieser Begeisterung für seine Heimat und andere Plätze der Hochkultur lässt er durch seine Firma „ArtMaks Kulturreisen" viele Menschen teilhaben. Als ich junger Operndirektor in Dresden und Dozent der Hamburger Uni war, begegnete er mir als Student für Kulturmanagement. Gern vermittelte ich ihm damals ein dreimonatiges Praktikum an der Semperoper. Inzwischen mit einer Zimbal-Spielerin aus Weißrussland vermählt, Vater von zwei Kindern und ein eigenes Unternehmen aufbauend, besuchte mich der 1,90 Meter große Mann mit den blauen Augen 2010 in Bremen. Ich erinnerte mich seiner Worte: „Vergiss nicht mein Land Belarus!" Das Land zwischen Polen und Russland, das wir Weißrussland nennen, hat eine bewegte Historie. Es wurde im Zweiten Weltkrieg zweimal von Deutschen überrollt, grausam ausgebeutet, die Hauptstadt Minsk in weiten Teilen zerstört. Seit 1991 eine eigenständige Republik, lebt es noch mehr in der Tradition der ehemaligen Sowjetunion und wird seit 1994 durch Präsident Alexander Lukaschenko zentraler als viele Länder geführt. Hier spürt man noch den Geist vergangener Tage, die Handschrift verschiedener Führungsstile und Mentalitäten. Aber gleichzeitig nimmt mich Belarus mit sehr großer Wärme und Sympathie auf.

Petrow flog Anfang 2011 mit mir nach Minsk, stellte den Kontakt zum Generaldirektor vom dortigen Bolschoi, Wladimir Gridijuschko, her. Sechs Jahre lang Stellvertreter des Kulturministers von Belarus, steht er seit 2009 an der Spitze des größten Theaters im Lande, in dem zur Rekonstruktion ab 2007 die renommierte „SBS Bühnentechnik GmbH" aus Dresden die kompletten Anlagen geliefert hatte. Der Manager mit drei Hochschulabschlüssen – in Pädagogik und Politologie sowie von der Führungsakademie des Präsidenten – ist nicht nur Chef von 1100 Mitarbeitern, sondern besorgte den Beschäftigten neben Dienstwohnungen eine Siedlung mit 300 Grundstücken für eigene Häuser. Das Orchester umfasst samt acht Dirigenten 150, das Ballett 120, der Chor 80 und das Solisten-Ensemble 70 Personalstellen. Im Repertoire sind gegenwärtig 80 Produktionen, die Hälfte Ballette. Und der Theaterchef ist glücklich, dass sein Präsident und dessen jüngster Sohn Nikolai oft Gäste sind: „Der Stammplatz des Präsidenten ist in der achten Reihe im Parkett, wo man die Füße gemütlich ausstrecken kann. In der Zentralloge nehmen Regierungsmitglieder, Künstler und Gäste Platz", verrät Gridijuschko, welcher auch Vorsitzender jenes Komitees ist, das höchste Staatsauszeichnungen auf den Gebieten der Architektur, Kultur und Literatur vergibt.

Mit dem Theater verbindet mich eine strategische künstlerische Partnerschaft und enge Freundschaft. Nachdem 2012 mein „Competizione dell' Opera" hier stattfand, gründeten die Minsker 2014 einen eigenen Wettbewerb mit gleicher Struktur. Seitdem lädt man mich jährlich als Mitglied der Jury ein. Natürlich ist Gridijuschko auch bei mir Juror. Schnell trug er die Idee an mich heran, eine Oper von Richard Wagner zu inszenieren. Als Dresdner galt ich per se als Wagnerexperte und „Der fliegende Holländer" war ihnen so sympathisch, weil er Wagners kürzeste Oper ist. Tatsächlich pflegte ich an der Semperoper eine ganz besonders enge Beziehung zum Hause Wagner in Bayreuth und zu Wolfgang Wagner. Seine Tochter Katharina inszenierte dann bei mir in Bremen den „Rienzi".

Mit dem berühmten Moskauer Bühnenbildner Viktor Wolski haben wir dann eine Inszenierung geschaffen, die sich ein wenig am Piratenfilm „Fluch der Karibik" orientiert. Öffnet sich der Vorhang, schaut der Zuschauer auf einen Ozean und die Brandung am Strand. Aus der Meeres-Unterwelt erhebt sich ein überdimensionaler Schiffsrumpf – Metapher für das enge Zuhause der Senta. Kinder entdecken, wie ihm der Holländer entsteigt. Der Damenchor sitzt auf Schaukelstühlen. Statt des Spinnrades sieht man die permanente Bewegung dieser Stühle. Zum Schluss spaltet sich ein Teil des Schiffsrumpfes ab, der Holländer segelt weiter, Senta springt zu ihm aufs Deck.

Mich fragte sogar Thomas de Maizière, der bis März 2018 Deutschlands Bundesminister des Innern war, ob es in diesen Ländern eine Zensur gäbe. Ich habe direkte Zensur nie erlebt! Es gibt jedoch immer wieder Themen, die einen besonders emotionalisieren.

Am Bolschoi Minsk existiert, was ich von keinem Theater Russlands kenne, ein Sowjet, in dem Vertreter aller Theaterkollektive sitzen und bei der Generalprobe darüber befinden, ob die Inszenierung kommen darf. Bei meinem „Holländer"-Finale, als am Ende das weiße Segel am Mast aufgezogen wird, der Zeitpunkt der Erlösung naht, spürte ich eine enorme Unruhe. Alle Teilnehmer dieser gestrengen Kommission, die auch Produktionen ablehnen darf, verschwanden wortlos. Zurückgelassen und allein stand ich mit meinem Bühnenbildner und dem Segel da eine Stunde lang. Dann bat man mich zum Generaldirektor, der herumdruckste und schließlich die Katze aus dem Sack ließ: „Ist es Ihr Begehren, hier eine hochpolitische Inszenierung zu machen?" Ich verneinte und bat um Aufklärung: „Wissen Sie nicht, dass die Farben der Opposition im Lande weißrot sind?" Da dämmerte es mir: Das weiße Segel vor rotem Bühnenhintergrund ließ für Minuten ein weißrotes Gebilde erscheinen. Wir haben sofort den Hintergrund in eine schwarze Fläche verwandelt – damit lösten sich alle Probleme in Luft auf. Für die beste Inszenierung der Spielzeit 2013/14 erhielt ich sogar den Internationalen Kulturpreis der Republik Belarus.

Dass die Farbe Rot besondere Aggressionen auslöst, erlebte ich gerade in Rostock, wo ich am Volkstheater beim

„Freischütz" Regie führte. Ich thematisierte das „ewig Faschistoide" in uns Deutschen. In der Wolfsschlucht-Szene wollte ich rote Fahnen hissen, so wie beim Nürnbergcr Reichsparteitag in den Filmen von Leni Riefenstahl. Die Reaktion des Intendanten ähnelte auffallend der des Minsker Kollegen. Er schrieb mir lange Briefe. Man könne dem Rostocker Publikum keine roten Fahnen präsentieren. Unsere Diskussion um die Farbästhetik hatte historische Gründe. Für die Rostocker, welche die roten Fahnen während des Faschismus und in der DDR-Zeit gehisst sahen, fanden wir einen Kompromiss mit blauweißen Fahnen, die bei entsprechender Illumination doch noch rot leuchteten. Diese Arbeit hat uns sehr zusammengebracht und meine Inszenierung war ein riesiger Erfolg. Alle Medien besprachen sie ausschließlich positiv.

Ähnliches erlebte ich als Operndirektor in Dresden. Einer der großen europäischen Regisseure, Peter Konwitschny, hatte Emmerich Kálmáns Operette „Die Czárdásfürstin" ans blutige Ende des Ersten Weltkrieges verlegt. In den opulenten Ballsaal kamen Sanitäter mit kopflosen Leichen. Manche Toten rutschten von Bahren und ein Sänger tanzte sogar mit einem solchen – großartige, noch nie gesehene Bilder, eine durchgeistigte, bedeutungsschwere Inszenierung. Doch manche verknüpften den makabren Tanz mit der Zerstörungsgeschichte Dresdens im grausamen Inferno des englisch-amerikanischen Bombardements vom 13./14. Februar 1945. Zuschauer und zur Skandalisierung neigende Medien vermengten bei jener Premiere im Dezember 1999 Realität und Theaterschauspiel. Es gab nicht wenige Buh-Rufe und der Intendant zitierte – statt Ruhe zu bewahren, alles zu überschlafen – Konwitschny zu sich, forderte Änderungen. Das lehnte der Regisseur ab und so eskalierte die Situation, führte zum Streit. Schließlich wurden zwei Fassungen gezeigt – die originale und eine bearbeitete. Letztere wollte allerdings kaum jemand sehen. So verschwand die „Csárdásfürstin" vom Spielplan. Nachdem Konwitschny die Semperoper 18 Jahre lang gemieden hatte, konnte ihn Intendant Peter Theiler jetzt endlich zurückgewinnen.

In Minsk inszenierte ich 2017 Mozarts „Zauberflöte", transferierte sie in die Fantasy-Welten von „Game of Thrones" und „Der Herr der Ringe", mit Elben, Zwergen, Gandalf, Orks und natürlich den Hobbits. Andrei Petrow übersetzte, der Grazer Professor für Bühnenbildgestaltung Hartmut Schörghofer stattete alles märchenhaft aus, Lichtdesigner Wladimir Sterlin schuf die mystischen Stimmungen und Manfred Mayrhofer als Dirigent brachte Musiker, Solisten und Chor wunderbar zusammen. Für 2019 ist schon das nächste Projekt in der Hauptstadt von Belarus angedacht.

Dem Reigen russischer Opernhäuser, die eine Zusammenarbeit wünschten, schloss sich das „Kolobow Neue Operntheater von Moskau", kurz „Neue Oper", an. Es ist das jüngste staatliche Opernhaus Moskaus, wurde 1997 für den Dirigenten Jewgeni Kolobow im Hermitage-Park errichtet. Mit über 700 Sitzplätzen, eigenem Orchester und festem Opernchor ausgerüstet, legte Kolobow – in Russland ganz ungewöhnlich – für Solisten zeitlich begrenzte Engagements fest. Kolobow war neben Waleri Gergijew ab 1981 einer der Stars am St. Petersburger Mariinski. 1987 wechselte er in die Hauptstadt und gründete 1991 sein eigenes Experimentier-Theater, wo vergessene Musik wiederbelebt und in Russland nie gehörte Opern aufgeführt werden. Der heutige Intendant, Dmitri Sibirtsew, ist ein Allroundgenie aus traditionsreicher Musikerdynastie. Beginnend mit seinem Großvater Alexander Suew, der im 1928 gegründeten Alexandrow-Gesangs- und Tanzensemble der Sowjetarmee das Knopfakkordeon traktierte, über Onkel und Vater – beides hochgeehrte Tenöre – wird in seiner Familie das Künstler-Gen vererbt. Er selbst managt nebenbei eine erfolgreiche Sängerformation namens „Tenöre des 21. Jahrhunderts". Für die Zeit der Arbeit am Theater gestattete er mir, das mit Erinnerungsstücken reichlich angefüllte ehemalige Direktorenzimmer Kolobows zu nutzen, das seit dessen plötzlichem Herzinfarkttod nicht verändert worden war.

Am 19. Januar 2018 war Premiere meiner „Lucia di Lammermoor" von Gaetano Donizetti.

Mit dem Chefdirigenten und Künstlerischen Leiter Jan Latham-Koenig stand der erste Engländer, dem seit der Oktoberrevolution ein russisches Orchester anvertraut wurde, am Pult. „Mein Vater ist Franzose, die Mutter halb Dänin, halb Polin. Da habe ich verschiedene Sprachen und die Breite europäischer Kultur schon als Kind inhalieren dürfen. Trotzdem brauchte ich 2011 für das Orchester noch einen Dolmetscher. Deshalb war anfänglich meine Geschwindigkeit beim Proben etwas langsamer", scherzt er. Von seinen 160 Musikern ist er begeistert: „2013 machten wir den ersten ‚Tristan und Isolde' in Moskaus Geschichte, wir gewannen zusammen die Goldene Maske, den höchsten Theaterpreis. Wenn die russischen Musiker einen starken Dirigenten haben, der weiß, was er will, sind sie sehr diszipliniert und respektvoll. In England oder Deutschland spricht man mehr von Teamwork. Unsere Musiker hier wollen die Probleme gelöst bekommen, wollen sehr intensiv arbeiten. Wenn das Ziel ein sehr hohes Niveau ist, geben sie alles für die Musik. Die Gewerkschaften sind nicht so ausgeprägt, deshalb kann man sich gemeinsam ganz intensiv und mit gewissem Zeitluxus den Opernwerken widmen."

Zur Premiere beehrten mich neben vielen Moskauer Opernfreunden nicht nur hohe Regierungsvertreter, sondern auch Stanislaw Tschertschessow, Cheftrainer der russischen Fußballnationalmannschaft und ein Freund Sachsens. Von 1993 bis 1995 war er Stammtorhüter und Publikumsliebling bei Dynamo Dresden.

Ich habe mich manchmal gefragt, warum gerade die Russen meine Regiearbeiten so schätzen. In den USA gilt bis heute der Grundsatz „You want to be entertained" – „Man will unterhalten sein". Wenn in Deutschland jemand aus der Klassikbranche anfing, sich der Unterhaltung zuzuwenden, war er bis vor fünf Jahren verpönt. Heute merken alle, dass man in Zeiten von YouTube, Twitter und Facebook ohne solche Formen nicht ganz auskommt. Ich integriere in die Inszenierungen immer Lichteffekte, Videotechnik, sehe mich als jemand, der mit großen Bildern die Geschichte erzählt, mit Emotionen seine Zuschauer erreicht. Im Mittelpunkt der Arbeit in Russland steht dieses emotionale große Bildtheater mit starker psychologischer Durchdringung. Dafür ist Russland mit den vielen Zeitzonen, das seine Opernhäuser Bolschoi nennt, das Große, das Bunte, das Spektakuläre liebt, ein geeignetes Land. Würde ich hier nur Schwarzweiß-Ästhetik oder noch so intelligent aufgearbeitetes Konzepttheater anbieten – das Publikum könnte etwas vermissen. Bei meiner letzten Arbeit in Rostock kombinierte ich diese Bildsprache mit den konzeptionellen Ansprüchen der von deutscher Kultur geprägten Zuschauer – es funktionierte ebenfalls sehr gut.

Moskau feiert 20 Jahre „Competizione dell' Opera"

„Spasibo", „bolschoje spasibo", „thank you" („danke", „großen Dank", „danke Ihnen") – die Abschiedsworte nach den musikalischen Vorträgen junger Sängerinnen und Sänger aus aller Welt sind immer dieselben: freundlich, mehrsilbig, wertfrei. Die Arbeit einer internationalen Jury ist nicht immer vergnügungssteuerpflichtig, erfordert stundenlang, ja tagelang höchste Konzentration. Mehr als 600 Kandidaten hatten sich diesmal vorgestellt. Wir Juroren reisten dafür beispielsweise zu Auditions nach Buenos Aires, New York, Philadelphia, nach Batumi, Bonn, Budapest, Dresden, Linz, London, Moskau, Paris, Rom, St. Petersburg, Wien. Dazu Jerusalem, Seoul, Taipeh. 90 Teilnehmer aus 19 Nationen erhielten schließlich die Einladung zum 20. „Competizione dell' Opera" Ende September 2016 nach Moskau.

Über dessen Anfangsgründe 1996, bei dem eine Eiscreme die Hauptrolle spielte, und seine Revitalisierung 2001 in Zusammenarbeit mit den Dresdner Musikfestspielen, habe ich schon geschrieben. Seit 2006 gibt es ihn jedes Jahr. War 2001 bis 2010 die Semperoper Partner, führten wir ab 2007 Semifinals und Wiederholungs-Galakonzerte auch am Theater Bremen – meiner damaligen Wirkungsstätte – durch. Zum 15-jährigen Bestehen 2011 stand erstmals das Moskauer Bolschoi als Austragungsort zur Verfügung. Dank eines großen Sponsors gab es in jenem Jahr die meisten Vorausscheide – in weltweit 25 Städten! In Südamerika, Europa und Asien suchen wir immer nach Talenten. Neben den bereits genannten sind häufig auch Städte wie São Paulo, Santiago de Chile, Mexiko-Stadt, San Francisco, Washington D.C., Mailand und Zürich besucht worden.

2012 hat der „Competizione" dann in Kooperation mit dem Bolschoi Belarus in Minsk stattgefunden, mit meinem Wechsel nach Linz ab 2013 im dortigen Brucknerhaus. Das Jahr 2014 ist deshalb bemerkenswert, weil es zwei Wettbewerbe gab: im Brucknerhaus und in dem neuen Musiktheater am Volksgarten von Linz sowie in der usbekischen Hauptstadt Taschkent. Das Fernsehen von Usbekistan übertrug unsere große Operngala live. Ehrengast war der damalige Premierminister Schawkat Mirsijojew, welcher seit 2016 Präsident ist. Meine Begeisterung für Taschkent weckte der damalige Generaldirektor des Opernhauses – es darf sich auch Bolschoi nennen – und heutige Rektor des Staatlichen Konservatoriums von Usbekistan, Bakhtijar Jakubow. Ich traf den studierten Bariton, der mit der usbekischen Sopranistin und Staatskünstlerin Dilorom Jakobova verheiratet ist und drei Töchter hat, erstmals in einem Hotel in Minsk. Er hatte den Koffer voller usbekischer Spezialitäten aus der Heimat mitgebracht: Pferdewurst, Blutwurst und im Topf gebackenes Lammfleisch, von dem er meinte: „Das nennt man bei uns das Viagra Usbekistans!" Wir fingen neun Uhr abends mit dem Umtrunk an und hatten um zwei Uhr fünf Liter Wodka – zehn 0,5-Liter-Flaschen – ausgetrunken. Bei diesem frühmorgendlichen Rekord fassten wir den Beschluss, dass der „Competizione" nach Taschkent kommen muss. In Taschkent hatte ich dann

ein besonderes „Abenteuer". Es war lange vor den heutigen Diskussionen um sexuelle Anzüglichkeiten und Ver-
fehlungen einiger Regisseure, in deren Kenntnis wir alle
umsichtiger geworden sind. Jedes Jury-Mitglied bekam
von der dortigen Regierung bei einem Mittagessen neben
vorzüglichen Speisen einen schweren dunkelblauen
Samtmantel mit reichster Goldstickerei verehrt. Mir als
Wettbewerbschef übergab man am Abend des Finales
nochmals das gleiche Traditions-Kleidungsstück. Schon
ein Mantel sorgte für Übergewicht im Koffer. Unmöglich
konnte ich das zweite Geschenk nach Hause transportie-
ren. Deshalb bat ich nach dem Abendessen eine der Preis-
trägerinnen auf mein Hotelzimmer. Mit ihr im Lift stehend und durch den Flur schreitend, spürte ich ihre Zu-
rückhaltung, ihr ungutes Gefühl. Auf dem Zimmer, den
Mantel präsentierend, dann ein befreiendes Lachen.
Zwei andere Juroren wollten ihr auch schon Mäntel geben. Mit nur einem fuhr ich zurück.

Nach dem Zentralasien-Ausflug traf man sich erneut
im Brucknerhaus und im neuen Musiktheater von Linz.
Zum festlichen 20. Jubiläum rief der „Competizione",
für dessen Gesamtleitung ich Verantwortung trage und
welcher seinen Geschäftssitz in Dresden hat, nun wieder
ins legendäre Bolschoi im Herzen Russlands.

Die 25-köpfige Jury lauschte im neuen Beethovensaal
zur ersten Runde den Gesangskünsten junger, hoff-
nungsvoller Kandidaten. Von ihnen hat die Hälfte eine
Chance auf die zweite Runde. Zwei Tage lang, jeweils
vormittags und nachmittags, macht jeder Juror auf seiner
Liste Notizen. Es gilt, die Spreu vom Weizen zu trennen.
Am Ende muss – so schwer es auch fällt – das „Ja" oder
„Nein" erfolgen, kommt der Kandidat weiter oder nicht.

Ich schaue in die Runde und denke, dass der Bolschoi-Repetitor am schwarzen Steinway zur Begleitung etwas mehr Pianissimo spielen könnte. Grischa Asagaroff, der Opernregisseur mit enormer Erfahrung als Künstlerischer Betriebsdirektor verschiedener Häuser – von Wien über Zürich bis zu den Salzburger Festspielen –, wiegt sich kaum bemerkbar im Takt. Während seine linke Hand leichte Dirigierbewegungen vollbringt, notiert die rechte fleißig. Für ihn ist Moskau eine Rückkehr zu den Familienwurzeln. Vater Georgi war im Russischen Kaiserreich ein bekannter Schauspieler und Regisseur, schuf bis zur Oktoberrevolution gut ein Dutzend Filme. Danach ging er nach Deutschland, brachte 1930 den legendären Streifen „Das Donkosakenlied" heraus.

Die charmante Prof. Ariane Hollaender-Calix, Chefin einer der wichtigsten Künstleragenturen in Wien und Ex-Frau des früheren Direktors der Wiener Staatsoper, Ioan Holender, lächelt gerade gequält zur Sängerin, kann sich einen Blick des Mitleids nicht verkneifen. Doch wenn ihr etwas gefällt, wippen ganz leicht die Finger der rechten Hand. Professor Maurizio Ciampi vom Konservatorium Santa Cecilia in Rom, der das Internationale Festival von Pompeji leitete, als Gast an den Bolschois Moskau und Taschkent dirigiert, scheint fasziniert von der Stimme des Countertenors mit den langen, fast lockigen Haaren, der beim Wettbewerb vor zwei Jahren noch kurz geschoren war. Zeigt Professor Robert Holzer, der österreichische Bass und Institutsabteilungsleiter der Anton Bruckner Privatuniversität Linz für Gesang und Musiktheater, bei der 43. Sängerin etwa erste Erschöpfungsanzeichen? Nein, er lauscht verzückt, mit halb geschlossenen Augen! Nur mein Freund Kurt Rydl, der legendäre

Bass der Wiener Staatsoper, kann sich vor der Pause die bissige Bemerkung zu einem smarten Koreaner, der wohl vor Aufregung einige Töne versemmelte, nicht verkneifen: „Wenn die Butterfly das hört, bleibt ihr nur der Selbstmord!"

Die Juroren werden aus unterschiedlichen Ländern mit differenzierten Musiktraditionen sehr sorgfältig ausgesucht, verfügen alle über höchste fachliche und persönliche Kompetenz. Dazu zählt selbstverständlich die kritische Distanz zum eigenen Urteil. Vor allem aber die strikte Trennung zwischen dem Fachlichen und persönlichen Vorlieben sowie Fairness. Ich habe schon bei anderen Wettbewerben erlebt, wie versucht wurde, einem Co-Juroren – oft kämpfen da Diven und Professorinnen wie Löwinnen – die eigene Meinung aufzuzwingen. Es versteht sich von selbst, dass man sich bei eigenen Studenten der Stimme enthält.

Der Musikdirektor vom Bolschoi und Chefdirigent des Orchesters, Tugan Sochijew, hatte den Jury-Vorsitz inne. Larisa Gergijewa, Künstlerische Direktorin der Mariinski Akademie für Junge Sänger, Sophie de Lint, Operndirektorin in Zürich, Csaba Káel, Intendant des Palastes der Kunst Budapest, die Operndirektorin vom Moskauer Bolschoi, Makvala Kasraschwili, Ronald Adler, Berater des Intendanten der Dresdner Semperoper, die Künstlerische Betriebsdirektorin des Theaters Magdeburg, Uta-Christine Deppermann, Katrin König vom Salzburger Landestheater, Emmanuel Hondré, Direktor der Konzertabteilung der Philharmonie Paris: Wie jedes Jahr zählten auch in Moskau renommierte Künstler, Entscheider, Professoren und Dozenten – die Größen der internationalen Opernszene und des Musikbusiness – zur

Jury. Auch Juror Thomas Kerbl, Dekan und Vizerektor der Anton Bruckner Privatuniversität – mit diesem Pianisten, großen Klavierbegleiter und tollen Dirigenten haben wir viele Projekte im Brucknerhaus realisiert –, ist ein kongenialer Partner, um junge Künstler zu finden. Seit Anbeginn dabei: Robert Gilder vom Londoner „Robert Gilder international artist management" mit Büros auch in New York und auf dem Balkan sowie Kulturstaatssekretär a. D. Dr. Alard von Rohr, Besitzer der Berliner Agentur „A-Pro Just Classics". Der langjährige Operndirektor der Deutschen Oper, von Rohr, ist seit 1994 Künstlerischer Leiter der Operngala für die Aids-Stiftung in der Deutschen Oper Berlin sowie der Aids-Gala-Konzerte in Essen und Köln. Sobang Yoo aus Wien vertritt viele koreanische Sänger und öffnete für mich Türen in Asien. Weitere Agenten wie Rico Förster und russische Freunde wie Sergei Roldugin gehören auch dazu.

Es ist mittlerweile Donnerstag, dritter Arbeitstag der Jury, zweite Runde. In vier Stunden hören wir 45 Stimmen, von denen zwölf am Sonntag ins große Gala-Finale gelangen – das Interesse der Moskauer scheint enorm, die Neue Bühne vom Bolschoi ist fast ausverkauft. Wieder siegt, wer die meisten Punkte bekommt. Und das ist natürlich eine Frage der Ausdruckskraft und Unverwechselbarkeit der Stimme, der Technik, der Ausstrahlung, aber auch der Auswahl der Arien. Sie sagt viel über sängerische Intelligenz aus.

Unser Wettbewerb ist immer stark von den wunderbar ausgebildeten und über ein großes Stimmpotenzial verfügenden russischen Sängerinnen und Sängern dominiert. Sie stehen in Konkurrenz zu den Südkoreanern mit

255

ebenfalls fantastischer Qualifikation. Leider haben diese das Defizit, dass ihr Individuelles nicht genügend ausgeschmückt ist. Sie trauen sich manchmal nicht – das hängt sicher auch mit der asiatischen Höflichkeit zusammen –, die „Rampensau" zu sein. Wir haben starke Stimmen aus Mittel- und Südamerika. Auch die Amerikaner haben solide Kenntnisse, aber immer den Showgedanken im Hintergrund. So spürt man kaum ihre Seele. Deutsche und Mitteleuropäer spielen in der Opernwelt leider eine immer geringere Rolle. Vielleicht hängt dies auch damit zusammen, dass in den Familien zu Hause kaum noch gesungen wird.

Man muss bei jedem Wettbewerb auch noch eine andere Seite betrachten. Timbre, Aussehen, Kraft des Vortrages kann die Jury bewerten. Doch unerkannt bleibt, ob ein Künstler schnell lernt und diszipliniert ist. Es gibt Sängerinnen und Sänger mit großem stimmlichen Potential, denen es aber an Intelligenz und grundsätzlichen Einstellungen mangelt. Man kann niemanden in der Praxis gebrauchen, der unpünktlich ist, bei den Rollen schusselt, zwar engelsgleich singt, aber jede zweite Woche krank ist.

An diesem Abend, alle 45 hatten gesungen, wurde es prekär. Unter ihnen waren 13 wirklich überragende Interpreten. Dabei konnten nur 12 weiterkommen. Wir argumentierten, wir debattierten scharf und fanden den Kompromiss: Ausnahmsweise durften 13 ins Finale.

Dies erinnerte mich an den „Bülbül-Vokalistenwettbewerb" im November 2012 in der Freundesrepublik Aserbaidschan, wo ich als Juror geladen war. In Erinnerung an den berühmten aserbaidschanischen sowie sowjetischen Tenor und Volksmusikkünstler Murtusa Mammadow, den die Menschen nur „Bülbül (‚Nachtigall‘) von Aserbaidschan" nannten, wurde der Wettbewerb in Baku ins Leben gerufen. Die Jury bestand aus 50 Prozent Europäern und 50 Prozent russischsprachigen Experten. Der Wettbewerb lief über zehn Tage. Wegen der fantastischen Stimmen gab es am Ende eine Patt-Situation. Wir zogen auf mein Anraten hin weitere aserbaidschanische Fachleute zurate. So bekam der wirklich überragende heimische Sänger Yusif Eyvazof den Grand Prix. Das half auch dem „Bülbül"-Wettbewerb, dessen Finanzierung und Weiterleben auf der Kippe standen. Eineinhalb Jahre später, am 28. April 2014, gastierte das Moskauer Bolschoi mit der konzertanten Aufführung der „Zarenbraut" von Nikolai Rimski-Korsakow im Theater an der Wien. Gennady Roschdestwenski hatte die musikalische Leitung. Beim anschließenden Empfang mit dem Bolschoi-Generaldirektor Wladimir Urin und dem damaligen Botschafter Russlands in Österreich, Sergej Netschajew, tauchte plötzlich der in Wien lebende Yusif auf. Er drückte und er herzte mich, erklärte: „Ich bin so froh, Sie wiederzusehen. Ich werde Ihnen nie vergessen, was Sie für mich in Baku getan haben." Und dann fragte er: „Lieber Herr Frey, darf ich Ihnen meine Freundin vorstellen?" Ich sagte, dass dies wirklich nicht nötig sei, mir ein so tiefes Vordringen in sein Privatestes sogar unangenehm wäre. Trotzdem griff er hinter eine Säule, wo sein Mädchen steckte. Und plötzlich stand das junge Glück leibhaftig vor mir: Anna Netrebko! Sofort erinnerte ich mich an August 2006 in Dresden. Sie hatte mit Rolando Villazón und der Sächsischen Staatskapelle im Studio der Lukaskirche ein Doppelalbum aufgenommen, wollte in der Schließzeit die Bühne der Semperoper sehen, stand in meinem Büro. Selbstverständlich führte ich sie durchs Haus.

Das Finale Sonntagabend in Moskau war furios. Vor Beginn wurde das Grußwort des Präsidenten der Russischen Föderation, Wladimir Putin, verlesen. Begleitet vom Bolschoi-Orchester unter Fabio Mastrangelo aus Italien – seit 2013 Künstlerischer Leiter des St. Petersburger Staatstheaters „Music Hall" und zweier Orchester der Stadt – liefen die 13 Finalisten zur Hochform auf. Die Juroren saßen unter dem Publikum und meine beiden Wettbewerbs-Mitarbeiterinnen, Kathrin Garthaus und Tamara Kliwadenko, hatten in der Pause vor der Preisverleihung ihre Not, mit dem Vorsitzenden der Jury und mir die Ergebnisse zusammenzuführen, das Ranking zu erstellen und die Urkunden zu beschriften.

Siegerin wurde die russische Sopranistin Elena Besgodkowa mit der Arie „Suicidio!" aus „La Gioconda" von Amilcare Ponchielli. Sie bestach durch ihre Emotionalität in der großen, bereits dramatischen Stimme und im darstellerischen Ausdruck. Der zweite Preis ging an die russische lyrische Sopranistin Darja Terechova. Dritter Preisträger wurde der koreanische Tenor Hunjai Lee. Auf die Preisträger warten Opernverträge. Doch auch für viele andere ist der „Competizione dell' Opera" ein Karriere-Sprungbrett.

Auf Moskau folgte 2017 das neue Musiktheater in Linz, 2018 sind wir am Alexandrinski-Theater St. Petersburg, 2019 wieder am Musiktheater und der Bruckner Universität Linz.

Unser Einsatz für die jungen Künstler trägt seit über zwei Jahrzehnten reiche Früchte. Janina Baechle, Roman Burdenko, Mandy Fredrich, Igor Golowatenko, Yun-Jeon

Lee, Latonia Moore, Jaquelina Livieri, Ekaterina Morosowa, Olga Pudova, Donovan Singletary, Elena Stichina – ich kann sagen, dass ich in kein Opernhaus der Welt gehe, kaum eine Vorstellung sehe, wo nicht einer meiner Wettbewerbsteilnehmer auf der Bühne steht. Wenn pro Saison mindestens 400 bis 500 vorsingen, kommen wir auf weltweit 8000 bis 10 000 – das sind ganze Generationen des internationalen Sänger-Nachwuchses, die ich persönlich betreuen durfte.

Weshalb sind russische Künstler weltweit so erfolgreich?

Behörden der Russischen Föderation vertreten seit Langem die Auffassung, dass zu viele Daten dem Steuergeheimnis unterliegen. Deshalb werden seit geraumer Zeit immer mehr Informationen öffentlich zugänglich. Auch über vermögende Mitbürger weiß man Bescheid. Und so erlebte die Musikbranche 2014 ein kleines Erdbeben. Erstmals hatte laut „Forbes Russland" ein klassischer Musiker die Titanen der Unterhaltungsmusik des Landes überholt: mein Freund, der Dirigent und Intendant Waleri Gergijew. Sein Jahreseinkommen durch Konzerte im In- und Ausland, Festivals und private Auftritte lag vor den bestverdienenden Sängern, Songwritern und Musikproduzenten der Pop-, Rock- und Schlagerbranche Russlands wie Grigori Lepsweridse, bekannt als Grigori Leps, Stanislaw Michajlow, Kurzform Stas Michajlow, oder Filipp Kirkorow.

Ich kenne außer Waleri Gergijew weltweit keinen auf dem Dirigentenpodium, welcher derart belastungsfähig ist, durch beispiellosen Einsatz seiner Kräfte, ständige Präsenz seines Genies brilliert wie er. Jährlich gibt er über 300 Konzerte, beim „Moskauer Osterfestival" auch zwei oder drei am Tag. Sein Ziel ist es, jeden Tag Oper, Konzert oder Ballett zu dirigieren. Der Mann, mit dem ich viele Male unterwegs war und dessen Tatkraft ich zutiefst bewundere, gilt als die unerreichbare Nummer eins aller klassischen russischen Musiker. Ihm ist es wichtig, von allen anerkannt zu werden und seine Macht zu leben.

In der Nordossetischen Sozialistischen Sowjetrepublik, der heutigen Kaukasus-Republik Nordossetien-Alanien, geboren, feierte er 1978 mit Prokofjews „Krieg und Frieden" im Leningrader Kirow-Theater sein Debüt als Operndirigent. Zehn Jahre später, mit 35 Jahren, avancierte er zum Künstlerischen Leiter der weltberühmten Bühne, gewählt vom Ensemble – ein einmaliger Vorgang in der Geschichte des 1783 eröffneten Hauses, das seit 1992 wieder seinen vorrevolutionären Namen Mariinski-Theater trägt. Unter seiner Führung – seit 1996 ist er Intendant – wurde es zur exklusivsten künstlerischen Produktionsmaschine, die mittlerweile in drei St. Petersburger Spielstätten, dem alten Mariinski, dem Mariinski II und dem Konzertsaal sowie der nagelneuen „Filiale" im fernen Wladiwostok, läuft. In Wladikawkas im Kaukasus, wo Gergijew aufwuchs und erste Klavierstunden erhielt, untersteht ihm die Nationaloper. Außerdem ist er seit 2015 Chefdirigent der Münchner Philharmoniker.

Schaut man auf die großen Bühnen und Konzerthäuser Europas und darüber hinaus, sind an Dirigentenpulten, in Spitzenorchestern und unter Solisten unzählige Russen zu entdecken. Jeder kennt die Sopranistin Anna Netrebko. Elena Pankratowa wird am Royal Opera House zu London und der Mailänder Scala gefeiert, Olga Perepjatko ist u. a. an der Metropolitan Opera in New York City engagiert, Jewgeni Nesterenko ein unvergleichlicher Bass. Hunderte ihrer russischen Kolleginnen und Kollegen interpretieren abends weltweit die großen Partien. Dutzende Dirigenten wie Wladimir Aschkenasi, Semjon Bychkow, Familie Jurowski mit Vater Michail und seinen beiden Söhnen Wladimir und Dmitri, Dmitri Kitajenko, Kirill Petrenko – welcher bald die Chefposition der Berliner Philharmoniker übernimmt –, Wassili Petrenko, Gennadi Roschdestwenski oder Juri Temirkanow bestimmen das internationale Musikleben mit. Die Violinisten Lisa Batiaschwili, Ilya Gringolts, Patricia Kopatchinskaja, Vadim Repin, Maxim Wengerow oder die Cellistin Natalja Gutman gelten als absolute Stars ihres Faches. Genauso wie mein guter Bekannter, der Violaspieler Juri Baschmet, oder Jazz-Saxophonist Igor Butman. Allen in Erinnerung ist der unvergessene Cellist und Dirigent Mstislaw Rostropowitsch, welcher einer der prägendsten Künstler des 20. Jahrhunderts war. Andere bewähren sich als Solotänzer in Kompanien, spielen die erste Geige in Orchestern rund um den Globus. Unerschöpflich das Reich der Pianokünstler. Viele fragen, warum die Russen so erfolgreich sind. Man müsste darüber Doktorarbeiten schreiben. Ich kann hier nur einige Gedanken äußern und wiedergeben, was ich in den letzten Jahren hörte.

Sergei Roldugin, selbst Virtuose auf dem Cello und mit dem Taktstock, hält es ein wenig für ererbt: „Der Vielvölkerstaat Russland erlebt einen ständigen Mix interessanter Gene auch weit entfernter Linien." Andererseits trauert er Komponisten nach: „Viele Musiker drückten die Leiden der Gesellschaft virtuos in Musik aus. Wir finden heute keinen Schostakowitsch oder Prokofjew mehr, weil es uns Russen zu gut geht."

Das Geheimnis jedoch liegt für ihn in der Begabung, die sich erst durch eiserne Disziplin richtig entfaltet:

„Die jungen russischen Musiker nehmen ihren Beruf noch ganz ernst. Instrument, Partitur oder Stimme sind ihr Leben, dafür investieren sie einen Großteil der Zeit. Ich übte früher jeden Tag vier bis sechs Stunden. Heute beherrsche ich die Technik, genügen zwei bis drei. Im Westen findet man manchmal Studenten, die wollen Medizin studieren und nebenbei ein Instrument spielen. Das funktioniert als Berufsmusiker nie."

Meiner Meinung nach basiert der überragende Erfolg, der Russland zu einer der führenden Sängernationen werden ließ, auf der Balance zwischen großen voluminösen Stimmen, dem enormen Reservoire, aus dem man schöpfen kann, der hoch emotionalen russischen Seele, bester Ausbildung und brillanter Technik. Und der Fürsorge des russischen Staates, welcher bei seinen Bürgern seit Generationen die Liebe zur klassischen Musik weckt. Schätzt man in Deutschland, dass 12 bis 15 Prozent der Bevölkerung Interesse an Klassik haben, dürften es in der Russischen Föderation zwischen 25 und 30 Prozent sein.

Ein Beispiel ist meine Assistentin Tamara Kliwadenko. Die mehrfache Gewinnerin internationaler Gesangswettbewerbe – darunter eines Sonderpreises des „Competizione dell' Opera" –, die nach festen Engagements in Russland, Österreich und Deutschland mit ihrer Karriere als Mezzosopranistin pausiert, um mich zu unterstützen, ist in Toljatti geboren. 1000 Kilometer südöstlich von Moskau an einer Wolgaschleife gelegen, hieß die Stadt bis 1964 Stawropol-Wolschskij. Bekannt ist sie durch die Fabrik der Automarke „Lada". Natürlich verfügt die 720 000-Einwohner-Stadt über eine Philharmonie und eine Konzerthalle mit 1500 Plätzen. Wenn Tamara von ihrer Kindheit und Jugend erzählt, die durch den frühen Tod des Vaters – der Fernsehmonteur starb 35-jährig – keine leichte war, schwankt sie zwischen Schwärmerei und Wehmut: „Wir hatten etwa 15 Musikschulen in der Stadt, dazu noch zehn andere für künstlerische Fächer wie Malerei oder Ballett. Es gehörte zum Prestige einer jeden Familie, die Tochter auf eine Musikschule zu schicken. Der Staat bezahlte fast alles. Die Eltern hatten aber noch einen Obolus zu entrichten. Vater verdiente 100 Rubel im Monat und gab 25 davon für meine Musikschulausbildung aus – viel Geld und ein großes Opfer. Natürlich waren damals die Relationen ganz andere. Ein Rosinenbrötchen kostete neun Kopeken – heute 100 Rubel! Und es gab in der ganzen Sowjetunion einen einheitlichen Preis für das Brötchen und eine Einheits-Rezeptur."

Nach einem Vorbereitungsjahr besuchte sie sieben Jahre lang die Musikschule, dann noch vier Jahre das College. Weil ihrer Mutter, einer Buchhalterin, das Studium in der Hauptstadt Moskau zu gefährlich erschien, studierte sie fünf Jahre Gesang am Konservatorium Astrachan, hängte noch eine vierjährige Aspirantur dran. Für Tamara gab es nur die Musik: „Ich habe studiert, alle Zeit für die Vervollkommnung meiner Technik und des Repertoires verwandt, mich auf die Dissertation konzentriert. So gewann ich den Glinka-Wettbewerb, durfte zur großen Gala anlässlich des 80. Geburtstages von Irina Archipowa im Moskauer Bolschoi und beim Neujahrskonzert vor Wladimir Putin, Patriarch Alexy II. und 6000 Gästen im Kreml-Palast singen, wurde 2005 von der Regierung zu meinem ersten ausländischen Wettbewerb nach Wien delegiert."

264

Um dem Geheimnis der Ausbildung russischer Stimmen noch näher zu kommen, habe ich mir Rat bei meinem Freund Dmitri Wdowin geholt, der auch Juror beim „Competizione dell' Opera" ist. Der „Verdiente Künstler der Russischen Föderation" leitet seit 2009 am Moskauer Bolschoi das „Young Artist Programm", gibt Meisterkurse in der ganzen Welt und hat schon viele Talente an die wichtigsten Opernhäuser Europas und der USA gebracht. „Kultur und Musik haben in Russland einen sehr besonderen Platz", sagt Wdowin stolz: „Ich halte die musikalische Ausbildung für die beste auf der Welt. Das war bereits ein Verdienst des alten kommunistischen Systems. Vielleicht auch, weil man wusste, dass die russische Intelligenz immer ein bisschen skeptisch gegenüber allen Obrigkeiten war, hat man ein kolossales System zentraler Musikschulen, Spezialschulen für Wunderkinder und Ensembles aufgebaut – im Prinzip für die Kinder und Jugendlichen fast alles kostenlos. Diese Musikausbildung trägt bis heute Familiencharakter. Die Verhältnisse zwischen russischen Pädagogen und Schülern sind sehr herzlich, ja familiär. So etwas habe ich sonst nirgendwo erlebt. Deshalb arbeite ich auch am liebsten in meiner russischen Heimat."

Und auf noch etwas machte er mich aufmerksam: „Für den russischen Hochschullehrer ist der Unterricht nicht eine Sache des Geldes oder des Ruhmes, sondern ein Herzensbedürfnis. Er gibt ein Stück russische Seele weiter, vermittelt nicht nur theoretische und musikalische Kenntnisse, auch menschliche, charakterliche, prägt ganze Persönlichkeiten. So hat meine Klavierlehrerin, als ich sechs Jahre alt war, den göttlichen Funken in mir geweckt. Danach war mein Weg vorbestimmt."

In Michail Koklow darf man so einen musikalischen „Seelenbegleiter" kleiner Genies sehen. Der Vater von drei Töchtern ist seit 1989 Direktor, genauer gesagt Prinzipal, der berühmten „Gnessin Moskauer Spezialschule für Musik" mit eigenem Internat, die am 15. Februar 1895 den ersten Studenten aufnahm. In jenem Jahr hatte die Rabbiner-Tochter Jewgenija Gnessina mit ihren Schwestern Marija und Jelena die private Musikschule gegründet. 360 Schüler (6 bis 18 Jahre) werden hier heute von 250 Lehrern und Pädagogen betreut. Ihnen stehen nicht nur 96 hochwertige Steinways, sondern auch alle Arten nagelneuer Blas- und Saiteninstrumente sowie vier Camac-Harfen der französischen Traditions-Firma zur Verfügung. Daneben beherbergt die Schule eine exklusive Kollektion an Barockinstrumenten wie Cembali verschiedener Modelle, Hammerklavier und Clavichord aus dem 17. und 18. Jahrhundert. Zum beeindruckenden Gebäudeensemble nahe der Lenin-Bibliothek und nur 500 Meter vom Kreml entfernt gehört seit 1962 die prächtige Apraksin-Buturlin-Villa, welche zu Beginn des 18. Jahrhunderts entstand. Schon 1776 fanden hier Theateraufführungen statt, weshalb dieser Ort auch ein Stück Geschichte vom Bolschoi darstellt. Nach langer Rekonstruktion feierte 2015 das eher einem Palais als einer Villa ähnelnde Gebäude in der Pracht des 19. Jahrhunderts seine Wiederauferstehung.

Man glaubt Koklow, wenn er in aller Bescheidenheit von seiner Schule sagt: „Ohne unsere Absolventen wären heute die Konzertbühnen Europas verwaist, die führenden Professorenposten der Konservatorien von Paris bis Melbourne unbesetzt. Und manch ein deutsches Orchester müsste auf seinen Konzertmeister verzichten."

Man verweist darauf, dass neben unzähligen Musikern aus der „Gnessin-Schule" auch Komponisten, Musikpädagogen, ja sogar der ehemalige Kulturminister der Russischen Föderation, Alexander Sokolow, oder Metropolit Hilarion Alfejew hervorgingen.

Selbst das gehört dazu: Ihre Sänger und Klassik-Stars feiern die Russen bis in den Tod. Als Dmitri Hworostowski, der sympathische, lebensfrohe Bariton mit der Silbermähne – ich hatte Dima an der Semperoper kennengelernt und im Brucknerhaus zu Linz wiedergetroffen – am 22. November in seiner Wahlheimat London mit nur 55 Jahren einem Krebsleiden erlag, bereitete ihm Moskau fünf Tage später einen Abschied, der den Charakter eines Staatsbegräbnisses trug. Leider war ich verhindert, doch mein Freund Daniel Serafin hat mir von dem großen Abgang berichtet: „Der Fluss der Menschenmassen vor der Tschaikowski-Konzerthalle war unendlich lang. Alle wollten von Dima, der im verschlossenen, mit kleinen Kristallsteinen verzierten Nussholzsarg lag, Abschied nehmen. Jeder bekreuzigte sich vor dem Sarg, legte Blumen nieder. Hunderte Fans folgten später dem Leichenwagen, der die irdische Hülle des Entschlafenen ins Krematorium fuhr. Die Moskauer standen Spalier, warfen Rosen."

Mein wichtigstes russisches Kulturradio ist seit vielen Jahren „Radio Orpheus 99,2 FM". Die charmante Irina Gerasimova, Generaldirektorin und künstlerische Leiterin des staatlichen russischen Fernseh- und Radio-Musikzentrums Orpheus, zählt zu meinem Moskauer Freundeskreis. Gerade planen wir mit Sotschi interessante Projekte. Ihr unterstehen 450 Kulturschaffende, von denen die Radiomitarbeiter nur ein kleiner Teil sind.

Auch ein großes Sinfonieorchester mit 80 Musikern, ein Poporchester in gleicher Größe, der akademische Chor mit 80 Planstellen und der 1928 gegründete Volksmusik-Chor mit 70 Sängern und 30 Tänzern gehören dazu. Auftritte führen ihre Klangkörper durch ganz Europa, nach Asien und Südamerika. Selbst in Costa Rica gastierten sie schon mit russisch-orthodoxer Musik, begeisterten 5000 Zuschauer bei einem Open-Air-Konzert.

Kürzlich bedauerte Irina die Tendenz, dass sich die heimischen Medien häufig nur noch den populären Namen zuwenden und damit die Türen für junge Talente verschließen. „Den Journalisten fehlt es häufig sogar an klassischer Bildung. Dann gibt es natürlich nur eine oberflächliche Berichterstattung. Auch scheint die Musikkritik nicht mehr so interessant für das Publikum. Für uns ist es heute besser, eine PR-Agentur zu beauftragen, als den Redakteuren zu vertrauen."

Bedenkliche Tendenzen macht die große Bolschoi-Diva Makvala Kasraschwili mittlerweile auch beim Publikum aus: „Das russische Publikum forderte immer sehr viel von seinen Künstlern, hängt auch unheimlich an seinen Stars, kennt sich ausgezeichnet aus. Da gibt es in den letzten Jahren Veränderungen. Heute wird – was früher undenkbar war – schon mal an der falschen Stelle geklatscht."

Das Kulturministerium dreht an allen Rädern und nimmt viel Geld in die Hand, damit die Welt-Kulturnation Russland ihr hohes Niveau auch als Publikum beibehält. Im Projekt „Theater der kleinen Städte" (weniger als 300 000 Einwohner) – so erzählte es mir der Kulturminister der Russischen Föderation, Wladimir Medinski – flossen im Jahre 2017 insgesamt 670 Millionen Rubel an

149 Theater und 146 Kindertheater. Im föderalen Programm „Gastspiele innerhalb Russlands" – dabei reisen die wichtigsten Produktionen mit Originalausstattung an Kulissen und Kostümen samt den vaterländischen Stars zwischen Kaliningrad und Wladiwostok sowie Sewastopol und Petropawlowsk-Kamtschatski umher – nahmen 2017 exakt 237 Theater mit 1900 Aufführungen in 150 Städten teil. Russland erlebt gerade einen Theaterboom. Von 382 Theatern im Jahre 1990 ist die Zahl mittlerweile auf 651 angewachsen, die 21 föderalen Theater eingeschlossen. Sie hatten im letzten Jahr 38,2 Millionen Zuschauer.

Die 80 000 philharmonischen Konzerte in Russland wurden 2017 von 24 Millionen Musikliebhabern besucht. Moskaus Philharmonie konnte die Zahl der Abonnenten seit 2012 um 27 Prozent auf 103 000 erhöhen.

So werden innerhalb von drei Jahren auch 3,15 Milliarden Rubel eingesetzt, damit jede Stadt ein mit modernster Technik ausgestattetes Kino erhält. 2017 und 2018 möbelt man so 437 Kinos auf. Den Kassenschlager „Stalingrad", der 1,6 Milliarden Rubel Einnahmen verzeichnete, sahen 6 Millionen. „Die Wikinger" lockte immerhin 5,6 Millionen an, brachte 1,5 Milliarden Rubel in die Kasse.

In die 42 stationären Zirkusse, von denen 13 renoviert wurden, kamen 4,2 Millionen Zuschauer.

Irgendwo habe ich folgenden Satz von Präsident Wladimir Putin gelesen: „Der Sinn unserer Politik ist es, die Menschen im Land zu halten, das menschliche Kapital als größten Reichtum Russlands zu mehren."

Kultur und Wirtschaft – warum weitsichtige Firmen gern helfen

Stürmischer Applaus, Standing Ovations, Jubel von allen Sitzplätzen. Die Begeisterung des russischen Publikums für seine Künstler ist grenzenlos. Doch bei der Premiere der von mir im Januar 2018 an der berühmten Neuen Oper von Moskau inszenierten Oper „Lucia di Lammermoor" von Gaetano Donizetti gehörten große Teile des Beifalls gewiss auch den zauberhaften Kostümen und dem grandiosen Bühnenbild. Im Zentrum stand eine gigantische doppelflügelige Renaissance-Tür. Wenn etwas die Mystik dieser uralten Zeit heraufbeschwören konnte, war es diese einzigartige Pforte in eine versunkene Welt. Sie war etwa zehn Meter hoch und die Kunst der Kulissenbauer hatte ihr über die ganze Länge die Illusion feinster Schnitzereien verliehen. So plastisch, so meisterhaft, dass sich jeder in das schottische Schloss nahe dem Dorf Lammermoor am Ende des 16. Jahrhunderts versetzt fühlte. Diese Tür verdankten wir der Großzügigkeit einer weltweit agierenden Firma mit Sitz in Moskau und ganz indirekt meinem verstorbenen Freund Oleg Siborow.

Sein letzter Tischtennispartner Maxim Shmyrev machte mich eines Tages mit einem vom gleichen Sport infizierten jungen Mann bekannt, dessen Rating in der Turniertabelle des russischen Tischtennisforums von großem Ehrgeiz zeugt: Sayan Dondokov. Mir wuchs dieser umtriebige und gut vernetzte Zeitgenosse mit bemerkenswerten Kontakten, der als Senior Manager für die Beraterfirma Deloitte arbeitet und viele meiner Projekte unterstützte, ans Herz.

Durch ihn wurde mir auch ein Unterschied zwischen Deutschland und Russland deutlich. Russen legen großen Wert auf Marken. In Deutschland z. B. würde ein Mitarbeiter eher sein Auto zwei Klassen unter jener des Chefs wählen. In Russland kauft der Angestellte jedoch gern ein größeres Auto als der Boss. Um zu zeigen, dass man auch Chef sein könnte!

Natürlich kam Sayan zum SemperOpernball nach Dresden, wo er mir unter den Mitgliedern einer Delegation aus Stadtregierung, Kunst und Wirtschaft Moskaus eine Persönlichkeit, seinen eigenen Chef, vorstellte: Thomas Dix.

Bei dem 1,82-Meter-Businessman mit den grünblauen Augen faszinierte mich das wohlakzentuierte Deutsch, das er genauso gut wie Russisch artikulierte. Schnell stellte sich heraus – es ist seine Muttersprache. Thomas, ein entfernter Verwandter des bedeutenden deutschen Malers und Grafikers Otto Dix, ist gebürtiger Zwickauer und damit ein echter Sachse. Und verfügt seit 1995 über hochinteressante Russland-Erfahrungen.

Mit dem DDR-Zusammenbruch 1989 ergriff er die Möglichkeit, sein Wirtschaftsstudium sowohl in Berlin als auch an der Ruskin Universität im englischen Cambridge abzuschließen, um anschließend bei einer großen internationalen Unternehmensberatung tätig zu werden. Plötzlich zahlten sich seine zehn Jahre Russisch-Unterricht – in der DDR war das Fach Russisch Pflicht bis zum Abitur – aus.

Thomas Dix: „Wir hatten ein Russland-Projekt in der Öl-Stadt Kogalym in Westsibirien, und dank meiner Sprachkenntnisse war ich mit im Boot. Während des Hinfluges machten wir am Valentinstag 1995 Zwischenstation in Moskau. Das war ein Erlebnis, aber auch ein Schock. Der klapprige Minibus zum Flughafen blieb an der kleinsten Steigung fast stehen. Im Flughafen Domodedowo selber fehlten teilweise die Fensterscheiben, es war ungemütlich zugig und kalt. Nur im speziell für Ausländer abgegrenzten Wartebereich war es sauber und geheizt. Eigentlich sollten wir am Morgen abfliegen, aber unser Flug nach Sibirien wurde ohne Angabe von Gründen im Zweistundentakt verschoben. Als es selbst am späten Abend nicht zum Start kam, wollten wir zurück in die Stadt. Zwar gab es keine Staus, aber auch keine offiziellen Taxen am Flughafen. Der letzte Bus war schon Stunden vorher abgefahren. Für den Transfer zum Hotel im Schwarztaxi zahlten wir 150 Dollar. Es war die wilde Zeit des neuen Russland. Heute schämen sich die Russen für das damalige Chaos, diese überall sichtbare Schlamperei. Mit letztlich eineinhalb Tagen Verspätung landeten wir schließlich mit einer alten Tupolew Tu-134 in Sibirien, wo wir auf dem eisigen Flugfeld in einer unbeheizten Halle auf das Gepäck warteten. Es war das erste und letzte Mal, dass ich in den 1990erJahren auf innerrussischen Flügen Anzug trug."

Seine Aufgabe: Prüfung der Bilanzen eines russischen Öl-Unternehmens, das auf den internationalen Kapitalmarkt strebte.

„Dies war in fünf Monaten unmöglich zu schaffen. Wir brauchten letztlich fünf Jahre, um die Buchhaltung auf internationale Standards zu bringen und Leute zu schulen.

Jury beim „Competizione dell' Opera" 2016 in Moskau S. 250–259

Mit Kurt Rydl und Tugan Sochijew S. 250–259

Preisübergabe an Hyunjai Lee im Bolschoi-Theater S. 250–259

Gruppenbild mit Preisträgern des „Competizione dell' Opera" 2016 S. 250–259

Mit meinen Mitarbeiterinnen Tamara Kliwadenko und Kathrin Garthaus nachts auf dem Roten Platz S. 250–259

Plauderei mit Bakhtijar Jakubow, Rektor des Staatlichen Konservatoriums von Usbekistan, an der Donau S. 250–259

*Von diesen schweren Mänteln
mit Goldstickerei verehrte man
mir in Taschkent zwei Stück.
S. 250–259*

*Waleri Gergijew bespricht mit
mir in St. Florian neueste Pläne. S. 260–269*

Das einzigartige Mariinski-Theater St. Petersburg S. 260–269

Chefdirigent Waleri Gergijew am Pult der Wiener Philharmoniker
S. 260–269

277

*„Gnessin Moskauer Spezialschule für Musik" – eine musikalische
Talent-Schmiede* S. 260–269

*Prinzipal Michail Koklow ist der musikalische „Seelenbegleiter"
kleiner Genies.* S. 260–269

Irina Gerasimova (2. von rechts), Generaldirektorin des staatlichen russischen Fernseh- und Radio-Musikzentrums Orpheus, und Mitarbeiter zu Besuch in meinem Büro in Sotschi S. 260–269

„Deloitte"-Manager Ian Colebourne (links) und Thomas Dix bei der Premierenfeier von „Lucia de Lammermoor" S. 270–297

In Russland umgeben mich reizende Damen wie Natalia Poppel (3. von links) und ihre Freundinnen. S. 270–297

Einer der Säle im Puschkin-Museum S. 298–307

Puschkin-Museums-Präsidentin Irina Antonowa S. 298–307

Staatskarossen-Sammlung in der Rüstkammer vom Moskauer Kreml S. 298–307

*Das Moskauer Rachmaninow-Trio mit seinem Chef Wiktor Jam-
polski in der Mitte* S. 298–307

*Der Smolny ist ein imposantes Gebäude mit großer Geschichte in
St. Petersburg.* S. 308–324

Ewgeni Grigorjew ist seit 2014 Leiter des Ausschusses für Außenbeziehungen von St. Petersburg. S. 308–324

Professor Juri A. Petrow ist Direktor des Instituts für Russische Geschichte der Russischen Akademie der Wissenschaften. S. 308–324

Mit Vater Silvester, einflussreicher Geistlicher der Russisch-Orthodoxen Kirche S. 325–331

Vater Silvester ist auch bei meinen Moskauer Abendgesellschaften ein gern gesehener Gast, hier u. a. (von links) mit Maxim Schmyrew, Michael Kislerow, Natalia Poppel, Viktor Wolski und Sajan Dondokov. S. 325–331

Seit 2018 ist die Stiftung „Sirius – Talent und Erfolg" in Sotschi meine neue Wirkungsstätte. S. 332–339

Hotelkomplex der Stiftung S. 332–339

*Mit der Stiftungs-
Vorsitzenden,
Elena Schmele-
wa, und dem Mi-
nisterpräsidenten
der Russischen
Föderation, Dmi-
tri Medwedew*
S. 332–339

285

Vor dem weltberühmten Olympiastadion von Sotschi S. 332–339

Modell der neuen Konzerthalle von Sotschi S. 332–339

Entwurfsmodell
des Konzertsaales
S. 332–339

Der zu Sotschi gehörende malerische Gebirgsort Krasnaja Poljana
S. 332–339

Sotschi-Flug im Privatjet mit den Mitarbeiterinnen Andrea Mylo und Kathrin Garthaus S. 332–339

Zusammentreffen mit dem Präsidenten des Weltfußballverbandes FIFA, Gianni Infantino, in Sotschi S. 332–339

Von handschriftlich geführten Kontenbüchern, in denen ganze Seiten fehlten, stellten wir auf modernste Datenverarbeitung um", berichtet Thomas. Und fasst seine Begeisterung in Worte: „In kürzester Zeit hatte sich bis 1999 vieles extrem verbessert und ich mich am Ende praktisch selbst wegrationalisiert."

Nach fünf aufregenden Jahren kehrte er innerhalb der Firma nach Deutschland zurück und konzentrierte sich auf die Beratung bei Unternehmenskäufen, vorzugsweise in Westeuropa. Als für ein geplantes deutsch-russisches Joint Venture ein Experte gesucht wurde, der sowohl Russland als auch Deutschland kennt, dazu noch verhandlungssicher russisch spricht, war er 2001 wieder an der Moskwa.

Zurück in Moskau wurde er Zeuge der Zeit von Ordnung, Prosperität und Wohlstand, die mit Wladimir Putin begann. Auch auf dem Gebiet der Unternehmenstransaktionen begann es zunehmend interessanter zu werden. Immer mehr russische Unternehmen schauten sich weltweit nach Kaufobjekten um. So kam er auf fast alle Kontinente, baute ein rasant wachsendes Geschäft auf und wurde zum Partner in seiner Firma bestellt.

Nach 20 Jahren bei derselben Firma verließ er diese und Russland 2013. Doch sein 17 Jahre lang aufgebautes Netzwerk blieb. Freelancer-Aufträge übernehmend, lernte er Sprachen und sogar das Segeln – und traf sich regelmäßig mit Freunden, alten Kollegen und ehemaligen Geschäftspartnern in Moskau. Hier sprach ihn Ian Colebourne an, mit dem er lange Jahre vertrauensvoll zusammengearbeitet hatte. Der Chief Executive Officer von Deloitte in der GUS war auf der Suche nach Verstärkung für seine Führungsmannschaft.

Dazu muss man wissen, dass Deloitte mit Mitglieds-gesellschaften in mehr als 150 Ländern und über 263 000 Mitarbeitern eines der größten Beratungsunternehmen weltweit ist. In Russland ist Deloitte an bisher sechs Standorten von St. Petersburg über Moskau bis ins ferne Nowosibirsk vertretcn und erbringt vielfältige Dienstleistungen im Bereich der Steuer- und Rechtsberatung sowie der Wirtschaftsprüfung. Kunden aus allen Wirtschaftszweigen schätzen die herausragende Kompetenz der Deloitte-Spezialisten bei der Lösung ihrer komplexen unternehmerischen Herausforderungen.

Wenn ich Thomas treffe, der nun seit 2017 Chief Operating Officer bei Deloitte in der GUS in Moskau ist und sich sehr wohlfühlt, schwärmt er von der interessanten Aufgabe und den russischen Mitarbeitern: „Das sind hochintelligente, topmotivierte Leute mit einer super Ausbildung und einem starken Willen zum Erfolg. Es sind Menschen, die mich bereichcrn, von denen ich immer wieder etwas lernen kann. Hat man ein gutes Verhältnis zu ihnen aufgebaut, sind sie offen, auch über Persönliches zu sprechen. Mich beeindrucken immer wieder die Initiative und Einsatzbereitschaft für unsere Kunden, aber auch das selbstverständliche soziale Engagement meiner Kollegen."

Mehrfach hörte ich einen Satz aus seinem Mund: „Making an impact that matters" – „Etwas Wichtiges bewirken". Dieses Leitbild seiner Firma könnte auch meins als internationaler Kulturmanager und Regisseur sein. Und umso mehr freute es mich, als Deloitte der Neuen Oper anbot, meine „Lucia di Lammermoor"-Inszenierung im Rahmen eines Kultursponsorings zu unterstützen.

Weltweit kommen Bibliotheken, Galerien, Museen, Festivals, Theater, Orchester, Ballett-Companien und natürlich Opernhäuser ohne diese Hilfe von Unternehmen nicht aus. Auf der anderen Seite scheint auch die kommunikative Kraft der Kultur, beispielsweise im Vergleich zu klassischer Werbung, ungemein stark. Bedingung ist jedoch – das schätze ich bei Deloitte besonders – dass das Sponsoring-Konzept zum Selbstverständnis des Unternehmens passt und fest in seine Unternehmenskultur integriert ist. Dann wird es am besten wahrgenommen und akzeptiert, stärkt das Firmenimage, fördert die Kundenbindung und dient der Mitarbeitermotivation.

Aus der Dresdner Semperoper weiß ich, dass die hohe Qualität vieler Neuinszenierungen von Oper und Ballett ohne helfende Firmen kaum möglich wäre. Wie freuen sich der neue Intendant Peter Theiler und sein Kaufmännischer Geschäftsführer Wolfgang Rothe, dass die Stiftung Semperoper – über 50 Privatpersonen und Unternehmen setzen sich als Mitglieder im Stiftungskuratorium mit ideellem Engagement und finanzieller Unterstützung für die Stärkung dieses Juwels der Musikstadt Dresden ein – in den vergangenen 25 Jahren dem Haus mit über 14 Millionen Euro unter die Arme griff.

Bei meiner Zusammenarbeit mit dem Bolschoi-Theater lernte ich, dass es auch großzügige Philanthropen in Russland gibt. Ein Vielfaches der Stiftung Semperoper investiert der Unternehmer Alexei Mordaschow – er zählt laut Forbes-Liste zu den 60 reichsten Menschen der Erde – jedes Jahr in Kulturprojekte! Man könnte sagen, dieser Milliardär kann es sich eben leisten. Schließlich gehört ihm mit Severstal das größte russische Stahlunternehmen, für das 50 000 Menschen arbeiten. Daneben das Goldbergbauunternehmen Nordgold mit neun Bergwerken in Russland, Burkina Faso, Guinea und Kasachstan. Auch am weltweit führenden Touristikkonzern TUI ist er mit 23 Prozent beteiligt.

Ich wurde auf den ausgezeichnet deutsch sprechenden Unternehmer, den Vater von sechs Kindern – er scheint das Musterbeispiel des Geschäftsmannes, weder in russischen noch internationalen Medien las ich je Negatives über ihn – aufmerksam, weil er als führender Vertreter der russischen Wirtschaft dem 2002 gegründeten Kuratorium des Bolschoi in Moskau angehört. Um dieses weltberühmte Opernhaus mit seinem einzigartigen Ballett drängen sich neben nationalen natürlich auch die internationalen Sponsoren: Credit Suisse und die Uhrenmanufakturgruppe Audemars Piguet aus der Schweiz, Nestlé aus dem Alpenland ist offizieller Sponsor des Bolschoi Balletts und tritt extra noch mit seiner Marke Nespresso in Erscheinung. Daneben die Absolute Investment Group aus Georgia/USA, der französische Kosmetikkonzern Guerlain, Samsung aus Südkorea, auch DHL, der Ableger des Konzerns Deutsche Post, sind vertreten – um nur einige zu nennen.

Als Repräsentantin von Mordaschows Konzern Severstal lernte ich im Exekutivkomitee des Bolschoi-Kuratoriums eine charmante Dame der Hochkultur kennen: Natalia Poppel! Als Leiterin der CSR- und Marken-Abteilung – CSR steht für Corporate Social Responsibility, zu Deutsch Unternehmerische Gesellschaftsverantwortung – ist sie das soziale Gewissen des Unternehmens, das sich verantwortliches unternehmerisches Handeln auf die Fahnen geschrieben hat. Gern höre ich ihr zu, wenn sie über das Engagement von Severstal und ihren Chef Mordaschow berichtet: Kultur sei sein Lebensinhalt und er persönlich zähle zu den größten Spendern in Russland, habe 2016 von Wladimir Putin den Preis für „wohltätiges Handeln" erhalten. Allein Severstal sponsert Dutzende Museen aus zwölf nördlichen Regionen Russlands, unterstützt 22 Universitäten, ganz viele Theater und Festivals wie das Theaterfestival „Goldene Maske", die Oscarverleihung des russischen Theaters. Wir lagen sofort auf einer Wellenlänge und ich schätze seit Jahren ihren klaren Blick, ihren Rat, ihre Verbindungen. Durch ihre Vermittlung erhielt ich in Linz auch Russischunterricht. Bei Natalia Poppel lernte ich die russische Großzügigkeit kennen. Ist man befreundet und hat ein Herz erreicht, dann stellt der Freund einem auch all seine Freunde vor. So lernte ich die Chefin des russischen Kulturradios, eine wichtige Mitarbeiterin des Ministerpräsidenten der Russischen Föderation oder die Enkelin eines legendären Marschalls aus dem Großen Vaterländischen Krieg kennen.

„Deutsche und Russen haben so viel Kraft in diplomatische, ökonomische und politische Beziehungen investiert, haben ein so gutes Fundament, das man nicht leichtfertig zerstören darf. Es ist unser Schicksal, Nachbarn zu sein, historisch und geografisch. Diese Brücken darf man selbst in kompliziertesten Zeiten nicht abbrechen lassen, muss ihre Balance bewahren. Mithilfe der großen Werte, die jede Nation hat, die immer durch die Kultur ausgedrückt werden ...", unterbreitete sie mir gleich beim ersten Treffen ihre Vision.

Natalia hat dabei ein vieldeutiges Motto: „Wichtig bei der karitativen Unterstützung ist, nicht Fisch zu verteilen, sondern die Angeln." Und so machen sie und ihre Mitarbeiter sich beispielsweise auch Gedanken um das Theatermanagement, wie die russische klassische Kultur mithilfe moderner Technologien, ja sogar mit der sogenannten kulturellen und kreativen Industrie in das 21. Jahrhundert transformiert werden können. Genauso machen sie und ihr Team sich mitunter Sorgen um die Ausdruckskraft der Künste. Deren Einfluss auf die Seele und Entwicklung der Menschen scheinen in Zeiten des Internets mit unendlichen Facetten der Ablenkung und Vereinsamung des Einzelnen zu schwinden.

Die Flugzeug- und Raketentechnik-Ingenieurin sowie Mutter von zwei erwachsenen Kindern – Mitte der 1990er-Jahre studierte sie nochmals in England, arbeitete danach für verschiedene Organisationen und Museen – analysiert nicht nur mit kühlem Kopf und sprüht vor Ideen. In der Geschichte der Familien Natalias und ihres Mannes gibt es eine Reihe interessanter Persönlichkeiten. Unter den Vorfahren waren Fabrikanten und Priester aus dem vorrevolutionären Sibirien sowie Offiziere und Minister des Landes der Sowjets. Symbolisch, dass der sagenhafte Mann, der als erster europäischer Botschafter und Gründer der modernen Diplomatie gilt, im späten Mittelalter die Kontakte zwischen dem Imperium des Zaren und dem Heiligen Römischen Reich unterhielt, Nikolaus Poppel, denselben Familiennamen trug. Im Auftrag von Friedrich III. reiste der gebürtige Breslauer zwischen 1486 und 1490 mehrfach an den Hof von Zar Iwan III., dem Großen, nach Moskau. Hier versuchte Poppel zwischen dem russischen Herrscher mit der längsten Regierungsdauer und dem Kaiser des Heiligen Römischen Reiches u. a. in Fragen des Abschlusses von

Militärbündnissen, bei morganatischen Ehen, religiösen Fragen und dem Eintritt Russlands in das Heilige Römische Reich zu vermitteln.

Von Natalia habe ich gelernt, wie wichtig der Kontakt der Kultur mit der Wirtschaft in Russland ist, wie viel Gutes dabei entstehen kann, wenn die Partner verständnisvolles Interesse für die Belange der anderen Seite aufbringen, und wie klein die Welt doch ist. Vor einem Jahr traf ich in Sotschi einen guten Bekannten von Gerhard Schröder: Heino Wiese. Der Honorarkonsul der Russischen Föderation in Hannover besitzt in Berlin die Firma „Wiese Consult". Bei der Begegnung stellten wir fest, dass mein Vater seine Ehefrau konfirmierte und ihr Bruder mit meiner Schwester in eine Klasse ging. Wiese berichtete mir dabei, dass er Mordaschow mit dem Konzern TUI zusammengebracht hat. Und mir half er, den damaligen deutschen Außenminister Siegmar Gabriel als Preisträger zum 13. SemperOpernball einzuladen. Um länderübergreifend Brücken zwischen den Künsten und Nationen zu bauen, Entwicklungsprojekte im Kulturbereich zu fördern und Generationen zusammenzubringen, habe ich gerade eine Stiftung gegründet. Diese Stiftung nach russischem Recht mit Sitz in Moskau heißt „Kunst-Brücke". Ich will mit ihr der Kultur eine Rolle geben, die viel mehr ist als das Anhören von Musik, die Diskussion über Literatur oder das Betrachten von Gemälden. In Zeiten des Misstrauens, von Verleumdungen und Repressalien möchten wir Vorurteile abbauen, Länder und Kulturen vereinen, Freundschaft und gegenseitigen Respekt vertiefen, um wieder einer hellen Zukunft entgegenblicken zu dürfen.

Als Geschäftsführer empfahl sich mit Lev Poljakov ein Freund, der sich in den Befindlichkeiten und Strukturen Russlands exzellent auskennt und sowohl auf dem Gebiet der Künste als auch der Wirtschaft zu Hause ist. In der Weltraum- und Raketenstadt Kapustin Jar (seit 1993 Snamensk) wurde er als Sohn eines Militärs geboren, der 1957 am Start von Sputnik 1 beteiligt war, dem auf einer Interkontinentalrakete in die Erdumlaufbahn beförderten ersten künstlichen Erdtrabanten. Lev studierte Archäologie und Geschichte in Moskau, wurde nach Arbeit am Puschkin-Museum und als Hochschuldozent 1989 Vizedirektor der ethnografischen und archäologischen Expedition Khoresm in Mittelasien. Faszinierend, wenn er von diesem untergegangenen Volk erzählt: „Die Khoresm-Zivilisation entstand in der Mitte des 2. Jahrtausends vor Christus im Unterlauf des Amudarya, an der Kyzylkum-Wüste. Zu dieser Kultur gehörten etwa 1000 Festungen. Da sie abseits von Straßen, inmitten von unwegsamen Dünen und Salzwiesen oder im Bett ausgetrockneter Flüsse liegen, weiß die Wissenschaft bis heute sehr wenig. Wir forschten bis 1991. Mit dem Untergang der Sowjetunion und der Ausrufung des Staates Turkmenistan galten wir plötzlich als unerwünschte Personen, mussten unsere Ausgrabungsstätte und das Land verlassen."

Später wurde Lev Gründer und Entwicklungsleiter beim Radio „Russland-Nostalgie", Leiter des Zentrums für politische Reklame „Niccolo Machiavelli media" und Generaldirektor des PR-Zentrums „Nord-West". Dem schloss sich 2003 bis 2007 die Funktion des Präsidenten der Moskauer Diamanten-Börse an. In den letzten Jahren vor unserem glücklichen Treffen leitete er verschiedene Unternehmen als Top-Manager.

Meine Hoffnung für die Stiftung „Kunst-Brücke" ist, dass sich bald viele Persönlichkeiten aus Russland, Deutschland und Österreich für deren Ziele engagieren.

Begegnungen, Kreml-Schätze und der erste Mann im All

Ende Juni 2017. Nach dem kalten und verregneten Moskauer Frühjahr – sogar am 9. Mai, dem „Tag des Sieges" mit der großen Militärparade, herrschte teilweise schlechtes Wetter – strahlte endlich die Sonne. Der fast wolkenlose Himmel zeigte sein dünnes, helles Blau und die Natur jenes matte, moosige Grün, das ich beispielsweise auf den Gemälden Isaak Lewitans oder Ilja Repins in der Tretjakow-Galerie so bewundere.

Ich begann meinen Spaziergang am Roten Platz, dessen Name nichts mit dem heutigen Anstrich der Kreml-Mauern und -türme, die früher weiß waren, oder dem Kommunismus zu tun hat. Sein russischer Name ist „Krasnaja Ploschtschad". Der leitet sich vom Adjektiv „krasny" („schön") ab, welches allerdings den Bedeutungswandel von schön zu rot erlebte. An der Basilius-Kathedrale mit ihren bunten, verspielten Zwiebeltürmen vorbei lief ich über die Große Moskwa-Brücke. An einer Stelle erinnern Blumen an den Politiker Boris Nemzow. Inzwischen verurteilte Auftragsmörder aus Tschetschenien und Inguschetien hatten ihn hier am 27. Februar 2015 erschossen. Rechts abbiegend, ging ich am Kanal entlang, der sich nach einem reichlichen Kilometer wieder mit der Moskwa vereinigt. Wer links abbiegt, gelangt zur 1893 eröffneten Tretjakow-Galerie.

Weiter am rechten Moskwa-Ufer spazierend, erreichte ich ein Parkareal. Dieses beherbergt die 1986 eingerichtete Zweigstelle für moderne Kunst. Gegenüber dem Neubau, auf der anderen Seite der breiten Straße „Krimski Wal", ein gewaltiges Säulen-Portal – der Eingang zum Gorki-Park! Amtlich heißt die nach dem Schriftsteller Maxim Gorki benannte Oase „Zentraler Maxim-Gorki-Park für Kultur und Erholung". Im 1927 eröffneten und 1,2 Quadratkilometer großen Park mit kleinen Seen, Veranstaltungsgelände, Spiel- und Sportplätzen trifft man unzählige Moskauer. Ich hatte mir vorgenommen, die „Kunstgarage", eine Galerie modernster russischer Werke, zu besuchen. Nahe dem Parkeingang fragte ich in holprigem Russisch einen jungen schlanken Mann, der sich gerade die Schnürsenkel zuband, nach dem Weg. Und war perplex, als er in lupenreinem Deutsch, welches nach der Sprachmelodie sogar eine leicht sächsische Färbung aufwies, antwortete. Wir kamen ins Gespräch: Jan Schaldach, aus der Nähe von Meißen stammend, ist Masterstudent des binationalen Studienganges „Russlandstudien – Literatur, Geschichte und deutsch-russischer Kulturkontakt" an der Albert-Ludwig-Universität Freiburg im Breisgau. Dabei erwirbt er Abschlüsse seiner deutschen und einer russischen Universität. Der Stipendiat des Deutschen Akademischen Austauschdienstes (DAAD) schwärmte von den hochkompetenten Professoren der Russischen Staatlichen Geisteswissenschaftlichen Universität Moskau, dem Studentenwohnheim direkt auf dem Campus, der russischen Gastfreundschaft und Hilfsbereitschaft, dem „Orchideenfach" russische Folkloristik – bei diesem gehen Studenten in Dörfer, sammeln Legenden und Dialekte. Alle russischen Kommilitonen studieren sehr bewusst, viele arbeiten nebenbei. Für jeden Studiengang gibt es Aufnahmetests. Es sei anders als in Deutschland, wo Studenten oft das Fach wechseln, mitunter Partys mehr Aufmerksamkeit als dem Studium widmen würden. Obgleich das russische System etwas an eine Schule erinnere, Vorlesungen und Seminare von Montag 10 Uhr bis Freitag 18 Uhr und samstags von 10 Uhr bis 14 Uhr vorsieht – Selbststudium nimmt hier eher nur ein Viertel der Studienzeit ein. Ganz im Gegensatz zu Deutschland, wo auch wegen teilweise hoffnungslos überfüllter Hörsäle die Studenten zwei Drittel Selbststudium in der Bibliothek betreiben müssen. Schaldach: „Das neue Selbstbewusstsein hat mir imponiert, auch die Alternative zum amerikanischen Lebensentwurf. In seiner Vielfalt ist es das interessanteste Land, welches ich kenne."

Besonders angenehm sei die Uni für ihn als angehenden Literaturwissenschaftler. Hier könne er in Ruhe die Werke größter Experten seiner Disziplin in Russland wie Michael Bachtin oder Alexander Wesselowski studieren, deren Arbeiten weltweit die Theorien beeinflussen. Ich müsse mir unbedingt den „Druckhof" an der Nikolskaja-Straße 15 hinterm berühmten Kaufhaus GUM anschauen, meinte er. Dort habe 1564 Iwan Fjodorow mit dem „Moskauer Apostolar" das erste Buch mit beweglichen Lettern im Lande gedruckt. Er stehe in der Tradition des Deutschen Johannes Gensfleisch, genannt Gutenberg. Am meisten zeigte er sich von einer am Thomas-Mann-Lehrstuhl organisierten Konferenz zum Thema „Literatur und auswärtige Kulturpolitik" beeindruckt, die sich mit der Bedeutung der Kultur für die auswärtigen Beziehungen beschäftigte: „Da war der Beauftragte von Präsident Wladimir Putin, Michail Schwydkoi, dabei. Seine Kompetenz, seine klaren Worte, seine Ehrlichkeit, sein Wissen um alle Winkelzüge der internationalen Politik haben mich elektrisiert." Einer von Schwydkois Sätzen prägte sich dem Studenten fest ein: „Die Kulturpolitik ist in Zeiten politischer Zerwürfnisse der letzte seidene Faden, der die Staaten verbinden kann."

Nebenbei erfuhr ich, dass er hier die Eingebung hatte, eine digitale Lyrik zu erfinden. Eine Lyrikform, die sich nur mit digitalen Mitteln darstellen lässt. Sinntragende Elemente entstünden nur mit Mitteln des Computers wie sich selbst aufbauende und wachsende Zeilen sowie verschiedene Stadien von Versen. Er arbeite gerade an einem großen Poem über das Metropolen-Leben in Moskau mit dem Metrolabyrinth und gigantischen Museen.

Monate genügen sicher nicht, alle Schätze Moskaus zu erkunden. Wenn es für die Parks, die schon fast Wäldern ähneln, zu kalt ist, zieht es mich oft ins Puschkin-Museum. Mit über 700 000 Exponaten – wenn man jede Münze zählt – die zweitgrößte museale Sammlung Russlands nach der St. Petersburger Eremitage. Ihr Ursprung war das Depot der Moskauer Universität aus dem 19. Jahrhundert. Iwan Zwetajew, Vater der Dichterin Marina Zwetajewa, hatte die Idee, Gipskopien aller berühmten Statuen der Antike auszustellen, dazu ägyptische Mumien und sumerische Reliefs. Als die Sammlung nach 1917 verstaatlicht wurde, kamen zahlreiche private Gemäldekollektionen hinzu. Auch die als „Beutekunst" oder Schadenersatz – je nach Betrachtungsweise – nach dem Zweiten Weltkrieg aus Deutschland mitgenommenen Kunstwerke wie das Troja-Gold Heinrich

Schliemanns oder Sammlungsbestände der Bremer Kunsthalle sind hier präsentiert.

Im Puschkin-Museum begegnete ich mehrfach einer alten Dame im noblen Kostüm. Nichts dabei denkend, hielt ich sie für eine besonders kunstbegeisterte Frau, vielleicht eine Professorin, die auch nach der Pensionierung ihr Steckenpferd reitet. Doch bei einem Empfang fiel es mir wie Schuppen von den Augen. Sie war die lebende Legende der Museen Russlands, Irina Antonowa. Wochen später saß ich der hochdekorierten Lady, die von 1961 bis 2013 Direktorin des Puschkin-Museums war und heute in ihrem holzgetäfelten Dienstzimmer unter einem riesigen Gobelin als Präsidentin des Museums residiert, gegenüber.

„Ich bin 1945 als Kunsthistorikerin an das Museum gekommen", lächelt sie. „Genauer gesagt im April 1945, also noch vor Ende des Krieges. Unsere Schätze waren nach Nowosibirsk evakuiert." Als ich ihr von Dresden erzähle, leuchten Antonowas Augen, sprudeln nur so die Gedanken, die Worte: „Es muss drei Monate nach Kriegsende gewesen sein. Da kamen die ersten Bilder aus Dresden an – für mich das zweite Universitätsstudium. Im Studium hatten wir keine echten Bilder, studierten nur anhand von Kopien und Drucken in Kunstführern. Denn aus Moskau war ja alles ausgelagert. Nach Jahren der Abstinenz von echter Kunst war es ein erhabenes Gefühl, sogar die Sixtinische Madonna berühren zu dürfen."

Ich dachte sofort an die Dresdner Kunsthistorikerin Gisela Haase, der ich vor Jahren im zauberhaften Schlossareal von Pillnitz am östlichen Dresdner Stadtrand begegnet war. Die langjährige Direktorin des Museums für Kunsthandwerk der Staatlichen Kunstsammlungen Dresden gehörte 1958 dem 25-köpfigen Wissenschaftlerteam an, das die Rückführung deutschen Kunst- und Kulturgutes aus der Sowjetunion vorbereiten half. Von September bis Dezember 1958 kehrten reichlich 1,5 Millionen Kunstgegenstände, Bücher und Archivalien aus Moskau, Leningrad und Kiew in die damalige DDR zurück. Das war für beide Seiten eine enorme logistische Herausforderung. Gisela Haase erinnert sich: „Am Morgen des 28. Oktober war Arbeitsbeginn. Zuerst erhielt ich einen ‚Propusk‘, den Dienstausweis zum Betreten des Puschkin-Museums für den Zeitraum bis 30. Dezember 1958. Eine Kollegin von mir hatte mehrere Wochen lang im Tieftresor des Moskauer Finanzministeriums die Pretiosen, Gold- und Silberschmiedearbeiten des Grünen Gewölbes sowie des Dresdner Münzkabinetts übernommen. Schon am ersten Tag packte ich mit den sowjetischen Kollegen 355 Stück Porzellan in 14 Kisten. Später auch 175 Elfenbeinarbeiten aus dem Grünen Gewölbe, unter anderem das Schiff von Jakob Zeller. Die Elfenbeingruppe Herkules und Omphale und die vier kleinen Figuren der Jahreszeiten von Balthasar Permoser morgens bei Arbeitsbeginn nach Öffnen der alten Lederschatullen zu sehen, einzeln in die Hand nehmen zu dürfen und für Dresden zurückzuerhalten, war für mich ein unvergesslicher Moment." Irina Antonowa muss der Dresdner Kollegin damals begegnet sein. Denn das Puschkin-Museum war zu jener Zeit geschlossen. Alle kümmerten sich nur um die Rückführungen. Doch Antonowas Gedanken waren schon wieder im Heute, sie erzählte mit leuchtenden Augen lieber von den Impressionisten in ihrem Museum, einer der weltweit größten Sammlungen dieser Künstler: Pierre-Auguste Renoir,

Claude Monet, Paul Cézanne – alle sind vertreten. Daneben natürlich auch Wassily Kandinsky, Marc Chagall, Pablo Picasso, Rembrandt van Rijn, Vincent van Gogh, Giovanni Tiepolo, Bernardo Bellotto genannt Canalletto oder deutsche Meister wie Lucas Cranach der Ältere. Und sie verriet mir, jeden Morgen pünktlich 10 Uhr am Schreibtisch im Museum zu sitzen, noch ein umfangreiches Pensum zu haben: „Gerade hat man mich nach London eingeladen, ich spreche auch in Tel Aviv und Wien." Dass sie im Jahre 2018 schon 96 Jahre alt ist, sieht man ihr nicht an. „Meine 1999 gestorbene Mutter Ida Antonowa wurde genau 100 Jahre und fünf Monate alt. Es liegt vielleicht in unseren Genen", scherzte sie und erzählte, als wir uns besser kennenlernten: „Meine Mutter hatte einen sagenhaft schönen Tod. Sie ging sich morgens im Bad waschen und ich habe nur einen tiefen Seufzer von ihr gehört. Schon war sie nicht mehr unter den Lebenden."

Stolz erklärte die berühmte Dame, die natürlich einen Chauffeur hat: „Ich fahre auch noch selbst Auto! Seit 1964 hatte ich verschiedene Modelle, gerade eins aus Südkorea. Eigentlich machte ich mir etwas Sorgen wegen der Verlängerung der Fahrerlaubnis. Doch der Polizeioffizier meinte, es sei alles in bester Ordnung. Erst 2025 muss ich mich wieder melden."

Das Auto benötigt sie, um auch an Wochenenden mobil zu bleiben. Seit ihr Mann, der jüdische Kunsthistoriker Evsej Rotenberg, nach 64 gemeinsamen Jahren 2011 verstarb, fällt ihr manches in der komfortablen Wohnung am Leninski-Prospekt nicht mehr ganz leicht.

Bei der Verabschiedung ihr Rat: „Ich muss ins Fernsehen, werde gleich abgeholt. Aber schauen Sie unbedingt mal bei Elena Gagarina im Kreml-Museum vorbei. Sie arbeitete 20 Jahre bei mir, betreute die englischen Zeichnungen des 18. und 19. Jahrhunderts."

Von der ältesten Tochter Juri Gagarins, des ersten Menschen im Weltall, habe ich manches in hiesigen Zeitungen gelesen. Beispielsweise wie sie sich mit ihrer Schwester Galina um die Markenrechte des Namens Juri Gagarin kümmert und wie Wladimir Putin sie am 12. April 2001, dem 40. „Tag der Raumfahrt", zur Direktorin der Kreml-Museen ernannte. Seitdem unterstehen ihr neben Millionen Ausstellungsstücken in den Magazinen z. B. fünf Kathedralen wie die „Himmelfahrts-Kathedrale", die „Erzengel-Kathedrale" oder die „Verkündigungs-Kathedrale", der Glockenturm Iwans des Großen, der Patriarchen-Palast und das Rüstkammer-Museum auf dem 27 Hektar großen Kreml-Areal.

Gern besuche ich mit Gästen die Rüstkammer. 1806 gegründet und seit 1851 im heutigen Gebäude untergebracht zeigt sie in neun Sälen über zwei Etagen unter rund 4000 Exponaten die Pracht-Kaleschen und Staatskarossen der Zaren, Paradegewänder für Krönungszeremonien, Thronsessel, Ostereier von Hofjuwelier Peter Carl Fabergé, jede Menge Waffen, Gold- und Silberarbeiten des 13. bis 19. Jahrhunderts und die Mütze des Monomach – die bedeutendste Krönungsinsignie aller Großfürsten von Moskau und Zaren von Dmitri Donskoi bis Peter I.! Im gleichen Gebäude ist unbedingt die 1967 eröffnete Ausstellung des Staatlichen Diamantenfonds einen Besuch wert. Wer sich für Diamanten, Edelsteine und riesige Goldnuggets interessiert, findet hier auch den Orlow-Diamanten aus dem Zarenzepter oder den Shah-Diamanten, den Zar Nikolaus I. 1829 aus Persien bekam. Der Hüterin all dieser Preziosen stellte man mich das erste Mal bei einer Premiere am Bolschoi-Theater vor. Zukünftig möchte ich mit Elena Gagarina noch viele Fragen erörtern. Das Schicksal ihres nur 1,57 Meter kleinen Vaters, der mit „Wostok 1" am 12. April 1961 als erster Erdenbürger den Weltraum eroberte, in 108 Minuten die Erde umrundete, jedoch beim Übungsflug mit einer UTI MIG-15 samt Fluglehrer 1968 durch Verkettung unglücklicher Umstände tödlich verunglückte, bewegt mich sehr.

Eigentlich müsste ich jetzt noch ein Kapitel über die weltberühmte Eremitage in St. Petersburg mit ihren etwa 65 000 ausgestellten Exponaten in 350 Sälen und 2500 Museumsmitarbeitern einfügen. Hier stieß ich auf Gemälde, die Zarin Katharina II. nach dem Tod des sächsischen Premierministers Graf Heinrich von Brühl aus dessen Dresdner Sammlung ankaufte. Auch für die Weißen Nächte in St. Petersburg reicht der Platz nicht. Hunderten interessanten Menschen bin ich in den letzten Jahren in Russland begegnet. Sie mögen verzeihen, dass ich sie nicht alle erwähne. Doch den rührigen Wiktor Jampolski vom „Moskau Rachmaninow-Trio", den ich so oft treffe, will ich nicht auslassen. Er wurde in Duschanbe in Tadschikistan geboren. Doch kommt seine jüdische Familie aus der Ukraine.

Wiktor hat mir seine spannende Familiengeschichte erzählt: „Im russischen Imperium gab es für Juden ein Verbot, in Großstädten zu leben oder Landwirtschaft zu betreiben. Deshalb wanderten sie nach der Ukraine oder Weißrussland aus, wo in kleinen Städten als Geldwechsler, Musiker, Handwerker oder Händler gearbeitet wurde. Erst die Oktoberrevolution beendete diese Diskriminierung. Nach Gründung der Sowjetunion sandte die Partei die Eltern meiner Mutter 1930 zum Aufbau des Sozialismus nach Tadschikistan. Großvater Abram Golman baute Bäckereien auf, kämpfte vom ersten bis zum letzten Tag im Großen Vaterländischen Krieg. Er war bei der Erstürmung des Reichstages in Berlin dabei, wurde zwei Jahre lang Kommandant der brandenburgischen Stadt Neuruppin. Dorthin holte er auch meine Mutter Rita. Erst 1947 kehrten sie nach Duschanbe zurück. Mein Vater Isaak stammte aus dem großen jüdischen Stadtteil Podol mit der schönen Podol-Synagoge am westlichen Dnepr-Ufer in Kiew, wo 1939 noch 224 000 Juden lebten. Gott sei Dank wurde er im Krieg in den Ural evakuiert. Ich lebe seit 1972 in Russland, studierte am Moskauer Tschaikowski-Konservatorium Piano. Nach dem Zerfall der Sowjetunion und der Abspaltung Tadschikistans versank meine Heimat bis 1997 in einem schrecklichen Bürgerkrieg. Er war viel schlimmer als in Jugoslawien, man spricht von 250 000 Ermordeten. 1993 wanderten meine Eltern deshalb nach Jerusalem aus. Nach Vaters Tod holte ich Mutter aus Israel nach Moskau. Wie viele Juden, die sich alleine fühlen oder keinen adäquaten Job finden, wieder zurückkehren."

Seit 1995 ist Wiktor Pianist und Manager des „Moskau Rachmaninow-Trios". Er kennt viele Botschafter, weiß, wie er mit „Gazprom" oder „Credit Suisse" als Sponsor kooperieren kann, vom Kulturministerium der Russischen Föderation Unterstützung erhält. Auf drei Kontinenten – Europa, Südamerika, Asien – und in über 40 Ländern hat sein Trio schon gastiert, die Menschen mit russischer Musik verzaubert. Jetzt will er im Oman eine russische Musikschule gründen …

Vom Smolny zu neuer Sicht auf Helden und Tragödien

An einer Newa-Biegung im Nordosten von St. Petersburg sitzt im Smolny-Institut – man nennt das Gebäude auch nur Smolny – die Regierung der Stadt. Diesen 220 Meter langen klassizistischen Bau von drei Stockwerken dominiert ein zentraler Portikus mit acht Säulen. 1806/08 fügte ihn Giacomo Quarenghi in ein ursprünglich als Kloster gedachtes Ensemble ein. Smolny kommt von smoljanoj, was harzig oder teerig bedeutet. Denn einst stand hier eine Teerfabrik. Zarin Elisabeth I. befahl, auf dem Gelände eine Abtei zu errichten, welche sie als Altersruhesitz zu nutzen gedachte. Die blau-weiß gestrichene Barockanlage in Form eines griechischen Kreuzes schuf Architekt Bartolomeo Francesco Rastrelli 1748/57. Der Siebenjährige Krieg und Elisabeths Tod ließen die Arbeiten allerdings unvollendet. Erst viel später erfolgte der Innenausbau, 1835 wurde die Kathedrale gesegnet. Ein Klosterleben fand nie statt.

Denn Kaiserin Katharina II. ließ schon 1764 Teile des Klosters in ein Bildungsinstitut für adelige Mädchen umwidmen, das bis 1917 unter dem Patronat der jeweiligen Zarin stand. Steigende Schülerzahlen machten schließlich den imposanten Gebäudeneubau nötig.

Legendär wurde der Smolny, als er dem Petrograder Sowjet als Tagungsort diente, Lenin in dem Gebäude die Oktoberrevolution plante und seinen zeitweiligen Wohnsitz nahm. Nach der Revolution richtete man hier den Regierungssitz der Sowjetunion ein. Mit dem Regierungsumzug nach Moskau zog die Petrograder bzw. Leningrader KPdSU, die kommunistische Partei, in das Institutsgebäude ein.

Mein Urgroßvater Eduard Maaß war der Pfarrer für die Protestantinnen unter den adeligen Teenagern des Smolny-Instituts und mag hier bis 1917 öfters geweilt haben. Vor allem atmet der Smolny wie nur wenige Bauwerke ganz viel russische Geschichte des 20. Jahrhunderts aus. Hier findet sich Historie, die quasi noch qualmt! Deshalb stand ein Besuch schon lange auf meiner Wunschliste.

An einem kalten Februartag ist es endlich so weit. Auf dem Weg vom Posten am Tor zum gewaltigen Säulen-Portal mustere ich die 1927 aufgestellte Lenin-Statue von Vasili Kozlow, schaue zu den vielen Fenstern des mächtigen, ockerfarben gestrichenen Baues und lasse meiner Fantasie freien Lauf. Hinter welchem Fenster mag wohl der 48-jährige Sergei Kirow erschossen worden sein? Der hohe sowjetische Staats- und Parteifunktionär und wohl engste Freund Stalins fand 1934 in seinem Smolny-Dienstzimmer durch Kopfschuss des Attentäters Leonid Nikolajew sein Ende. Vieles deutete auf Mord aus Eifersucht hin. Kirow soll zu Nikolajews Frau Milda eine Liebesbeziehung unterhalten haben. Doch bis heute, so erklärt mir später eine im Haus beschäftigte Museumsführerin, gibt es zu den Hintergründen seines gewaltsamen Ablebens 18 verschiedene Theorien. Auch vom Herzinfarkt des früheren St. Petersburger Bürgermeisters Anatoli Sobtschak, der 2000 auf Wahlkampfreise für Putin in Swertlogorsk verstarb, scheint sie nicht restlos überzeugt.

Dieser mutige Rechts-Professor hatte sich in die Politik gestürzt, war 1991 zum Bürgermeister von St. Petersburg – Gouverneur heißt der Posten erst seit 1996 – gewählt worden. Zu den ersten Amtshandlungen des Demokraten gehörte, der kommunistischen Partei Macht, Vermögen und Infrastruktur zu nehmen. Ihr Hauptquartier im Smolny-Institut ließ er in Büros der Stadtverwaltung umwandeln. Am 7. November – dem 74. Jahrestag der Oktoberrevolution – leitete er die Feierlichkeiten, welche Leningrad wieder jenen Namen zurückgaben, den ihr Zar Peter der Große einst verliehen hatte. Wenn ich es richtig verstanden habe, zählte Sobtschak zu jenen Teilen der sowjetischen Intelligenz, welche die Krise ihres Landes mit einem radikalen Schnitt überwinden wollten: Liquidierung der durch die Oktoberrevolution geschaffenen sozialen und ökonomischen Strukturen mit den Irrwegen sozialistischer Bewusstseinsbildung und Wiedereinführung der kapitalistischen Beziehungen mit dem Privateigentum als Garant für effektive Wirtschaft und Basis einer Demokratie.

Ich hatte auch gelesen, dass Sobtschak gleich zu Beginn seiner Amtszeit Wladimir Putin zum Leiter des neu gegründeten Ausschusses für Außenbeziehungen der Stadt ernannte. Und dass Putin beim Bezug seines Dienstzimmers als erste Amtshandlung jenes einst alle Amtsräume der Apparatschiks schmückende Porträt Lenins von der Wand nahm und durch einen Kupferstich von Peter dem Großen ersetzte.

Wie es der Zufall so will, sitze ich einige Minuten später in einem hellen geräumigen Büro, in welchem mich Peter der Große von der Wand grüßt. In respektvollem Abstand darunter das Porträt des Präsidenten der

Russischen Föderation und noch etwas versetzt jenes vom amtierenden Gouverneur St. Petersburgs, Georgi Poltawtschenko. Als ich diese, in keiner Behörde Russlands sonst bemerkte, Porträt-Hierarchie höflich hinterfrage, schmunzelt mein Gegenüber: „Zar Peter der Große wurde von Wladimir Putin persönlich an genau dieser Stelle aufgehängt. Jedem, der dies zu verändern wünscht, sage ich, dass er das mit Putin selbst besprechen muss."

Ewgeni Grigorjew, Generalmajor a. D. der Polizei, ist seit 2014 Leiter des mächtigen Ausschusses für Außenbeziehungen von St. Petersburg und sitzt in genau jenem Büro im Erdgeschoss, das Wladimir Putin mit Gründung dieser Institution am 28. Juni 1991 als erster Chef bezog. Die Möbel sind neu, doch der Blick aus den Fenstern auf die Tannenbäume und das Blumenbeet ist der Gleiche. Grigorjew: „Putin hat, auch als seine Aufgaben wuchsen, diese Räume bis zum Ausscheiden aus der Stadtverwaltung behalten." Und fast spitzbübisch lächelnd sagt er: „Schließlich ist die Kantine nicht weit, hat man von hier den direkten Kontakt zur Küche."

Doch dann wird sein Gesicht ernst, nachdenklich: „Dieser Ausschuss entstand zur schwierigsten Zeit unseres Volkes, zur Zeit der Renaissance Russlands nach der Katastrophe des Zerfalls der Sowjetunion. Man musste blitzschnell reagieren, meist nicht vorhersehbare Aufgaben lösen. Es galt, das komplette Leben einer Stadt mit fünf Millionen Einwohnern zu organisieren. Von der Lebensmittelversorgung über die medizinische Betreuung bis zu den Produktionsstätten, den Arbeitsplätzen, Fragen der Löhne – mit hunderten Problemen hat sich der zukünftige Präsident von diesem Büro aus beschäftigt."

Chaos und Niedergang herrschten. St. Petersburg war damals bankrott, es fehlte an trivialsten Dingen, nur wenig funktionierte. Nicht nur der militärischen Industrie waren die Aufträge weggebrochen, die neuerdings unabhängigen Republiken, die Benzin und Lebensmittel geliefert hatten, kappten ihre wirtschaftlichen Beziehungen. Bis endlich wieder frisches Fleisch eintraf, verteilte man im Winter 1991 sogar Dosen aus der Staatsreserve an die Bevölkerung. Das Bürgermeisteramt – das sich um Zucker, Mehl und Rüben kümmerte – wurde in jenen kritischen Monaten zur Tauschzentrale. Nach Jahrzehnten staatlich verordneter Planwirtschaft erwies sich die regulierte Marktwirtschaft viel schwieriger als gedacht. Das freie Spiel der Preise machte Rentner, Lehrer und Ärzte plötzlich arm, gerissene Geschäftemacher in rasantem Tempo reich. Hierzulande unbekannte Formen der Kriminalität und das Spekulantentum wucherten. Grigorjew: „Neben den Alltagsproblemen galt es, die Wirtschaft neu aufzubauen, Investoren in die Stadt zu holen, das Bankensystem zu vervollständigen. Überall war Putin an vorderster Front, vertrat im In- und Ausland als hartnäckiger Verhandlungspartner die Interessen von St. Petersburg." Mit seinem guten Deutsch begeisterte er die Dresdner Bank, eine Filiale in der Stadt zu eröffnen. Deutsche Bank, die Banque Nationale de Paris oder die Crédit Lyonnaise folgten. Mit ihnen der spanische Süßwarenhersteller Chupa Chups, der Konzern Procter & Gamble und eine Aufzugsbaufirma aus den USA … Daneben beschäftigten den Ausschuss Fragen der Kultur, das Schicksal der Kriegsveteranen, die Betreuung und Entwicklung der Kinder und Jugendlichen.

„Putin liebt Russland und versuchte zu retten, aufzubauen, was andere zerstörten", resümiert mein Ge-
sprächspartner. „In diesem Spannungsfeld haben wir uns
alle bewährt, obwohl wir die Spielregeln noch nicht genau kannten. Das schafft man nur, wenn man das Land
und die Arbeit für seine Menschen mag, ihre Ängste und
Sorgen versteht, ihre Sehnsüchte teilt. Wie Wege aus dieser schier ausweglosen Situation gefunden, die Probleme
der 1990er-Jahre gelöst wurden – darin erkennt man die
unbeugsame Stärke, die Bärenkraft des russischen Cha-
rakters. Wovon wir damals träumten, ist heute verwirklicht – wir haben eine blühende Stadt, die Hauptstadt des
Nordens, die Kulturhauptstadt. Als europäische Metropole konzipiert, sind wir die Europa nächste Stadt Russlands. Putin sagt oft: ‚St. Petersburg ist nicht die erste
Stadt Russlands, aber auch nicht die Zweite …'"

Der joviale Herr mit grau meliertem Haar und festem
Händedruck ist ein Mann von klaren Worten, ein Realist,
der vermutlich schon in alle Untiefen der Seelen geblickt
hat. Seine Biografie verrät, dass er genauso diplomatisch
wie unerbittlich sein kann. An Brennpunkten, dort wo es
knirschte, wo die neue Zeit mit nie gekannten Wirrnis-
sen zu kämpfen hatte, die Rädchen des Systems heißzu-
laufen drohten, war Grigorjew im Einsatz.

In der Region Krasnojarsk in Sibirien als Sohn eines
Militärs geboren, zog die Familie 1961 nach Leningrad.
Dort schrieb er sich an der Radiomechanischen Fach-
schule ein, diente bei den Streitkräften der UdSSR, absolvierte danach die KGB-Hochschule und bekleidete lei-
tende Stellen im System der staatlichen Sicherheit. Ab
1996 leitete er die Direktionen für internationale Zusammenarbeit der Russischen Föderation auf dem Ge-

biet der Steuerfahndung, Finanzaufsicht und Drogenbekämpfung. Seit 2009 war er Top-Manager im Außenhandel und bei Staatskonzernen.

Und nun ist er eine Art Außenminister von St. Petersburg, koordiniert mit seinem Mitarbeiterstab die kulturellen, politischen und wirtschaftlichen Beziehungen mit dem Ausland und den anderen Regionen der Russischen Föderation.

„Wir sind keine politische Behörde, sondern eine sozial-wirtschaftliche und kulturelle. Natürlich übernehmen wir auch die Dienstleistungen für internationale Vertretungen. Gegenwärtig arbeiten in der Stadt 35 Generalkonsulate, 32 Honorarkonsulate, einige Vertretungen von Botschaften und über 70 internationale Organisationen. Die benötigen Räumlichkeiten, brauchen Verkehrsmittel, wollen hier wohnen und leben", umreißt er sein weites Aufgabenfeld.

Schon fast beim Abschied fällt mir eine Ikone in seinem Arbeitszimmer auf. Meinen fragenden Gesichtsausdruck bemerkend, reagiert er: „Jeder findet auf seine eigene Weise den Weg zu Gott. Und keiner hat es geschafft, den Menschen ihren Glauben, ihre Seele zu rauben. Weder die Kommunisten noch die Sozialisten, weder links noch rechts. Manche folgen gewissen Traditionen, andere nicht. Das hat weder etwas mit Partei- noch mit Familientradition zu tun. Mein Vater wurde Parteimitglied im Krieg und er war getauft. Mich hat man auch getauft. Später ging Ur-Großmutter mit mir in die Kirche. Ich habe damals noch nicht geglaubt, doch es hätte mir auch keiner verboten. Als ich in Leningrad wohnte, sind wir oft zum Smolensker Friedhof auf der Wassiljewski-Insel gegangen. Dort verehrt man mit Xenia von St. Petersburg eine Heilige. Die über ihrem Grab errichtete Kapelle war zu Sowjetzeiten eine Ruine. Ich beobachtete, wie viele Menschen kleine Zettel mit Wünschen an die Heilige in die geborstenen Mauern steckten und sich bekreuzigten. Das waren Komsomolzen, Parteimitglieder, früher auch Soldaten, die in den Kampf gingen. Bei uns in den Sicherheitsorganen waren in den 1980er-Jahren rund 50 Prozent gläubig, gingen in die Kirche …"

Bei Ewgeni Grigorjew traf ich mich zuletzt im April 2018 mit Dresdens Oberbürgermeister Dirk Hibert. Wir erörterten, den Ende Januar stattfindenden Dresdner SemperOpernball als Sommerball im September nach St. Petersburg zu exportieren. Mit diesem Zukunftsprojekt planen wir – an alte Zarenzeiten anknüpfend – den Kulturaustausch voranzutreiben.

Einmal im Smolny, bat ich, noch einen Blick in Lenins Arbeits- und Wohnzimmer werfen zu dürfen – eine der Erinnerungsstätten an den Revolutionsführer, die überlebt haben. Man führte mich in die obere Etage, wo neben einem langen Gang mit historischen Plakaten Reliquien wie Lenins Schreibtisch und Stuhl gehütet werden. Die Führerin machte mich auf ein Foto aufmerksam: „Lenin im Kreis seiner Volkskommissare. Der rechts neben ihm stehende Mann, welcher sich mit der Hand ins Gesicht fasst und wie verlegen schaut, ist Stalin. Wegen seiner pockennarbigen Gesichtshälfte ließ er sich nur von einer Seite fotografieren." Ich sah ein Lenin-Gemälde, wo der einst neben ihm auf der Smolny-Treppe stehende und später in Ungnade gefallene Leo Trotzki entfernt war. Nur noch seinen Schatten konnte man auf einer Säule erahnen. Auch besichtigte ich die Uhr, die alle 15 Minuten laut schellte. Denn länger durfte in Lenins Anwesenheit kein Vertreter einer Region vortragen. Zu Lenins flachem Hut, den jeder in der Sowjetunion für die bescheidene Mütze der Arbeiter hielt, bekam ich Auskunft: „Diese Kopfbedeckung kaufte er in Paris, als sie dort der größte Mode-Hit war."

Auf riesigen weißen Marmortafeln ist in einem Gang die Verfassung vom 10. Juli 1918 in kyrillischer Schrift eingemeißelt und mit Gold unterlegt. „Schauen Sie sich Paragraf 18 an. Da steht die Losung ‚Wer nicht arbeitet, soll auch nicht essen'. Dies haben die Kommunisten aus der Bibel, dem 2. Brief des Paulus an die Thessalonicher, abgeschrieben", höre ich staunend.

Eine Mär ins Wanken zu bringen, liegt meiner Führerin ganz besonders am Herzen: „Jeder kennt den Mittvierziger, der die Oktoberrevolution leitete, mit Spitzbart. Wir haben eine Zeichnung, mit welcher er nachweislich am Revolutionstag porträtiert wurde. Da war sein Gesicht völlig glatt. Als jüngst ein Film über Leo Trotzki gedreht wurde, machte ich den Regisseur auf den Beweis, dass Lenin keinen Bart trug, aufmerksam. Trotzdem hat man dem Schauspieler im Film ein Bärtchen angeklebt."

Mythen halten sich eben manchmal länger als die historische Wahrheit! Und gegen Mythen, die viel zu lange das Bild Russlands im Ausland unschön prägten, kämpft mit Wladimir Medinski sogar der Kulturminister der Russischen Föderation. In mehreren sehr erfolgreichen Büchern widerlegt das Mitglied des Schriftstellerverbandes weithin verbreitete Stereotype wie die angeblich russische Trunksucht, Faulheit, Grausamkeit, Dieberei, Bestechlichkeit, den Langmut, die russische Bedrohung oder technische Rückständigkeit. Als er noch Publizist und Abgeordneter war, weniger Rücksicht auf den gesellschaftlichen Konsens nehmen musste, schlug er sogar vor, den hinter Panzerglas im Mausoleum auf dem Roten Platz in Moskau zur Schau gestellten Lenin zu begraben. Doch an diesem ersten Regierungschef des Sowjetstaates, dessen Weltrevolution ein Luftschloss blieb, der aber auch nie juristisch wegen Verbrechen verurteilt wurde, scheiden sich noch immer die Geister. So harrt der Leichnam seit über 90 Jahren wie in einem „Schneewittchensarg" aus. Mit seiner noblen, fast schlafend wirkenden Erscheinung, macht er Werbung für die Wunder der Chemie und ausgeklügelte Konservierungsmethoden, welche an seinem Körper bereits für eine kleine Ewigkeit den natürlichen Verfall aufhalten. Die laufenden Instandhaltungskosten sollen jährlich über eine Million Euro betragen und kommen wohl auch von Sponsoren, welche mit der Mumifizierung vermögender Kunden Geschäfte machen. Früher standen die Menschen vor seinem Haus aus dunkelrotem Granit mit Portal aus schwarzem Labrador-Stein auf dem Roten Platz stundenlang Schlange. Heute genügen für das Mausoleum wöchentlich vier Öffnungstage zu je drei Stunden.

Jene mit Lenin verbundene Revolutions-Geschichte sorgt schon lange nicht mehr für Jubel. Der Jahrestag der Oktoberrevolution, in der Sowjetunion als offizieller Feiertag begangen, wurde ab 1996 zum „Tag der Einheit und Versöhnung". 2005 verlegte man den Nationalfeiertag „Tag der Einheit des Volkes" vom 7. auf den 4. November – an die Befreiung Moskaus 1612 von polnisch-litauischer Besatzung erinnernd. Auch die Feiern zum 100. Jahrestag der Februar- und Oktoberrevolution im letzten Jahr fielen verhalten, für manchen kaum wahrnehmbar aus. Auf der anderen Seite erlebe ich, wie die

Meinungen über historische Persönlichkeiten – beispielsweise anlässlich der Errichtung des Denkmals für den mittelalterlichen Großfürsten Wladimir I., den Großen – zum breiten Diskurs in der Öffentlichkeit führen. Wladimir I., der Alleinherrscher der Kiewer Rus – des ersten ostslawischen Staates –, versuchte zersprengte Ländereien zu einen, übte vor über 1000 Jahren schon die Herrschaft in einem Gebiet aus, das vom Dnestr bis zum Ladogasee und an die Dwina reichte. Für viele steht Wladimir I. am Anfang einer geeinten russischen Nation. Sie sehen in ihm den Mann, der den Weg für einen starken, zentralisierten russischen Staat ebnete. Seit seiner Taufe 987 und der Vermählung mit Prinzessin Anna von Byzanz im Jahre 988 gilt er auch als Vater der Christianisierung der Kiewer Rus, weshalb ihn die Russisch-Orthodoxe Kirche nach seinem Tod in den Stand eines Heiligen erhob. Ursprünglich war sein Denkmal auf den Sperlingsbergen geplant. Bedenken wegen der Standfestigkeit führten zur Suche alternativer Standorte, bei welcher sich die Moskauer via Online-Voting für den Borowitzkaja-Platz nahe dem Kreml entschieden. Seit Ende 2016 steht das 16 Meter hohe Bronze-Monument von Künstler Salavat Scherbakow an seinem Platz, reckt Wladimir I. mit Schwert am Gürtel das große Kreuz in der erhobenen rechten Hand zum Moskauer Himmel.

Mir scheint, dass die Russen seit Jahren besonders intensiv die Vergangenheit befragen, um ihre Gegenwart zu verstehen und Lehren für die Zukunft zu ziehen. Es verwundert nicht, dass die heutige wissenschaftliche Interpretation des Geschehenen dabei auf zahlreichen Gebieten erheblich von der früher veröffentlichten sowjetischen Lehrmeinung abweicht.

„Seit 1990 bietet sich die Möglichkeit, die Fakten anders zu bewerten. Jetzt haben wir Freiheiten, können ohne ideologische Einschränkungen Quellen publizieren", sagt der Mann, der an der Spitze der Historiker Russlands steht. Professor Juri A. Petrow ist seit 2011 Direktor des 1936 gegründeten Instituts für Russische Geschichte der Russischen Akademie der Wissenschaften. An seinem Institut beschäftigen sich 200 Mitarbeiter – davon drei Viertel Doktoren und Professoren – in 13 Abteilungen mit der Geschichte des eigenen Landes. Und sind – bis auf die Inhaber von Lehrstühlen an Universitäten – in der wissenschaftlich höchst komfortablen Situation, sich ohne Ablenkung allein ihrem Fachgebiet widmen zu können.

Geboren wurde Petrow in Sagorsk, dem heutigen Sergijew Possad, das durch sein zum UNESCO-Welterbe zählendes Dreifaltigkeitskloster bekannt ist.

Interessant, den Akademiker über die eigenen Eltern dozieren zu hören: „Vater war ein typisches Sowjetkind aus armer Bauernfamilie, der die Chance bekam, zu studieren, und was aus seinem Leben machte." Geschichts-Lehrer Alexander Petrow wurde Schul-Direktor und Direktor einer Lehrer-Akademie, erhielt für seine Verdienste den Lenin-Orden – die höchste Auszeichnung der Sowjetunion. Die Mutter arbeitete als Ökonomin. Und Sohn Juri erbte quasi von beiden die Berufe, spezialisierte sich nach dem Studium der Geschichte an der Lomonossow-Universität, Promotion und Wissenschaftlertätigkeit in den 1990er-Jahren auf Wirtschaftsgeschichte des 19. und 20. Jahrhunderts, war bis zum heutigen Direktorenposten ab 2004 Leiter des Zentrums für Geschichte der Russischen Zentralbank. Seine Forschungen u. a. über russische Finanzunternehmer und deutsche Investoren in Russland vor 1918 führten ihn viele Jahre lang an Universitäten in Berlin, Bielefeld, Bonn, Gießen, Paris und Nottingham.

Es bereitet Vergnügen, ihm zuzuhören. Spricht er von den Deutschen, hört man Achtung und Sympathie: „Wir Russen und Deutsche sind in vielen Dingen sehr ähnlich. Unsere gemeinsamen Wurzeln sind in der bäuerlichen Arbeit zu finden. Russland hatte zwar eine zeitliche Verzögerung, der Weg war aber ein gemeinsamer. Deutsche Philosophen wie Kant und Hegel oder Komponisten wie Bach und Beethoven galten als die Helden des russischen Adels und der gebildeten Öffentlichkeit. Viele Russen, die es sich leisten konnten, lebten in Deutschland. Durch die deutschen Kolonisten gab es einen fantastischen Wissenstransfer." Hunderte Wörter wie Backenbart, Banknote, Buchhalter, Bunker, Butterbrot, Dübel, Feuerwerk, Flöte, Fön, Gastarbeiter, Gips, Jahrmarkt, Kanister, Kelle, Kompost, Maßstab, Möbel, Rucksack, Spatel, Stapel, Stangenzirkel, Stecker, Stempel, Wache, Waldhorn, Zifferblatt fanden in jener Zeit Eingang in den russischen Wortschatz.

Petrow resümiert: „Bis 1914 standen die Deutschen in Russland in hohem Ansehen. Sie galten als sehr gebildet, hatten mustergültige Häuser mit Gardinen und Blumengärten. Sie strahlten Wohlstand aus, der für die Russen das erstrebenswerte Vorbild war. Das änderte sich durch die Grausamkeiten im Ersten Weltkrieg, die deutsche Offensive, die Okkupation. Leider brachten zwei schreckliche Kriege alles durcheinander."

Natürlich interessierte mich, wie das ist mit der früheren und heutigen Betrachtung von Menschen wie Wladimir Uljanow, der sich den Kampfnamen Lenin gab, mit

Josef Wissarionowitsch Dschugaschwili, genannt Stalin, oder den Zaren. Professor Petrow, der an dem zweibändigen Standardwerk über die russische Revolution mitwirkte: „Lenin hat sich geirrt. Seine These, dass die Revolution ein Ergebnis der Ausbeutung der Menschen durch die Menschen ist, die sich in der Kriegszeit immer mehr verschärft, bis es knallt, ist für Russland nicht richtig. Denn die Situation hier unterschied sich nicht wesentlich von Deutschland oder Österreich. Es waren also nicht die wirtschaftlichen Gründe allein, sondern andere: politische, psychologische, dass sich die Mächtigen vom Volk isolierten …"

Was aber stürzte Lenin als einstigen Hauptheiligen vom Sockel und lässt ihn trotzdem in seinem Mausoleum verbleiben? „Lenin ist eine Glaubensfrage und der Glaube an ihn – auch wenn die Jugend seine Person viel kritischer als die ältere Generation sieht – ist noch sehr stark in der Gesellschaft. Deshalb scheint es gefährlich, ihn aus dem Mausoleum zu holen", meint der Professor und macht auf ein spätes Umdenken aufmerksam: „Das 100-jährige Revolutionsjubiläum zeigt aber die immer stärkere Kritik an ihm. Am schlimmsten sind die Menschenverluste. Heute betrachten wir die Revolution als eine russische Tragödie, die sich im anschließenden Bürgerkrieg – den wir als Teil der Revolution sehen – fortsetzte. Etwa acht bis zehn Millionen Menschen verloren damals ihr Leben. Dies ist das Drei- bis Vierfache der Verluste, welche im Ersten Weltkrieg entstanden."

Bis 1990 war das Geschichtsbild für Russen klar: Als Haupthelden galten die Revolutionäre, als Hauptfeinde – egal, was sie gemacht hatten – die Zaren und ihr politisches System.

Das Wertebild hat sich laut Petrow geändert: „Heute ist Peter der Große einer der Haupthelden, Katharina II., die Große – sie war Deutsche und Russin –, auch. Alexander II. ist der Befreier der Bauern von der Leibeigenschaft, Alexander III. der große Friedensstifter. Nur Nikolaus II., der seinen Thron verlor und samt Familie 1918 von den Bolschewiken erschossen und verscharrt wurde, gilt als schwache und tragische Figur der russischen Geschichte. Heute wird er von der Russisch-Orthodoxen Kirche als Heiliger verehrt. Allerdings sind er und seine Familie nur bekannte Opfer des grausamen Bürgerkriegs, ein Beispiel von zehn Millionen! Die Zarentötung war ein schreckliches Verbrechen, da gibt es keine Zweifel. Wir unterstreichen diese eine Tragödie, doch Millionen kennen wir nicht. Und es war nicht die letzte Tragödie. Menschen träumen von Stalin als einem Mann mit fester Hand, mit Ordnung im Land und kräftiger Position in der Welt, der die Faschisten besiegte, die russische Industrie aufbaute, die Grundlagen für die Eroberung des Weltraumes legte. Aber auch seine Säuberungen waren Tragödie, die Zwangskollektivierung war Tragödie so wie die Gulags. Über diese Ereignisse denken romantische Leute nicht nach. Sie betrachten manchmal nur die eine Seite der Medaille.“

Einmal dieser erstrangigen Kapazität gegenübersitzend, die auch vom russischen Präsidenten gehört wird, brannte mir noch ein letztes Thema auf den Nägeln. In Deutschlands Archiven, Bibliotheken und Museen, speziell auch in Dresden, wird die Frage der sogenannten „Beutekunst“ diskutiert. In den Jahren 1945/46 wurde eine bedeutende Zahl historischer und kultureller Werte als Schadenersatz aus dem besiegten Deutschland in die Sowjetunion gebracht. Von 1955 bis 1960 übergab die

UdSSR die meisten Kulturschätze der DDR, der Volksrepublik Polen und der Volksrepublik Ungarn. So erhielt die DDR mehr als 1,5 Millionen Museumsstücke, darunter 1240 Werke der Dresdner Galerie Alte Meister, 16 000 Grafiken, mehr als 100 000 Münzen (davon 4187 aus Gold), 18 388 Antiken, den Pergamonaltar, das „Grüne Gewölbe" – die Schatzkammer der sächsischen Kurfürsten – usw. zurück. Der restliche Teil (weniger als zehn Prozent) ruht bis heute in Russland. 1998 wurde das föderale Gesetz „Über die Kulturschätze, welche in die UdSSR im Ergebnis des Zweiten Weltkrieges verlagert wurden und sich im Gebiet der Russischen Föderation befinden" verabschiedet. Es deklariert die Gegenstände als russisches Eigentum, gestattet den deutschen Einrichtungen jedoch die Benutzung für Forschungszwecke. Das findet z. B. die Sächsische Landesbibliothek, von der mehr als 200 000 ihrer Bücher betroffen sind, verständlicherweise nicht optimal.

Professor Petrow bittet um Verständnis: „Das Gesetz von 1998 gründet sich auf den unermesslichen Verlust unseres Landes. Die Kriegsergebnisse waren zu schwer, es ist unmöglich, das zu vergessen und erneut etwas zurückzugeben. Russland hat im Großen Vaterländischen Krieg zwischen 1941 und 1945 nicht nur 26 Millionen Menschen verloren und brachte damit den höchsten Blutzoll aller Staaten und Nationen auf. Unser Land verlor auch Millionen an Kunstschätzen. Diese Verluste sind bis heute nicht vollständig aufgearbeitet."

Das Ministerium für Kultur Russlands verweist auf frühere Zahlen, die von etwa 3000 völlig zerstörten Denkmälern und 427 ausgeraubten Museen ausgehen. Nach einer Zahl von 1957 fehlten allein in 64 Museen über 783 000 Exponate. Da waren aber die Verluste von zwölf großen Museen nicht aufgeführt. „Nicht gerechnet ganze gestohlene Fabriken oder die in zahllosen Zügen nach Deutschland abtransportierte Schwarzerde aus der Ukraine. Die kann man ja auch nicht zurückfordern", ergänzt Petrow.

Laut deutscher Quellen zum Kulturgutraub hatte allein der Einsatzstab Reichsleiter Rosenberg (ERR) in den besetzten Gebieten der Sowjetunion bis zum Sommer 1943 die Zahl von 2265 „Einsätzen" durchgeführt, dabei 375 Archive, 957 Büchereien, 531 Institute und 402 Museen geplündert.

Fast bedauerte ich es, zum Ende unseres so enthusiastischen Gesprächs bei schwarzem Tee und Gebäck noch dieses Kapitel angesprochen zu haben. Das schien auch Juri Petrow zu merken. Salomonisch meinte er zum Abschied: „Ein alter Historikerspruch sagt: Alles war schon mal da. Doch jede Generation macht ihre eigenen Fehler."

Was mir Vater Silvester
besonders ans Herz legte

Er fuhr extra 280 Kilometer, um mir ein geweihtes Silberkreuz zu bringen und den Segen zu spenden: Vater Silvester! Der ehrwürdige Priester ist Archimandrit, ein höherer Geistlicher der Russisch-Orthodoxen Kirche in der Region Jaroslawl. Als er hörte, dass ich in Moskau bin, packte er Talar, Bibel und Geschenke ein, machte sich auf den Weg in die Hauptstadt. Russische Freunde hatten mir schon einiges von dem Gottesmann erzählt, welcher – obwohl in dieser Kirche nicht nötig – ohne Familie im Zölibat lebt, Strafgefangenen in Gefängnissen Trost und die Liebe Gottes spendet. Sein Einfluss auf Persönlichkeiten des Landes sei beträchtlich. 1999 organisierte er die „Kreuzfahrt" mit orthodoxen Reliquien und Ikonen entlang der russischen Grenze. Im Jahre 2012 begleitete Vater Silvester die Nationalmannschaft der Russischen Föderation zu den Olympischen Sommerspielen in London. TV-Moderatorinnen, Schauspieler und Regisseure wie Maria Schukschina, Andrei Merslikin oder Dmitri Scherbina schätzen ihn als Beichtvater und spirituellen Berater.

Nun stand er plötzlich in der Hotel-Lobby vor mir, mit seinem langen weißen Bart, dem warmen, festen Händedruck und den gütigen, leuchtenden Augen. Und der Mission, mir seine Gedanken über Liebe und Gerechtigkeit zu vermitteln, über das Recht Gottes aufzuklären:

„Was Gott gibt, mein Sohn", sagte er, „ist Liebe – Liebe vergibt. Das bürgerliche Recht basiert auf Nützlichkeit, auf Verboten und Restriktionen. Viele Staaten kollabieren, weil sie nur auf weltlichen Grundfesten aufgebaut sind. Doch ohne Gott, ohne Liebe kann es keine guten Staaten geben. Da entstehen Faschismus und Diktaturen. Das Recht Gottes ist ein ganz anderes Recht. Wir in Russland sind auf einem guten Weg, weil wir das bürgerliche Recht mit Gottes Liebe verbinden."

Ich war erstaunt über seine Gedanken, die er wie die Perlen einer Kette vor mir aufreihte. Irgendwann bat ich ihn, etwas über seinen Werdegang zum Priester zu erzählen: Als Sergei Lukaschenko wurde er in eine Leningrader Akademiker-Familie hineingeboren. Den Großvater, einen Gerichtsvollzieher, hatten die Bolschewiki erschossen. Die Mutter war Zahnärztin, der Vater Wissenschaftler in der Autoentwicklung. Und der Sohn studierte Mathematik, machte sein Diplom, diente als Offizier in der Armee, kam als Assistent am Lehrstuhl für Mathematik an die Universität zurück, um die Doktorarbeit zu schreiben.

Zu diesem Zeitpunkt spürte Vater Silvester, dass ihm in seinem Leben etwas fehlte: „Regelmäßig besuchte ich die Kirche und eines Tages fragte man mich, ob ich Priester werden wolle …"

Weil sich die eineinhalbjährige Ausbildung zum Geistlichen nicht mit seiner akademischen Laufbahn vereinbaren ließ, musste er das Institut verlassen, arbeitete als Transportarbeiter. 1983 ging er nach Jaroslawl, wo ihn Metropolit Ioann zum Priester ordinierte.

Vater Silvesters düsterste Zeit: „1985 verbot mir die Sowjetunion für sechs Monate, das Priesteramt auszuüben. Die Kommunisten warfen mir politische Attacken vor. Ein Atheist wollte mich sogar töten. Für fünf Jahre predigte ich in einem kleinen Dorf neben Uglitsch, danach in Rostow."

Seine bitteren Erfahrungen scheinen harmlos gegenüber dem Schicksal, das Zehntausende von Geistlichen, Mönchen und Nonnen sowie Hunderttausende von Laien nach dem Oktober 1917 erlitten. Der Metropolit von Wolokolamsk, Hilarion, schreibt in seinem lesenswerten Buch „Patriarch Kyrill, Leben und Weltsicht" von besonders grausamen Hinrichtungen. In ihrem Kampf gegen die Religion haben die Bolschewiken nicht nur Christen verfolgt, sondern sie sogar „lebendig begraben, bei Frost mit kaltem Wasser begossen, bis sie völlig vereisten, in siedendem Wasser gekocht, gekreuzigt, zu Tode geprügelt, ausgepeitscht, mit der Axt erschlagen." Wer den Massenhinrichtungen entging, wurde in Gulags deportiert.

Im ideologischen Wahn hat man Kirchen und Klöster zerstört, Ikonen entweiht, Reliquien geschändet. Lenin selbst entfesselte diese Gräueltaten, diesen unglaublichen Bildersturm, die Profanierung heiligster Orte.

Von den 54 174 Kirchen, etwa 26 000 Kapellen und 1025 Klöstern vor 1917 gab es 1936 nur noch 100, in welchen regelmäßig die Liturgie gelesen wurde.

Die zusammen mit der Krönung Alexanders III. am 26. Mai 1883 geweihte Moskauer Christ-Erlöser-Kathedrale – zentrales Gotteshaus der Russisch-Orthodoxen Kirche und mit 103 Meter der höchste orthodoxe Sakralbau der Erde – wurde am 5. Dezember 1931 gesprengt. Der an gleicher Stelle geplante Neubau eines „Palast der Sowjets" genannten Wolkenkratzers kam wegen des lockeren Baugrundes nicht über die Arbeiten am Fundament hinaus. 1960 eröffnete man deshalb hier ein Freibad mit ganzjährig beheiztem, 13 000 Quadratmeter großem Becken.

Eine Korrektur der kirchenfeindlichen Politik trat erst mit dem deutschen Überfall auf die Sowjetunion ein. Im Schicksalsjahr 1941 ließ der wohl insgeheim an die Kraft der Ikonen glaubende Stalin eine Prozession mit dem Heiligenbild der Gottesmutter von Wladimir an die Front organisieren. Auf Holz gemalte Heiligenbilder gelten seit den Ursprüngen des Christentums als Fenster in eine geistliche Welt. Mit ihrer Hilfe beten orthodoxe Gläubige nicht nur zu Gott, manche Ikonen sollen über außerordentliche Kräfte verfügen, z. B. Kranke heilen oder das Land vor fremden Eroberern bewahren. Zwischen 1131 und 1136 aus Konstantinopel in die Kiewer Rus gelangt, avancierte die Gottesmutter von Wladimir zum Nationalheiligtum Russlands. Seit 1395 wacht sie über Moskau, hier erhielt sie später in der Uspenskij-Kathedrale ihren Platz in der Ikonostase (Ikonenwand zwischen innerem Kirchenschiff und Altarraum). Diese Ikone soll Moskau vor dem Überfall durch Tamerlan und 1451 sowie 1480 ganz Russland vor dem Untergang bewahrt haben. Verschiedentlich wurde mir sogar berichtet, dass Stalin diese Ikone während des Angriffs der nationalsozialistischen Truppen auf Moskau im Dezember 1941 als göttlichen Schutzschirm in einem Flugzeug um die Stadt fliegen ließ.

Auch nach 1945 blieb das Verhältnis der Sowjetmacht zur Russisch-Orthodoxen Kirche ein schwieriges, höchst widersprüchliches. Erst das neue Russland nach der Auflösung der Sowjetunion im Jahre 1991 hat die Verhältnisse völlig verändert. Das nach außen sichtbarste Zeichen wurde ab 1995 der Wiederaufbau der Christ-Erlöser-Kathedrale am historischen Platz in alter Pracht und die Weihe zum 2000. Jahrestag der Geburt Christi am 31. Dezember 1999.

Die Renaissance der Russisch-Orthodoxen Kirche gleicht einem göttlichen Wunder: 2011 zählte sie bereits 150 Millionen Mitglieder, welche sich in 30 000 Kirchen trafen. Ihre Bedeutung ist seitdem außergewöhnlich stark gewachsen. Man kann wohl sagen, dass sie das Rückgrat, die moralische Instanz dieses Landes ist, ihm eine Seele gibt und vielen Menschen Kraft verleiht. Das unterscheidet sie von allen westlichen Ländern, auch transatlantisch. Damit rückt die wirkmächtige Russisch-Orthodoxe Kirche eher in die Nähe manch mulimischer Staaten, die sich eindeutig durch den Glauben definieren. Die Tradition Russlands basiert auf der Russisch-Orthodoxen Kirche. Als ich im Mai 2018 zur Inauguration des Präsidenten im Kreml-Palast war, fiel mir auf, dass der goldene Stuck und die Ausstattung dieses wichtigsten Gebäudes politischer Repräsentation den Russisch-Orthodoxen Kathedralen sehr ähnlich sind. Selbst das Moskauer Bolschoi, das Imperator-Theater, geht in diese Richtung. Man darf diese moralische Kraft nicht unterschätzen. Es handelt sich auch um eine Wertegemeinschaft, die verglichen mit den westeuropäischen manchmal konservativer wirkt. Sie trägt diese Gesellschaft. Ich habe das Gefühl, dass wir dem mehr Aufmerksamkeit schenken müssen. Denn käme es jemals zu einem Konflikt mit Russland, scheint dieser im Glauben begründete Zusammenhalt größer als alles, was wir im Westen kennen. Deshalb sollten wir Europäer uns auch mit Bewertungen zurückhalten. Denn die konservativen Werte der Russisch-Orthodoxen Kirche sind durch eine andere kulturelle Glaubensauffassung geprägt. Diese geht durch die ganze Bevölkerung. Es gibt Ausnahmen wie in jeder Gesellschaft. Doch man sollte davon ausgehen, dass die Mehrheit der Bevölkerung diese Werte verinnerlicht. Das schließt die Sehnsucht nach einem starken Präsidenten ein. Gerade diese Verquickung religiöser Aspekte mit gesellschaftlichen Anschauungen ist in den letzten Jahren immer enger geworden. Wer einmal der Liturgie in einer orthodoxen Kirche – sei es in Griechenland, in Georgien, in Armenien oder Russland – beigewohnt hat, wird sich der Faszination nicht gänzlich entziehen können. Sie dauert zwei Stunden, in denen man stehen muss, begleitet von großartigen Chorgesängen. Man kann es vergleichen mit dem „Flair" einer katholischen Messe, nur noch gewaltiger. Was wir im Protestantischen, wo das gesprochene Wort im Mittelpunkt steht und der Purismus gepflegt wird, zu wenig haben, ist hier im Überfluss vorhanden: Leidenschaft, Bilder, Theater, Wunder, Malereien. Deshalb gehe ich – obwohl mein Vater protestantischer Pfarrer war – öfters in Russisch-Orthodoxe Kirchen. Auch mir verleihen diese spezielle Atmosphäre, der A-cappella-Gesang des Chores und alles, was mir dort entgegenstrahlt, eine gewisse Kraft. Es ist ein christlicher Glaube in unserem europäischen Haus zwischen Lissabon und Wladiwostok. Trotz anderer Grundlagen, Traditionen und Werte zählt dieser Glaube zu unseren kulturellen Gemeinsamkeiten. Inzwischen sind alle bedeutsamen gesellschaftlichen Ereignisse Russlands ohne die Russisch-Orthodoxe Kirche undenkbar. Der Präsident zeigt sich Weihnachten, Ostern und zu den großen Feierlichkeiten zusammen mit seinem Premier in den Kirchen, zündet Kerzen an. Erzbischof und Metropolit Kyrill von Smolensk und Kaliningrad, der am 27. Januar 2009 zum neucn Patriarchen Kyrill I. der Russisch-Orthodoxen Kirche gewählt wurde, stand auch bei der Inauguration direkt vor dem Präsidenten, durfte als Erster gratulieren. Sein Amt verkörpert eine exklusive Rolle innerhalb der Russischen Föderation, die Russisch-Orthodoxe Kirche ist heute wieder eminent wichtig in Russland.

Meine Vision:
Sotschi – ein „Salzburg
am Schwarzen Meer"!

Blicke ich aus dem Fenster, sehe ich das Schwarze Meer und schneebedeckte Gebirgsgipfel. Sotschi – das ist ein Sehnsuchts- und Traumort, ein Garten Eden auf Erden. Wo gibt es schon Bade- und Wintersportparadies, endlose Strände und rasante Abfahrtspisten, mildes Klima mit gesunder Luft und gigantische Naturreservate nur 40 Autominuten voneinander entfernt? „Russische Riviera" und „Russische Schweiz" sind hier wundervoll vereint. Nun soll mit meiner Hilfe ein „Russisches Salzburg" dieses einzigartige Duo komplettieren. Dafür berief man mich zum Künstlerischen Direktor der Stiftung „Sirius – Talent und Erfolg" und des „Sirius Kultur-Zentrums".

Auf das Projekt gestoßen hatte mich im März 2016 mein Freund Sergei Roldugin. Als ich zu Besuch bei ihm in St. Petersburg war, erzählte er von seiner Unterstützung eines Vorhabens des russischen Präsidenten. Diesen bewege die sinnvolle Nachnutzung der Anlagen der Olympischen Winterspiele und der Winter-Paralympics von 2014. Dabei sei er auf die interkulturelle Förderung der besten, hochbegabtesten Kinder der Russischen Föderation auf verschiedensten Gebieten – von Sport über Naturwissenschaften bis hin zu Musik und Kunst – gestoßen und habe auch selbst schon den Namen für diese Einrichtung gefunden: „Sirius" – benannt nach dem hellsten Stern am nördlichen Firmament. Mit 8,6 Licht-jahren Entfernung ist dieses Doppelsternsystem im Sternbild „Großer Hund" eines der nächsten Gestirne unserer Erde und mit geschätzten 240 Millionen Jahren dazu ein sehr junges.

Zu „Sirius" gehören u. a. beide Eishockey-Hallen wie auch das ehemalige IOC-Gebäude, dazu der riesige Komplex des einstigen Presse- und Medien-Zentrums sowie ein großes Hotel. Einmal damit konfrontiert, kam gleich seine Frage, ob mich diese Aufgabe reizen könnte. Denn gleichzeitig solle bis 2021 ein neuer Kulturkomplex mit Opern-, Ballett- und Konzerthaus, eine Heimstätte für die großen Künstler, entstehen. Als ich Interesse signali-sierte, begann sich schon in den nächsten Wochen ein Räderwerk zu bewegen.

Ich denke sogar, mein verstorbener Freund Oleg Sibo-row hat vom Himmel aus mitgewirkt. Anders kann ich mir jene fast magische Nacht vom 18. Juni des gleichen Jahres in Moskau nicht erklären. Meine Verbundenheit zu Oleg war immer etwas ganz Besonderes. Mir scheint, dass er noch immer meine Wege begleitet. Vor allem habe ich das an jenem Samstag gespürt. An diesem Tag gab ich die endgültige Zusage für Sotschi und das dortige Sirius-Projekt. Ich saß im Café Bolschoi und hatte eine Verhandlung mit dem exzellent englisch und japanisch sprechenden Diplomaten Anton Waino, dem stellvertre-tenden Leiter der Präsidialverwaltung, welcher einige Wochen später zum Vorsitzenden der Präsidial-verwaltung im Kreml und zum Ständigen Mitglied des Sicherheitsrates der Russischen Föderation aufstieg. Waino, der 2009 bei der Preisverleihung des Semper-Opernballs an Wladimir Putin in Dresden dabei war, kannte mich von diesem Festakt. Wir redeten über meinen Vertrag und meine Motivation. Er leitete dann alles in die Wege. Zum Beispiel, dass ich Stiftungspräsidentin Elena Schmelewa traf. Nach dem Abendessen bin ich zwischen 21 Uhr und Mitternacht, gänzlich ohne Ziel, allein durch Moskau gegangen. Ich dachte nach, ob ich wirklich bereit bin, in diesem Land zu leben und hauptsächlich hier zu arbeiten. Da ich zu jener Zeit gerade „Ariadne auf Naxos" an der Kammeroper Boris Pokrowski probte, führte mich das Schicksal auch an dieser vorbei. Nichts ahnend, sprach mich direkt vor dem Opernportal ein junger Mann auf Deutsch an: „Sind Sie Herr Professor Frey?" Verwundert antwortete ich: Ja, woher kennen Sie mich? Er sagte, dass er vor Jahren zur erweiterten Delegation des Russischen Ministerpräsidenten beim SemperOpernball gehörte, dass er im Außenministerium arbeite. Und dann verriet er, was er heute macht: Dolmetscher des Präsidcntcn! Zum Beweis präsentierte er ein Foto. Mir wurde klar, dass ich mitten in der Nacht gerade Olegs Nachfolger kennenlernte. Dies hat mich sehr bewegt und gerührt. Ich bin dann lange sinnierend über den Roten Platz gegangen, habe dabei zum Himmel geschaut und mir gedacht: Oleg du bist in meiner Nähe, führst mich, hast auch diesen Schritt beobachtet.

In Sotschi und bei der „Sirius-Stiftung" – meiner neuen Wirkungsstätte seit 1. Januar 2018, die künstlerischen Planungen der Engagements und Vorbereitungen begann ich allerdings schon ein Jahr früher – bin ich immer noch einer, der alles erkundet.

Jeden Monat erhalten 800 bis 1000 der begabtesten russischen Schüler aller Regionen zwischen 10 und 17 Jahren eine Einladung, hierherzureisen. Die Schüler müssen beispielsweise herausragende Erfolge in Biologie, Chemie, Physik, Mathematik, beim Schachspiel, im Sport (Eiskunstlauf oder Eishockey), im klassischen Ballett, Malerei oder Musik – u. a. auf Klarinette, Piano, Fagott, Oboe, Horn oder Tuba – vorweisen. Über drei Wochen lang genießen sie Spezial- und Meisterkurse auf ihrem Gebiet, erweitern jedoch auch den Horizont in Geschichte, Englisch und Literatur. Wenn gewünscht, sogar in Psychologie, Journalismus oder Fotografie. Über die Nationale Elektronische Bibliothek können sie in jedem nur erdenklichen Buch oder Journal virtuell blättern.

Hier habe ich von den Kindern und Jugendlichen gemalte Porträts – darunter fast fotografisch genaue – gesehen, welche ein Niveau verkörpern, das man selbst in europäischen Kunsthochschulen selten sieht. Jene lehren ja auch heute mehr Kreativität und Persönlichkeit, welche über die Technik gestellt werden. Ich führte jüngst in einer Meisterklasse zum Thema Jazz eine Diskussion: Was ist wichtiger? Technik oder die kaum messbare Kreativität, die man im Westen neben der Selbstvermarktung so hervorhebt? In Russland steht die vollkommene Beherrschung des Handwerks an allererster Stelle. Man lässt den Eleven Zeit, die Persönlichkeit zu entwickeln, legt Wert auf eine Balance. Das Dirigieren, das Komponieren, das Musizieren, das Tanzen oder Malen darf sich nicht im freien Raum bewegen. Es bedarf einer ausgefeilten Technik. Diese altmeisterliche Herangehensweise steht im Gegensatz zur Kunst im freien Raum, den ewigen Improvisationen. In Russland heißt es, dass ich erst einmal etwas können muss, bevor ich mich um mich selbst drehe. Solch Berufsethos begeistert mich. Im Westen glaubt man manchmal, die Kunst ständig weiterentwickeln zu müssen, wobei die Gefahr besteht, dass Basiswissen und Handwerk wenig Beachtung finden.

Alle jungen Talente des Landes leben zu viert oder sechst in komfortablen Hotelzimmern, werden mit regelmäßigen Mahlzeiten verwöhnt. Dabei bedienen sie sich an Buffets mit speziellen Eis- und Dessertbars. Es gibt Ausflüge in Vergnügungsparks, Exkursionen in die Natur, Sightseeing in Sotschi – und natürlich verfügt das „Sirius"-Hotel über einen eigenen Badestrand am Schwarzen Meer. Für die kältere Jahreszeit gibt es den Thermalkomplex mit russischem, finnischem und türkischem Bad.

Ich halte dieses Konzept der Nachnutzung der Olympischen Spiele für hervorragend. Das ehemalige Bürogebäude des Internationalen Olympischen Komitees, in dem sich auch meine Abteilung befindet, bietet fantastische Arbeitsbedingungen. Aus dem ehemaligen Presse- und Mediencenter der Olympischen Spiele wird gerade ein gigantischer Park für Wissenschaft und Kunst. Hier entsteht in den nächsten Jahren auch das komplett neue Kultur- und Festivalzentrum. Mit einem großen Saal für 1300 Zuschauer – geadelt durch die Akustik von Yasuhisa Toyota. Im Mehrsparten-Festivalhaus werden wir Opern und Ballette genauso wie Schauspiele und Konzerte auf die Bühne bringen. 400 Zuschauer soll der elektroakustisch auf höchstem Niveau ausgerüstete zweite Saal für Kammermusik, Kammeroper und Ballett fassen. Wir wollen hier ganz große Festivals kreieren. Zum Beispiel mit dem Mariinski-Theater oder dem Bolschoi-Theater, bei dem eine Woche lang die Ensembles ihre Produktionen präsentieren. Unser neues Haus ist technisch so ausgestattet, dass 400 Künstler gleichzeitig zu einem Gastspiel erscheinen können. Einen Tag Oper, einen Tag Ballett, den dritten Konzert – dann beginnt der Reigen von vorn. So wird eine Festivalstruktur entstehen, Sotschi zu einem „Salzburg am Schwarzen Meer" ausgebaut. Hauptzeiten für diese Festivals sind die russischen Ferienmonate, in denen sich die meisten Touristen in Sotschi tummeln. Insbesondere zwischen Mitte Dezember und Mitte Januar, der Zeit der großen Winterferien mit viel Skitouristen, und dann wieder Anfang Mai bis Ende September. Gleichsam sollen Kulturtouristen aus aller Welt angelockt, Opernproduktionen und Kooperationen mit führenden Häusern veranstaltet werden. Alle wichtigen russischen Orchester haben schon ihre Bereitschaft signalisiert. Ich möchte Sotschi aber auch zum Brückenbauen über Ländergrenzen hinweg nutzen, russische mit österreichischen und deutschen Künstlern vereinen – ein zukunftsweisendes Konzept.

Und dies in einer hochspannenden Stadt, welche sich über 100 Kilometer Luftlinie entlang der nördlichen Schwarzmeerküste erstreckt. Diese Dimensionen wurden mir erstmals im Sommer 2017 bewusst. In einer 30 Jahre alten Piper PA-42 Cheyenne – mit dem zweimotorigen Turboprop-Flugzeug schwebt man gemütlich wie in einer Luftkutsche, sieht langsam Wolkenformationen und Küsten vorbeigleiten – flog ich von Linz nach Sotschi und zurück. Meine Arbeit in Sotschi weckte auch bei den Linzern großes Interesse. Ein Freund vom Rotary Club, Philipp Gittler, der gerade das Flugzeug zusammen mit einem Partner gekauft hatte, bot mir einen gemeinsamen Flug an. Zusammen mit seinem Neffen Florian Gittler steuerte er das Flugzeug, in dem neben mir u. a.

auch Andrea Mylo, eine der wichtigsten Mitarbeiterinnen des SemperOpernballs, und Kathrin Garthaus von meinem „Competizione dell' Opera" mitflogen.

Sotschi besteht aus drei Teilen: Einerseits der Altstadt, die bis 2012 etwa 350 000 Einwohner beherbergte. Inzwischen kratzt man an der 700 000-Einwohner-Grenze. Andererseits der Stadtteil Adler mit dem neuen Olympiapark und Flughafen, wo in nacholympischer Zeit Jobs entstanden und sich viele neue Bürger ansiedelten. Zu Sotschi zählt aber auch das Wintersportparadies Krasnaja Poljana – ein gefragtes alpines Wander- und Tourengebiet. Mit einer Kaskade von Liften gelangt man beispielsweise bis in 2320 Meter Höhe über dem Meeresspiegel. Umgeben von schneebedeckten, teilweise vergletscherten Kaukasusbergen wie dem 3238 Meter hohen Tschugusch, dem 3257 Meter hohen Pseaschcha oder dem 3345 Meter hohen Zachwoja erstrecken sich zwei über 400 000 Hektar große Naturreservate.

In dieser alten, neuen Stadt, wo es bislang nur im Wintertheater aus Stalins Zeiten Gastbespielungen gab, entsteht nun unser neuer Kulturkomplex. Manche sagen bereits, der russische Präsident würde hier Neu-Europa errichten. Ich erlebe eine aufregende Zeit. Denn wer kann schon von sich behaupten, so ein Festivalzentrum neu errichten zu helfen, alles von Anbeginn in die Hand zu nehmen. Natürlich ist es ein gewagter Schritt, ein schwieriges Unterfangen, wie bei jedem Startup-Unternehmen. In der Semperoper hatte ich mit 1000 Mitarbeitern eine gewachsene Struktur. Hier fange ich von vorn an, eine aufzubauen. Ticketing, Marketing, Bekanntheit – alles startet beim Punkt Null. So wie ich vor 13 Jahren den Dresdner SemperOpernball und vor 20 Jah-

338

ren den internationalen Gesangswettbewerb ins Leben rief, kann ich nun ein Konzerthaus, ein Festivalzentrum in Russland aus der Taufe heben. Und komme dabei mit globalen Entscheidern wie jüngst dem Präsidenten des Weltfußballverbandes FIFA, Gianni Infantino, zusammen. Es hat mich einfach gereizt, in einer Stiftung zu arbeiten, in der der russische Präsident Aufsichtsratsvorsitzender ist – und in Sotschi, einer Stadt, auf die jetzt viele schauen. Denn die Vision ist, dass sich unser jährlich von sieben Millionen Touristen besuchtes Sotschi neben St. Petersburg und Moskau zur drittwichtigsten Kulturmetropole des Landes entwickelt.

Um die Kulturwelt und Touristen bereits vor Fertigstellung des Konzerthauses auf den neuen Hotspot aufmerksam zu machen, entwickelte ich gemeinsam mit der wundervollen Stiftungs-Vorsitzenden Elena Schmelewa ein Konzept für Konzertreihen. Diese laufen bereits seit 2017 sehr erfolgreich. 2018 finden 35 Konzerte statt, für 2019 sind über 50 geplant. Dabei werden die Programme so konzipiert, dass sie gemäß Stiftungsanliegen auch für die Jugendlichen und künftigen Eliten eine Erweiterung ihres kulturellen Horizonts bieten. Für die großen und kleinen Konzertbesucher bietet sich sogar die Möglichkeit, mit den Klassik-Stars ins Gespräch zu kommen.

Epilog

Ich habe Sie mitgenommen auf eine Reise durch die Kultur mit allerlei Begegnungen, bei denen Sie Intellektuelle, Künstler und sogar Minister kennengelernt haben. Die Russen sind ein stolzes, selbstbewusstes Volk mit einem ganz eigenen Charakter und vielen hervorragenden Persönlichkeiten. Es war mir ein Bedürfnis, Ihnen dieses Land und seine Menschen näherzubringen. Denn Russland lohnt, entdeckt zu werden. Vielleicht konnte ich Sie neugierig machen. Reisen Sie selbst hierher, begeben Sie sich auf die Spuren seiner Geschichte, erkunden Sie die Gegenwart dieses Landes, welches zu den schönsten der Erde zählt, das über eine der größten Goldreserven der Welt verfügt und nur eine geringe Staatsverschuldung aufweist, jedoch oft dämonisiert wird. Lernen Sie Russland kennen und lieben, so wie ich es lieben lernte. Jenseits aller politischen Konstellationen, aller einseitigen Analysen, Psychoporträts oder Darstellungen der politischen Führer. Sie werden sehen, wie eng verzahnt es wirtschaftlich, wissenschaftlich oder kulturell mit Deutschland, Österreich und unserem europäischen Haus ist. Die russische Seele ist tief. Ich wollte Sie mit russischer Kultur und der russischen Seele vertraut machen. Vieles wird sich für Sie jetzt vielleicht anders darstellen. Russland, das größte Land der Erde, wartet auf Sie!

Dank

Eine Vielzahl von Persönlichkeiten in Deutschland, Österreich und Russland trugen u. a. durch Auskünfte, erhellende Gespräche, Dolmetscherdienste und Übersetzungen sowie Übergabe von Material zum Gelingen dieses Buches bei. Ein herzliches Dankeschön geht an Armenak Agababyan, Christian Angermann, Irina Antonowa, Grischa Asagaroff, Peter Augendopler, Lydia Charina, Thomas Dix, Sajan Dondokov, Rico Förster, Christa Frey, Kathrin Garthaus, Irina Gerasimowa, Waleri Gergijew, Artur Gevorgyan, Florian Gittler, Philipp Gittler, Wladimir Gridijuschko, Ewgeni Grigorjew, Sonja Grigorjewa, Alexander Gussew, Gisela Haase, Björn-Gunnar Haustein, Gerold J. Held, Bakhtijar Jakubow, Wiktor Jampolski, Marion Jerschowa, Michael Kislerow, Tamara Kliwadenko, Michail Koklow, Vitaliy Kolesnyk, Jan Latham-Koenig, Anton Lubchenko, Ekkehard Maaß, Wolfgang Mayer, Wladimir Medinski, Andrei Petrow, Juri A. Petrow, Lev Poljakov, Natalia Poppel, Sergei Roldugin, Jan Schaldach, Rolf Schälike, Maxim Schmyrew, Michail Schwydkoi, Dmitri Sibirtsew, Vater Silvester, Wladimir Urin, Dmitri Wdowin, Viktor Wolski und Natalia Zagorskaia. Ganz besonders danken die Autoren Karina Helfricht, die wie ein Fels in der Brandung seit annähernd 30 Jahren alle zeitaufwändigen Recherchen ihres Mannes sowie den oftmaligen Rückzug an den Schreibtisch für alle publizistischen Arbeiten mit großer Geduld unterstützt und auch dieses Buch mit vielen Anregungen kreativ-kritisch bereicherte.

Personenregister

Adler, Ronald H. (*1943), 254

Agababyan, Armenak Sergejewitsch (*1944), 121, 145–149

Ajuschejew, Damba Badmajewitsch (24. Pandito Hambo Lama) (*1962), 135f, 139

Albert, König Sachsen (1828–1902), 69

Albrecht, Christoph (*1944), 59, 90

Albrecht, Marc (*1964), 59

Alexander I. Pawlowitsch, Zar (1777–1825), 65

Alexander II., Zar (1818–1881), 78, 148, 322

Alexander III., Zar (1845–1894), 78, 322, 327

Alexandra Fjodorowna, Kaiserin, geb. Alix von Hessen-Darmstadt (1868–1918), 20

Alexei II., Patriarch (geb. Alexy Michailowitsch von Ridiger) (1929–2008), 264

Allilujewa, Swetlana Iossifowna (geb. Stalina), (1926–2011), 75

Anastasia von Russland, Großfürstin (*1901–1918), 29

Andropow, Juri Wladimirowitsch (1914–1984), 212f

Andropowa, Irina (*1946), 212

Angermann Christian (*1953), 122, 149–154

Angermann Monika (*1951), 150

Anna Ioannowna, Kaiserin Russland (1693–1740), 14

Anna von Byzanz (963–1011/12), 318

Antonowa, Ida (1899–1999), 304

Antonowa, Irina Alexandrowna (*1922), 281, 302–305

Archipowa, Irina Konstantinowna (1925–2010), 264

Ardenne, Manfred Baron von (1907–1997), 66f, 95

Ardenne, Thomas Gothilo Baron von (*1943), 95

Asagaroff, Georgi (1892–1957), 253

Asagaroff, Grischa (*1947), 253

Aschkenasi, Wladimir Dawido-witsch (*1937), 262

Attersee, Christian Ludwig (*1940), 125, 173

Augendopler, Peter (*1945), 181f, 184f

Aust, Bernd (*1945), 94

Awdejew, Alexander Alexejewitsch (*1946), 109, 130

Bach, Johann Sebastian (1685–1750), 85, 320

Bachtin, Michail Michailowitsch (1895–1975), 300

Backhaus, Ambrosius Arnold (1923–2005), 154

Baechle, Janina (*1969), 258

Bakunin, Michail Alexandrowitsch (1814–1876), 60

Balanchine, George (1904–1983), 214

Barenboim, Daniel (*1942), 177

Barroso, Josè Manuel (*1956), 102

Bartoli, Cecilia (*1966), 146

Baschmet, Juri Abramowitsch (*1953), 171, 262

Batiaschwili, Lisa (*1979), 262

Baudelaire, Charles (1821–1867), 132

Baumgarten, Sebastian (*1969), 59

Beethoven, Ludwig van (1770–1827), 320

Belconti (k. A.), 190

Bellotto, Bernardo gen. Canaletto (1722–1780), 68, 304

Benedikt XVI., Papst (bürgerlich Joseph Aloisius Ratzinger) (*1927), 183

Berger, Senta (*1941), 96

Beria, Lawrentij (1899–1953), 67

Bertmann, Dmitri Alexandrowitsch (*1967), 40, 54

Besgodkowa, Elena (*1989), 258

Beslepkin, Alexander (*1972), 154

Biedenkopf, Kurt Hans (*1930), 79f

Bizet Georges (1838–1875), 101

Bocelli, Andrea (*1958), 146

Bogaerts, Marc (*1951), 231

Böhm, Horst (1937–1990), 70

Böhm, Karl (1894–1981), 58

Böhme, Franz (1908–1992), 174

Böhme, Marlene (1916–2004), 174

Borodin, Alexander Porfirjewitsch (1833–1887), 171
Bosse, Harald Julius von (1812–1894), 61, 71
Botscharowa, Lidija (1907–1996), 52
Bové, Joseph (1784–1834), 144, 190
Braun, Wernher von (1912–1977), 67
Breschnew, Leonid Illjitsch (1906–1982), 212
Brjullow, Alexander Pawlowitsch (1798–1877), 160
Brjullow, Karl Pawlowitsch (1799–1852), 16
Bruckner, Anton (1824–1896), 165, 170
Brühl, Heinrich Graf von (1700–1763), 306
Buchbinder, Rudolf (*1946), 177
Budjonny, Semjon Michailowitsch (1883–1973), 229
Bulgakow, Michail Afanassjewitsch (1891–1940), 54
Burdenko, Roman (*1984), 258
Burdenski, Dieter (*1950), 28
Busch, Fritz (1890–1951), 58
Bush, George Walker (*1946), 77
Bush, Laura Lane, geb. Welch (*1946), 77
Butman, Igor Michailowitsch (*1961), 262
Büttner, Harald (*1963), 154
Bychkow, Semjon Majewitsch (*1952), 59, 262
Callas, Maria (1923–1977), 146, 157
Campbell, Naomi (*1970), 102
Carreras, José (*1946), 102, 160
Caruso, Enrico (1873–1921), 146
Cavos, Alberto Camillo (1800–1863), 190
Celibidache, Sergiu (1912–1996), 170
Cézanne, Paul (1839–1906), 304
Chagall, Marc (1887–1985), 11, 241, 304
Charina, Lydia (*1958), 189
Charles Philip Arthur George, Prince of Wales (*1948), 77
Chatschaturjan, Aram (1903–1978), 11, 171, 210
Chinti (k. A.), 190
Chruschtschow, Nikita Sergeje-witsch (1894–1971), 22, 53, 73, 212

Ciampi, Maurizio (*1964), 253
Colebourne, Ian (*1968), 279, 289
Cranach, Lucas d. Ä. (1472–1553), 304
Da Ponte, Lorenzo (1749–1838), 231
Damrau, Diana (*1971), 103
Darboven, Albert (*1936), 95
Davis, Sir Colin (1927–2013), 59
Decker, Willy (*1950), 59
Deller, Harald (*1967), 186
Demutsky, Ilya Alexandrowitsch (*1983), 219
Depardieu, Gérard (*1948), 102
Deppermann, Uta-Christine (*1968), 254
Derewianko, Wladimir Iljitsch (*1959), 60
Desyatnikov, Leonid Arkadievich (*1955), 219
Dietmann, Carsten (*1962), 94
Dietz, Robert (1844–1922), 70
Diller, Elizabeth (*1954), 144
Dinglinger, Johann Melchior (1664–1731), 57
Dix, Otto (*1891–1969), 271
Dix, Thomas (*1966), 271f, 279, 289f
Dmitritschenko, Pawel Witalje-witsch (*1981), 213
Dobrowen, Issay (1891–1953), 58
Dobusch, Franz (*1951), 166f
Domingo, Plácido (*1941), 222
Dondokov, Sajan Basarowitsch (*1985), 270f, 284
Donizetti, Gaetano (1797–1848), 247, 270
Donskoi, Dmitri Iwanowitsch (1350–1389), 305
Dostojewskaja, Ljubow Fjodorowna (1869–1926), 62
Dostojewski, Fjodor Michailowitsch (1821–1881), 43, 62, 71
Draule, Milda Petrowna (1901–1935), 309
Dschingis Khan (um 1155–1227), 230
Dudamel, Gustavo (*1981), 177
Edward, 2. Herzog von Kent (*1935), 77
Elena Pawlowna, Großfürstin, geb. Friederike Charlotte von Württem-berg (1807–1873), 81
Elisabeth I., Kaiserin Russland (1709–1762), 308

Engelhardt, Wassily Pawlowitsch Baron von (1828–1915), 65

Eropkin, Petr Michailowich (um 1698–1740), 14

Eyvazov, Yusif (*1977), 257

Fabergé, Charlotte, geb. Jungstedt (1820–1903), 63f

Fabergé, Peter Carl (1846–1920), 16, 63, 305

Fabergé, Peter Gustav (1814–1894), 63

Faworin, Jury (*1986), 169

Fedossejew, Wladimir Iwanowitsch (*1932), 170, 178, 195

Felsenstein, Walter (1901–1975), 226

Felten, Georg Friedrich (1730–1801), 14, 16

Filatow, Wladimir Petrowitsch (1875–1956), 52

Filin, Sergei Jurjewitsch (*1970), 213f

Filippow, Michail (*1947), 212

Fischer, Heinz (*1938), 172

Fischer, Helene (*1984), 102

Fjodorow, Iwan (zw. 1510 u. 1525–1583), 300

Fokine, Michail Michailowitsch (1880–1942), 214

Förster, Rico (*1974), 255

Frantz, Justus (*1944), 79

Fredrich, Mandy (*1979), 258

Frey, Benita (*1960), 26, 37

Frey, Christa Klara Luise, geb. Grigel (*1936), 24–27, 32, 37, 38

Frey, Dietrich (1932–2000), 24f, 32, 37, 49, 139f

Frey, Ekkehard (*1966), 27, 37

Frey, Emil (k. A.), 82

Frey, Justinius (um 1893–1968), 25

Frey, Kirsten, geb. Blanck (*1965), 59, 109, 155

Frey, Konstanze (*1998), 60, 68, 109, 155, 206

Frey, Sigrid, geb. Maaß (1907–1985), 11, 17, 25, 28f, 30, 33, 39

Friedrich, Caspar David (1774–1840), 63

Friedrich, Götz (1930–2000), 49, 139f

Friedrich August I., der Starke, Kurfürst Sachsen (1670–1733), 56f, 91, 98f

Friedrich III., Kaiser Heiliges Römisches Reich (1415–1493), 294

Friedrich Wilhelm I., König Preußen (1688–1740), 87

Friedrich Wilhelm III., König Preußen (1770–1840), 65

Fursenko, Andrei Alexandrowitsch (*1949), 202, 236f

Fursenko, Sergei Alexandrowitsch (*1954), 237

Furzewa, Jekaterina Alexejewna (1910–1974), 230

Gabor, Hans (1924–1994), 51

Gabriel, Siegmar (*1959), 295

Gagarin, Juri Alexejewitsch (1934–1968), 305

Gagarina, Elena Juriewna (*1959), 305f

Gagarina, Galina Juriewna (*1961), 305

Gänswein, Georg (*1956), 183

Garanča, Elīna (*1976), 127, 177

Garmatenko, Anatolij Iwanowitsch (*1963), 154

Garthaus, Kathrin (*1984), 258, 275, 288, 338

Gärtner, Andreas (1654–1727), 57

Gatti, Daniele (*1961), 59

Gawrilow, Andrei Wladimorowitsch (*1955), 210

Gedda, Nicolai (1925–2017), 51

Gegello, Alexander Ivanovich (1891–1965), 22

Geniusas, Lukas (*1990), 169

Genscher, Hans-Dietrich (1927–2016), 131

Gerasimowa, Irina Anatoljewna (*1960), 267f, 279

Gergijew, Waleri Abissalowitsch (*1953), 88, 144, 161, 170, 240f, 246, 260f, 276f

Gergijewa, Larisa Abissalowna (*1952), 254

Gevorgyan, Artur Rafikowitsch (*1970), 145–147

Gilder, Robert (*1957), 255

Gittler, Florian (*1986), 337

Gittler, Philipp (*1956), 337

Glinka, Michail Iwanowitsch (1804–1857), 171

Gnessina, Jelena Fabianowna (1874–1967), 266

Gnessina, Jewgenija Fabianowna

(1871–1940), 266

Gnessina, Marija Fabianowna (1876–1918), 266

Godunow, Alexander Borissowitsch (1949–1995), 213

Goethe, Johann Wolfgang von (1749–1832), 132

Gogh, Vincent van (1853–1890), 304

Gogol, Nikolai Wassiljewitsch (1809–1852), 11, 68

Goldmark, Karl (1830–1915), 86

Golman, Abram (1907–1993), 307

Golodez, Olga Jurjewna (*1962), 238

Golowatenko, Igor Alexandrowitsch (*1980), 258

Goltz, Ellen Dagmar Freifrau von der, geb. Maaß (1910–2010), 17, 19, 21, 30f, 33

Goltz, Wittich von der (1905–1974), 18

Gorbatschow, Michael Sergejewitsch (*1931), 51, 105, 129, 212

Gorki, Maxim (1868–1936), 299

Gratti (k. A.), 190

Gridijuschko, Wladimir Pawlowitsch (*1958), 242–244

Grigel, Ingeborg (1903–1990), 28

Grigorjew, Ewgeni D. (*1958), 283, 311–315

Grigorovich, Juri Nikolajewitsch (*1927), 216

Gringolts, Ilya (*1982), 262

Grinin, Wladimir Michailowitsch (*1947), 178

Gromyko, Andrei Andrejewitsch (1909–1989), 159, 212

Grubauer, Manfred (*1951), 180

Gurib-Fakim, Ameenah Firdaus (*1959), 102

Gürtler-Mauthner, Elisabeth (*1950), 93f

Gussew, Alexander (*1944), 40, 51–55, 120, 211

Gussew, Iwan Fedorowitsch (1902–1991), 52

Gustav II. Adolf, König Schweden (1594–1632), 99

Gutenberg, Johannes (eigentlich Johannes Gensfleisch) (um 1400–1468), 300

Guth, Claus (*1964), 59

Gutman, Natalja Grigorjewna (*1942), 262

Güttler, Ludwig (*1943), 210

Güttler, Michael (*1966), 210

Haase, Gisela (*1935), 302f

Händel, Georg Friedrich (1685–1759), 210

Hanke, Ferdinand Wilhelm (1816–1880), 64

Harding, Daniel (*1975), 60

Harsant, Angelika, geb. Böhme (*1940), 175

Harteros, Anja (*1972), 55

Haunold, Heinz (*1955), 178

Haustein, Björn-Gunnar (*1940), 191, 210

Hegel, Georg Wilhelm Friedrich (1770–1831), 320

Heine, Heinrich (1797–1856), 132

Heinrichs, Johannes (*1942), 80

Held, Gerold J. (*1959), 45, 76f, 93

Herzog, Roman (1934–2017), 102

Heuser, Franz-Müller (1932–2010), 51

Hilarion, Metropolit, geb. Alfejew, Grigori Walerjewitsch (*1966), 72, 267, 327

Hilbert, Dirk (*1971), 94, 161f, 179, 315

Hitler, Adolf (1889–1945), 66, 174

Holender, Ioan (*1935), 253

Hollaender-Calix, Ariane (*1943), 253

Holzer, Robert (*1963), 253

Hondré, Emmanuel (*1968), 254

Honeck, Manfred (*1958), 60

Honecker, Erich (1912–1994), 71

Honigberg, Steven (*1962), 86

Huck, Evert (k. A.), 16

Hueck, Hermann von (k. A.), 16

Hworostowski, Dmitri Alexandrowitsch (1962–2017), 128, 171, 267

Infantino, Gianni (*1970), 288, 339

Iksanow, Anatoli Gennadjewitsch (*1952), 216, 218

in 't Veld, Ronald (*1958), 93

Ioann, Metropolit, geb. Konstantin Nikolajewitsch Wendland (1909–1989), 326

Itigelow, Daschi-Dorscho (12. Pandito Hambo Lama) (1852–1927), 135

Iwan III., der Große, Großfürst von Moskau, Zar (1440–1505), 294

Iwan IV. Wassiljewitsch, der Schreckliche, Zar (1530–1584), 56f

Iwanow, Georgij Alexandrowitsch (1919–1994), 211

Jackson, La Toya (*1956), 102, 116

Jackson, Michael (1958–2009), 102

Jakubow, Bakhtijar (*1948), 251, 275

Jakubowa, Dilorom (*1951), 251

Jampolski, Isaak (1927–2009), 307

Jampolski, Rita Abramova (*1929), 307

Jampolski, Wiktor Isaakowitsch (*1955), 282, 306f

Jelzin, Boris Nikolajewitsch (1931–2007), 105f, 129, 212, 223, 225

Jerschow, Alexej (*1971), 175

Jerschow, Michail Pawlowitsch (1943–2014), 175

Jerschow, Pawel Nikolajewitsch (1900–1999), 175

Jerschow, Pjotr (*1968), 175

Jerschowa, Marion (*1943), 174–177

Johannis, Klaus (*1959), 102

John, Sir Elton Hercules (*1947), 77

Juncker, Jean-Claude (*1954), 102

Jurowski, Dmitri Wladimirowitsch (*1979), 103, 171, 262

Jurowski, Michail Wladimirowitsch (*1945), 262

Jurowski, Wladimir Michailowitsch (*1972), 124, 162, 171, 262

Káel, Csaba (*1961), 254

Kaganowitsch, Lasar Moissejewitsch (1893–1991), 111

Kálmán, Emmerich (1882–1953), 245

Kandinsky, Wassili (1866–1944), 11, 304

Kant, Immanuel (1724–1804), 320

Karajan, Herbert von (1908–1989), 168

Karamsin, Nikolai Michailowitsch (1766–1826), 63

Kasakow, Michail Iljitsch (1901–1979), 133

Kasakowa, Tamara (*1959), 133

Kasraschwili, Makvala (*1942), 159, 213, 254, 268

Kastendick, Jörg (*1964), 131

Katharina II., die Große, Kaiserin von Russland, geb. Sophie von Anhalt-Zerbst (1729–1796), 189f, 306, 308, 322

Kaufmann, Jonas (*1969), 128, 177

Kechman, Wladimir Abramowitsch (*1968), 160–162

Kerbl, Thomas (*1965), 255

Kirkorow, Filipp Bedrossowitsch (*1967), 260

Kirow, Sergei Mironowitsch (1886–1934), 309

Kislerow, Michael Stepanowitsch (*1954), 228, 284

Kislerow, Stepan Michailowitsch (1923–1997), 228

Kitajenko, Dmitri Georgijewitsch (*1940), 262

Kliwadenko, Tamara (*1975), 258, 263f, 275

Knigge, Adolph Franz Friedrich Ludwig Freiherr von (1752–1796), 10

Koklow, Michail (*1954), 266, 278

Kolesnyk, Vitaliy (*1974), 71

Kolobow, Jewgenij Wladimirowitsch (1946–2003), 246f

Koloskov, Grigori A. (1893–1936), 216

Kolzow, Michail Jefimowitsch (1898–1940), 53

Konew, Iwan Stepanowitsch (1897–1973), 65

König, Katrin (*1983), 254

Konwitschny, Peter (*1945), 59, 245f

Kopachevski, Philipp (*1990), 169

Kopatchinskaja, Patricia (*1977), 262

Koschitzke, Irene, geb. Maaß (1904–2004), 17, 21, 29, 33

Kotenjow, Wladimir Wladimirowitsch (*1957), 48, 100, 115

Kötter, Ernst (*1953), 94

Kozlow, Wasili Wasiljewitsch (1887–1940), 309

Krämer, Günter (*1940), 59

Kschessinskaja, Matilda Felixowna (1872–1971), 214

Kuhn, Swetlana (*1966), 146

Kultyshew, Miroslaw (*1985), 169

Kummer, Horst-Michael von (*1942), 94

Kurz, Sebastian (*1986), 172

Kyrill I., Patriarch von Moskau, geb.

Wladimir Michailowitsch Gundja-
jew (*1946), 327, 331
Lahmann, Heinrich (1860–1905), 64
Langbard, Iosif (1882–1951), 241
Lang-Mayerhofer, Doris (*1982), 194
Latham-Koenig, Jan (*1953), 208, 247
Lawrow, Sergei Wiktorowitsch
(*1950), 106
Lax, Sabine (*1972), 103
Lax, Tassilo (*1971), 103
Lee, Hyunjai (*1990), 258, 274
Lee, Yun-Jeong (*1980), 259
Lehnhoff, Nikolaus (1939–2015), 59
Leicht, Georg H. (*1964), 93f, 98f
Leitl, Christoph (*1949), 179f
Lenin, Wladimir Iljitsch, geb. Wlad-
mir Iljitsch Uljanow (1870–1924), 8,
20, 77, 190f, 308, 310, 315–317, 320f
Lepeschinskaja, Olga Wassiljewna
(1916–2008), 214
Lepswerdise, Grigori Wiktorowitsch
(*1962), 260
Lewchuk, Margarita (*1990), 178
Lewitan, Isaak Iljitsch (1860–1900),
298
Lewitin, Igor Jewgenjewitsch
(*1952), 222
Lidval, Fjodor Iwanowitsch (1870–
1945), 77
Linke, Winfried (*1937), 71
Lint, Sophie de (*1975), 254
Liotard, Jean-Étienne (1702–1789),
148
Liphart, Ernst Friedrich von (1847–
1932), 15
Liszt, Franz (1811–1886), 81
Livieri, Jaquelina (*1988), 259
Ljubinski, Dmitri Jewgenjewitsch
(*1967), 178f
Ljutikow, Nikita (*1991), 169
Lobikow, Alexej (*1987), 169
Lomonossow, Michael Wassilje-
witsch (1711–1765), 63
Lortzing, Albert (1801–1851), 225
Lubchenko, Anton (*1985), 103, 126,
170, 179, 202, 233, 235f, 238–240
Luger, Klaus (*1960), 125, 179
Luisi, Fabio (*1959), 60
Lukaschenko, Alexander Grigorje-
witsch (*1954), 242
Lukaschenko, Nikolai Alexandro-

witsch (*2004), 243
Lunatscharski, Anatoli Wassilje-
witsch (1875–1933), 191
Luschkow, Juri Michailowitsch
(*1936), 225
Luther, Martin (1483–1546), 15, 98
Maaß, Editha Ida, geb. Nelissen von
Haken (1883–1961), 16, 19f, 32
Maaß, Eduard August (1875–1958),
11, 13f, 19, 21, 25, 30, 309
Maaß, Ekkehard (*1951), 22
Maaß, Wolfram (1909–1993), 17, 33,
39
Maddox, Michael (1747–1822), 190
Madonna, Louise Veronica Ciccone
(*1958), 77
Magnani, Anna (1908–1973), 157
Maizière, Thomas de (*1954), 95, 244
Mammadow, Murtusa (gen. Bülbül)
(1897–1961), 256
Mandlbauer, Gerald (*1959), 180
Margelow, Michael Witaljewitsch
(*1964), 107
Mark, Erzbischof von Berlin und
Deutschland, geb. Michael Arndt
(*1941), 155
Marx, Karl (1818–1883), 75
Mastrangelo, Fabio (*1965), 258
Matsujew, Denis Leonidowitsch
(*1975), 103, 171, 177, 193
Matweyew, Lasar (*1927), 68
Matwijenko, Walentina Iwanowna
(*1949), 23, 130, 162
Matz, Johannes (*1929), 59
Maximowa, Jekaterina Sergejewna
(1939–2009), 214
May, Karl (1842–1912), 20
Mayer, Wolfgang (*1976), 181–188,
195
Mayrhofer, Manfred (*1942), 246
Medinski, Wladimir Rostislawo-
witsch (*1970), 5, 178, 194, 215, 268,
316
Medwedew, Dmitri Anatoljewitsch
(*1965), 106f, 129f, 142, 285
Melanchthon, Philipp (1497–1560),
98
Merkel, Angela (*1954), 62
Merslikin, Andrei Iljitsch (*1973),
325
Mescherjakowa, Marina (*1964), 55

347

Messmacher, Maximilian von (1842–1906), 87
Metzger, Igor (*1960), 151
Meyer, Christoph (*1960), 40
Meyerhold, Wsewolod Emiljewitsch (1874–1940), 225
Michajlow, Stanislav Wladimirowitsch (*1969), 260
Miklucho-Maklai, Nikolai Nikolajewitsch (1846–1888), 16
Mikluschewski, Wladimir (*1967), 238
Mikojan, Anastas (1895–1978), 73
Mikojan, Artjom (1905–1970), 73
Milbradt, Georg (*1945), 62, 93, 97
Miljukow, Pawel (*1984), 169, 178
Mirsijojew, Schawkat Miromonowitsch (*1957), 251
Mirtowa, Elena (k. A.), 47, 173
Modrow, Hans (*1928), 70
Mohn, Liz (*1941), 95
Molchanow, Kirill Wladimirowitsch (1922–1982), 212
Molotow, Wjatscheslaw Michailowitsch (1890–1986), 72
Monet, Claude (1840–1926), 304
Monomach, Großfürst (eigentlich Wladimir II. Wsewolodowitsch) (1053–1125), 305
Moore, Latonia (*1979), 259
Moore, Sir Roger (1927–2017), 102
Mordaschow, Alexei Alexandrowitsch (*1965), 291, 293, 295
Moreau, Jean-Victor (1763–1813), 65
Morosowa, Ekaterina (*1974), 259
Mosgraber, Torsten (*1965), 55
Mozart, Wolfgang Amadeus (1756–1791), 59, 86, 179, 231f, 246
Mueller-Stahl, Alfred (1898–1945)
Mueller-Stahl, Armin (*1930), 18, 36, 96, 125, 173
Mueller-Stahl, Editha, geb. Maaß (1903–1978), 17f, 21, 29, 33
Mühlbacher, Alois (*1995), 202, 238
Müller, Gerhard (*1956), 94
Murzaev, Sergej (*1965), 55
Mussorgski, Modest Petrowitsch (1839–1881), 11, 58, 159, 171, 238
Muti, Ornella (*1955), 102
Mutter, Anne-Sophie (*1963), 177
Mylo, Andrea (*1959), 288, 338

Napoleon I. Bonaparte, Kaiser Frankreich (1769–1821), 61, 65
Naseband, Rainer (*1950), 94
Nelsons, Andris (*1978), 177
Nemirova, Vera (*1972), 59
Nemzow, Boris Jefimowitsch (1959–2015), 298
Nesterenko, Jewgeni Jewgenjewitsch (*1938), 261
Netrebko, Anna Jurjewna (*1971), 101, 210, 222, 257, 261
Netrebko, Tiagu Arua (*2008), 101
Netschajew, Sergej Jurjewitsch (*1953), 179, 257
Nikolajew, Leonid Wassiljewitsch (1904–1934), 309
Nikolaus I. Pawlowitsch, Zar (1796–1855), 63, 160, 305
Nikolaus II., Zar (1868–1918), 20, 78, 322
Nikonow, Wjatscheslaw Alexejewitsch (*1956), 72
Nurejew, Rudolf Chametowitsch (1938–1993), 215
Obama, Barack (*1961), 100
Obraszowa, Jelena Wassiljewna (1939–2015), 124, 157–164, 202, 229, 237f
Okunew, Pjotr (*1979), 239
Orosz, Helma (*1953), 95
Pankratowa, Elena (k. A.), 261
Pape, René (*1964), 124, 162
Pasternak, Boris Leonidowitsch (1890–1960), 11, 239
Pavarotti, Luciano (1935–2007), 50, 146
Pawlowa, Anna Pawlowna (1881–1931), 214
Perepjatko, Olga Alexandrowna (*1980), 261
Pergolesi, Giovanni Battista (1710–1736), 210
Permoser, Balthasar (1651–1732), 303
Peter I., der Große, Zar (1672–1725), 17, 28, 56f, 99, 225, 227, 305, 310f, 322
Petrenko, Kirill Garrijewitsch (*1972), 262
Petrenko Wassili Eduardowitsch (*1976), 262
Petrow, Alexander (1927–2001), 319

348

Petrow, Andrei (*1976), 241f, 246
Petrow, Juri Alexandrowitsch
(*1955), 283, 319–324
Picasso, Pablo (1881–1973), 304
Pietsch, Irene (*1945), 155f
Piotrowski, Michail Borissowitsch
(*1944), 72
Plissezkaja, Maja Michailowna
(1925–2015), 214
Pokrowski, Boris Alexandrowitsch
(1912–2009), 225f
Poljakov, Lev Dmitriewitsch (*1957),
296
Poltawtschenko, Georgi Sergeje-
witsch (*1953), 311
Ponchielli, Amilcare (1834–1886),
258
Poppel, Natalia Anatolewna (*1959),
280, 284, 292–295
Poppel, Nikolaus (um 1435–um
1490), 294
Possochow, Jurij Michailowitsch
(*1964), 215
Potemkin, Gregorij Alexandrowitsch
Fürst von (1739–1791), 65
Pritchin, Aylen (*1987), 169
Prokofjew, Sergei Sergejewitsch
(1891–1953), 262
Puccini, Giacomo (1858–1924), 238
Pudova, Olga (*1982), 259
Puschkin, Alexander Sergeewitsch
(1799–1837), 11
Putin, Wladimir Wladimirowitsch
(*1952), 8, 11, 48, 62, 67–69, 72, 85,
87, 90, 97, 100–109, 114f, 129f, 142f,
155f, 162, 172, 186f, 202, 212, 222,
235f, 258, 264, 269, 289, 293, 301,
305, 309–313, 333
Putina, Ljudmila Alexandrowna
(*1958), 68f
Putina, Marija Wladimirowna
(*1985), 68, 85
Putjatin, Nikolai Abramowitsch
Fürst von (1749–1830), 42, 60
Quarenghi, Giacomo (1744–1817),
308
Rabl-Stadler, Helga (*1948), 172
Rachmaninow, Sergei Wassiljewitsch (1873–1943), 11, 62, 210
Raffael (Raffaelo Santi) (1483–1520),
148

Raskatov, Ewgenij (*1981), 23
Rasputin, Grigori Jefimowitsch
(1869–1916), 8, 20, 77
Rastrelli, Bartolomeo Francesco
(1700–1771), 308
Rauhe, Hermann (*1930), 49–51
Redkin, Sergei (*1991), 169
Rembrandt (eigentlich Rembrandt
Harmenszoon van Rijn) (1606–1669),
304
Renoire, Pierre-Auguste (1841–1919),
303
Repin, Vadim Viktorowitsch (*1971),
262
Repin, Ilja Jefimowitsch (1844–1930),
11, 81, 298
Repnin-Wolkonski, Nikolaij Grigor-
jewitsch Fürst von (1778–1845), 61
Richter, Swjatoslaw Theofilowitsch
(1915–1997), 59
Riefenstahl, Leni (1902–2003), 245
Rieu, André (*1949), 102
Rilke, Rainer Maria (1875–1926), 137
Rimski-Korsakow, Nikolai Andreje-
witsch (1844–1908), 54, 171, 257
Rohr, Alard von (*1945), 255
Roldugin, Pawel Grigorjewitsch
(1916–2000), 85
Roldugin, Sergei Pawlowitsch
(*1951), 46f, 78, 82, 84–89, 99, 101,
103, 113, 126f, 130, 169, 173,
186–188, 235, 255, 262, 332
Roldugina, Valentina Iwanowna
(1924–2012), 86
Romanow, Alexej Alexandrowitsch,
Großfürst (1850–1908), 78
Romanow, Michael Alexandro-
witsch, Großfürst (1878–1918), 20
Romanow, Michael Pawlowitsch,
Großfürst (1798–1849), 160
Romanow, Wladimir Alexandro-
witsch, Großfürst (1847–1909), 148
Romberg, Berhard Heinrich (1767–
1841), 86
Roschdestwenski, Gennadi Nikola-
jewitsch (*1931), 225, 257, 262
Roßberg, Ingolf (*1961), 92
Rößler, Matthias (*1955), 79
Rost, Otto (1887–1970), 69
Rostropowitsch, Mstislaw Leopoldo-
witsch (1927–2007), 262

Rotenberg, Evsej (1920–2011), 304
Rothe, Wolfgang (*1960), 291
Rubinstein, Anton Grigorjewitsch (1829–1894), 81
Rukawischnikow, Alexander (*1950), 62
Ruzicka, Peter (*1948), 49, 51, 165f
Rydl, Kurt (*1947), 173, 178, 237f, 253, 273
Sacharow, Andrei Dmitrijewitsch (1921–1989), 69
Saldostanow, Alexander Sergejewitsch (*1963), 117
Salman bin Abdulaziz bin Salman bin Muhammad bin Saud bin Faisal (*1980), 102
Saltykow-Schtschedrin, Michail Jewgrafowitsch (1826–1889), 22, 68
Samossud, Samuil Abramowitsch (1884–1964), 160
Schaaf, Thomas (*1961), 27
Schaldach, Jan (*1993), 299–301
Schälike, Fritz (1899–1963), 75
Schälike, Rolf (*1938), 75
Schälike, Valerija Dmitrijewna, geb. Sotnikowa (*1937), 71
Schälike, Waltraut (*1927), 75
Schälike, Wolfgang (*1937), 71, 73–75
Schaljapin, Fjodor Iwanowitsch (1873–1938), 11, 157
Scherbakow, Salavat Alexandrowitsch (*1955), 318
Scherbina, Dmitri (*1968), 325
Scheremetjew, Boris Petrowitsch (1652–1719), 229
Schiller, Friedrich von (1759–1805), 132
Schliemann, Heinrich (1822–1890), 302
Schmelewa, Elena Wladimirowna (*1971), 285, 334, 339
Schmyrew, Maxim (*1971), 142, 270, 284
Schnittke, Alfred Garrjewitsch (1934–1998), 210
Scholochow, Michail Alexandrowitsch (1905–1985), 11
Schommer, Karl Josef „Kajo" (1940–2007), 79–81, 93
Schörghofer, Hartmut (*1963), 246

Schostakowitsch, Dmitri Dmitrijewitsch (1906–1975), 54, 67, 72, 160, 171, 225, 262
Schreier, Peter (*1935), 59
Schröder, Gerhard (*1944), 76, 162, 295
Schrott, Erwin (*1972), 101
Schtschedrin, Rodion Konstantinowitsch (*1932), 214
Schubert, Franz (1797–1828), 30f, 59
Schuch, Ernst Edler von (1846–1914), 58, 82
Schukow, Georgi Konstantinowitsch (1896–1974), 229
Schukowski, Wassilij Andrejewitsch (1783–1852), 63
Schukschina, Maria Wassiljewna (*1967), 325
Schumann, Robert (1810–1856), 30f
Schwarz, Kay-Uwe (*1959), 80
Schweinitz, Georg Hermann von (1851–1928), 72
Schweizer, Wolfgang (*1943), 93
Schwydkoi, Michail Jefimowitsch (*1948), 197, 221f, 301
Scofido, Ricardo (*1935), 144
Seipel, Hubert (*1950), 85, 235f
Semper, Gottfried (1803–1879), 90f, 95, 97
Semper, Manfred (1838–1913), 91
Serafin, Daniel (*1981), 128, 179, 267
Serafin, Harald (*1931), 179
Serebrennikow, Kirill Semjonowitsch (*1969), 215
Serow, Edward (1937–2016), 170
Shicoff, Neil (*1949), 162
Sibirtsew, Dmitri (*1968), 207, 247
Siborow, Oleg Jewgeniwitsch (1957–2012), 115, 118, 120, 129–142, 179, 224, 226f, 270, 333f
Silvester, Vater, geb. Sergei Lukaschenko (*1952), 283, 325–327
Silvia, Königin Schweden (*1943), 102, 116
Singletary, Donovan (*1983), 259
Sinopoli, Giuseppe (1946–2001), 90, 140f
Sirén, Heikki (1918–2013), 165
Sirén, Kaija (1920–2001), 165
Skrjabin, Alexander Nikolajewitsch

(1871–1872), 210
Smirnow, Anatoly (*1959), 132
Smirnow, Dmitri (*1994), 169
Snowden, Edward Joseph (*1983), 10
Sobjanin, Sergei Semjonowitsch
(*1958), 143
Sobtschak, Anatoli Alexandrowitsch
(1937–2000), 309f
Sochijew, Tugan Taimurasowitsch
(*1977), 171, 254, 273
Sokolow, Alexander Sergejewitsch
(*1949), 267
Sokolow, Grigori Lipmanowitsch
(*1950), 171
Solschenizyn, Alexander Issaje-
witsch (1918–2008), 69
Spartakus (gest. 71 v. Chr.), 22
Stalin, Josef Wissarionowitsch, geb.
Dschughaschwili (1878–1953), 8, 22,
53, 73–75, 111, 135, 161, 163, 191,
209f, 212, 228, 309, 321, 322, 328,
338
Stange, Nikolaus (1819–1902), 64
Stanislawski, Konstantin Sergeje-
witsch (1863–1938), 225
Steiner, Georg (*1958), 181
Steiner, Trixi (*1979), 95
Sterl, Robert (1867–1932), 63
Sterlin, Wladimir (*1969), 246
Stichina, Elena (*1985), 259
Stolypin, Pjotr Arkadjewitsch (1862–
1911), 62
Stolz, Robert (1880–1975), 173
Stradivari, Antonio Giacomo (1648–
1737), 86
Strauß, Johann, Sohn (1825–1899),
49, 91, 160
Strauß, Johann, Vater (1804–1849),
91
Strauss, Richard (1864–1949), 228
Strawinski, Igor Fedorowitsch (1882–
1971), 49, 54, 171
Strugl, Michael (*1963), 179
Suew, Alexander (k. A.), 247
Sulzer, Balduin (*1932), 178
Suworow-Rymnikski, Alexander
Wassiljewitsch (1730–1800), 149
Svoboda, Cyril (*1956), 95
Syndram, Dirk (*1955), 98
Tamerlan o. Timur, geb. Temür ibn
Taraghai Barlas (1336–1405), 328

Telkow, Andrej (*1991), 169
Temirkanow, Juri Chatujewitsch
(*1938), 170, 193, 262
Terechova, Darja (*1987), 258
Tereschkowa, Walentina Wladimi-
rowna (*1937), 73
Theiler, Peter (*1956), 246, 291
Theorin, Iréne (*1963), 162
Thielemann, Christian (*1959), 60
Tichonowa, Katerina Wladimirowna
(*1986), 68
Tiepolo, Giovanni Battista (1696–
1770), 304
Tillich, Stanislaw (*1959), 101, 115
Timofejewa, Nina Wladimirowna
(1935–2014), 212
Titow, Nikolai (k. A.), 190
Tjuttschew, Fjodor Iwanowitsch
(1803–1873), 6, 129
Tolstoi, Alexej Nikolajewitsch Graf
von (1883–1945), 64
Tolstoi, Lew Nikolajewitsch Graf
von (1828–1910), 11, 49, 54, 64
Towstonogow, Georgi Alexandro-
witsch (1915–1989), 225
Toyota, Yasuhisa (*1952), 144, 336
Trifonow, Daniil Olegowitsch
(*1991), 171
Trotzki, Leo, geb. Lew Dawido-
witsch Bronstein (1879–1940), 315f
Tschaikowski, Pjotr (Peter) Iljitsch
(1840–1893), 11, 86, 137, 158, 171
Tschechow, Anton Pawlowitsch
(1860–1904), 174
Tschernenko, Konstantin Ustino-
witsch (1911–1985), 212
Tschernomorow, Andrej (*1977), 219
Tschernomorowa, Irina (*1957), 219
Tschertschessow, Stanislaw Salamo-
witsch (*1963), 248
Tschetschulin, Dmitri Nikolaje-
witsch (1901–1981), 110
Tsybikow, Timur Gombozhapo-
witsch (*1976), 230
Turgenjew, Iwan Sergejewitsch
(1818–1868), 63
Uecker, Gerd (*1946), 90, 115
Urin Wladimir Georgijewitsch
(*1947), 196, 215–221, 257
Urussow, Pjotr Wassiljewitsch
(k. A.), 189f

351

Usolzew, Wladimir (*1948), 68
Verdi, Giuseppe (1813–1901), 50, 54, 220
Villazón, Rolando (*1972), 257
Wagner, Joachim (*1949), 149f
Wagner, Katharina (*1978), 243
Wagner, Richard (1813–1883), 136, 209, 220, 230, 243
Wagner, Wolfgang (1919–2010), 243
Waino, Anton Eduardowitsch (*1972), 333
Walcker, Eberhard Friedrich (1794–1872), 15
Wasijew, Machar (*1961), 214
Wassiljew, Wladimir Wiktorowitsch (*1940), 229
Wdowin, Dmitri (*1962), 265
Weber, Carl Maria von (1786–1826), 59
Weigle, Sebastian (*1961), 60
Wempe, Kim-Eva (*1962), 95
Wengerow, Maxim Alexandrowitsch (*1974), 262
Wereschtschagin, Alexej (*1983), 199
Wesselowski, Alexander Nikolaje-witsch (1838–1906), 300
Wiedeking, Wendelin (*1952), 94
Wiese, Heino (*1952), 295
Wiesheu, Otto (*1944), 95
Wikulin, Simeon von (k. A.), 62
Wladimir I., der Große, Großfürst von Kiew (um 960–1015), 318
Wolkonskaja, Irina Sergejewna, geb. Rachmaninow (1903–1969), 63

Wolkonski, Peter Grigorjewitsch (1897–1925), 63
Wollner, Alexander von (k. A.), 61
Wollrad, Rolf (*1938), 59
Wolski, Raffael Adolfowitsch (1938–2007), 229
Wolski, Viktor Adolfowitsch (*1947), 199, 229f, 243, 284
Wrangel, Alexander Jegorowitsch Freiherr von (1833–1915), 71
Wulff, Christian (*1959), 102
Wutschetitsch, Jewgeni Wiktoro-witsch (1908–1974), 133
Xenia von St. Petersburg (k. A., ca. 18. Jh.), 314
Xiaoping, Deng (1904–1997), 107
Yoo, Sobang (*1963), 255
Youssef bin Alawi bin Abdullah (*1945), 102
Zagorskaia, Natalia (*1959), 210
Zefirelli, Franco (*1923), 157
Zeller, Jakob (1581–1620), 303
Zenziper, Arkadi (*1958), 81f, 84, 126, 169, 178
Zimmermann, Udo (*1943), 173
Ziuraitis, Algis (1928–1998), 158
Zurbriggen, Peter Stephan (*1943), 183
Zwetajew, Iwan Wladimirowitsch (1847–1913), 64, 301
Zwetajewa, Anastasia Iwanowna (1894–1993), 64
Zwetajewa, Marina Iwanowna (1892–1941), 64, 301

352

Ortsregister

Adler (zu Sotschi) 338
Amsterdam 81, 238
Annaberg-Buchholz 49, 224
Artek 53
Asten 181f, 184f
Astrachan 264
Bad Pyrmont 28
Baku 257
Barcelona 158
Batumi 240, 250
Bayreuth 90, 243
Berlin 17, 25, 51, 55, 66, 74f, 81, 131, 133, 139–141, 151, 255, 271, 295, 307, 320
Bernau 145
Bielefeld 320
Bischkek (Frunse) 75
Bonn 131, 250, 320
Boston (Massachusetts) 87
Bremen 27f, 50, 80, 131, 173, 177, 224, 241, 243, 250, 302
Breslau 294
Budapest 250, 254
Buenos Aires 158, 250
Cambridge 271
Cienfuegos 153
Cremona 86
Davos 80
Detmold 49
Dorpat (heute Tartu) 16
Dresden 51, 55–76, 80–82, 87, 91–102, 145f, 148–150, 155, 158, 162, 170, 177, 179, 191, 224, 230, 236, 241–243, 245, 248, 250, 252, 254, 257, 271, 291, 302f, 306, 315, 338
Duschanbe 306f
Eisenach 50, 224
Essen 176, 255
Florenz 81
Foros 105
Freiberg 63
Freiburg i. Br. 299
Freital 148
Gehrden 25
Genf 220
Genua 91
Georgia/USA 292

Gießen 320
Gohrisch 72
Graz 246
Greifswald 49, 224
Gursuf 53
Hamburg 49, 51, 55, 59, 66, 131, 149, 153–155, 241
Hannover 25–27, 32, 295
Havanna 153
Heidelberg 24
Helgoland 153
Helsinki 25
Ingria 23
Irkutsk 6, 230
Iwolginsk 134
Jaroslawl 325f
Jekaterinburg 6, 170
Jerewan 145f
Jerusalem 250, 307
Kaliningrad 8, 269, 331
Kamenz 71
Kant 221
Kapustin Jar (Snamensk) 296
Kasan 65
Kiew 62, 303, 307, 318
Kirchrode (zu Hannover) 26, 32
Kirow 218
Kitai-Gorod (zu Moskau) 144
Kleinzschachwitz (zu Dresden) 60
Köln 51, 53, 255
Kogalym 272
Konstantinopel 328
Krakau 81
Krasnaja Poljana (zu Sotschi) 338
Krasnojarsk 102, 313
Kursk 133
Lammermoor 270
Langeoog 28
Lauenburg (heute Lebork) 30
Leipzig 61, 94, 163, 225
Linz 89, 165–181, 186, 221, 228, 230, 236, 239, 250–253, 258, 267, 293, 337
Lissabon 234, 330
Loccum 26
London 55, 158, 250, 255, 261, 266, 304, 325

Loschwitz (zu Dresden) 80, 87
Ludwigsburg 15
Lübeck 16, 51
Mackensen (heute Chocielewo) 30
Madrid 159
Magdeburg 254
Magnitogorsk 133
Mailand 55, 140, 158, 251, 261
Marseille 158
Meißen 97, 144f, 185, 299
Melbourne 266
Mertensdorf 30
Mexiko-Stadt 251
Minsk 224, 226, 241–245, 251
Mörbisch 179
Moskau 6, 11, 51-53, 56, 61, 63f, 68,
    70, 72, 74f, 78, 81, 83, 89, 103, 105,
    110–112, 131, 133, 143f, 147, 151,
    158, 163, 166, 170, 172, 174–176,
    178, 184, 186, 189-191, 210, 212,
    218, 225, 228f, 230, 233–235, 241,
    243, 246–248, 250, 253–255, 257f,
    263–265, 267, 270–272, 289f, 292,
    294–299, 301–303, 305, 307, 309,
    317, 325, 328f
München 55, 170f, 191, 214, 261
Murmansk 151, 155
Neumünster 79
Neuruppin 307
New York 55, 86, 153, 158, 213, 220,
    250, 255, 261
Nischni Nowgorod 74, 146
Nottingham 320
Nowosibirsk 163, 290, 302
Nuckö 16, 29
Nürnberg 245
Odessa 52
Omsk 60
Padua 185
Paris 55, 81, 158, 219, 229, 250, 254,
    266, 316, 320
Peking 234, 239f
Petropawlowsk-Kamtschatski 269
Pforzheim 98
Philadelphia 250
Pillnitz (zu Dresden) 302
Planegg 191
Podol (zu Kiew) 307
Poljarny 152
Polozk 56
Pompeji 87, 253

Potschappel (zu Freital) 148
Pressburg 173
Pyeongchang 222
Radeberg 69
Räcknitz (zu Dresden) 65
Rammenau 148
Regensburg 239
Riga 19, 21, 85f
Rom 130, 183, 239, 250, 253
Ronnenberg 25
Rostock 49, 244f, 249
Rostow 327
Sagorsk (heute Sergijew Possad) 319
Salzburg 55, 140, 158, 165, 168, 170,
    229, 253f, 332, 337
Samara 160
San Francisco 55, 251
Santiago de Chile 251
São Paulo 251
Scheune (Gumience, heute zu
    Szczecin) 31
Schnakenburg 81
Seattle 234
Seoul 234, 250
Sewastopol 233, 269
Seweromorsk 153
Sinop 67
Smolensk 8, 66, 331
Sønderborg 86
Sotschi 6, 144, 241, 294, 332–339
St. Florian 170
St. Petersburg (früher Petrograd,
    Leningrad) 6, 11, 13–23, 29f, 55,
    57, 60, 63f, 68, 72, 76–78, 81–83,
    85, 97, 103, 107, 130, 151, 155,
    157–162, 169–171,187, 215, 225,
    233, 240f, 246, 250, 258, 261,
    290, 301, 303, 306, 308, 309–315,
    332
Stargard 31
Stockholm 49, 55
Stralsund 224
Stupino 187
Stuttgart 51
Suchumi 67
Swertlogorsk 309
Taipeh 250
Taschkent 241, 251, 253
Tel Aviv 304
Tilsit (heute Sowetsk) 18, 21, 25
Tokio 144, 219, 229, 234

354

Toljatti (früher Stawropol-
  Wolschskij) 263
Tolkewitz (zu Dresden) 88
Tongyeong 173
Uglitsch 327
Ulan-Ude 6, 133f, 136, 138, 230, 232
Warschau 56
Washington, D.C. 106, 251
Weetzen (Ronnenberg) 25
Weißenstein 16
Weißer Hirsch (zu Dresden) 64
Wenningsen 32
Werro 21
Wien 17, 51f, 55, 92-94, 96, 131, 140,
  158, 166, 168, 170, 172, 175, 178,
  181, 235, 237, 250, 253f, 255, 257,
  264, 304
Witebsk 241
Wladikawkas 261
Wladiwostok 6, 8, 132, 163, 170, 224,
  233–240, 261, 269, 330
Wolgograd (Stalingrad) 6, 132, 170,
  239
Wolokolamsk 72, 327
Wyborg 85
Zug 93
Zürich 251, 253f
Zwickau 271

Quellen

Allertz, Robert: „Ich will meine Akte". Wie westdeutsche Geheimdienste Ostdeutsche bespitzelten. – Das Neue Berlin, Berlin 2018

Barkleit, Gerhard: Manfred von Ardenne. Selbstverwirklichung im Jahrhundert der Diktaturen. – Duncker & Humblot, Berlin 2. Auflage 2008

Goltz, Ellen Dagmar Freifrau von der: 100 Jahre Erinnerungen. – Seeon-Seebruck 2010 (Privatdruck)

Großmann, Olga; Großmann, Gisbert: Dresdner Porzellan. 140 Jahre Sächsische Porzellan-Manufaktur Dresden. – Lik, St. Petersburg 2012

Großmann, Olga: Russen in Dresden im Kontext der Stadtgeschichte. Ein Stadtführer. – Deutsch-Russisches Kulturinstitut, Dresden 2006

Hartmann, Uwe (Bearbeiter): Kulturgüter im Zweiten Weltkrieg. Verlagerung – Auffindung – Rückführung. – Koordinierungsstelle für Kulturgutverluste, Magdeburg 2007

Helfricht, Jürgen: Astronomiegeschichte Dresdens. – Hellerau, Dresden 2001

Helfricht, Jürgen: Der Dresdner Semperopernball. Herausgegeben von Hans-Joachim Frey. – Saxophon, Dresden 2014

Helfricht, Jürgen: Die Dresdner Frauenkirche. Eine Chronik von 1000 bis heute. – Husum Husum 8. Auflage 2014

Helfricht, Jürgen: Die Wettiner. Sachsens Könige, Herzöge, Kurfürsten und Markgrafen. – Sachsenbuch Leipzig 5. Auflage 2012

Helfricht, Jürgen: Dresden und seine Kirchen. – Evangelische Verlagsanstalt, Leipzig 2005

Helfricht, Jürgen: Kleines ABC des Meissener Porzellans®. – Husum, Husum 4. Auflage 2017

Helfricht, Jürgen: Liebenswertes Dresden/Dresden, close to my heart. – Husum, Husum 2012

Helfricht, Jürgen: Peter Schreier – Melodien eines Lebens. – Husum, Husum 2008

Helfricht, Jürgen: Sächsisches Spezialitäten-Backbuch. Schlemmer-Rezepte von Dr. Quendt. – Husum, Husum 7. Auflage 2015

Helfricht, Jürgen: U-434 – Russlands Spionage-U-Boot in Hamburg. – Husum, Husum 2. Auflage 2017

Hexelschneider, Erhard: Ein Schatz in der Tabakdose. Impressionen russischer Künstler über Dresden. – Sächsisches Druck- und Verlagshaus, Dresden 1998

Jerschowa, Marion: Honigland, Bitterland. Ein Roman aus Moskau. – Styria, Graz Wien Köln 1990

Lichatschew, D. S.; Wagner, G. K. u. a.: Russland – Seele, Kultur, Geschichte. – Pattloch, Augsburg 1994

Lühr, Hans-Peter (Redaktion): Russen und Sachsen in der Geschichte. – Dresdner Hefte 21(2003), Heft 74

Maaß, Ekkehard (Hrsg.): Editha Mueller-Stahl. Erinnerungen an Petersburg. – Berlin 2011 (Privatdruck)

Maaß, Ekkehard: Hundert Jahre Tante Ena 17. Juli 2004. – Berlin 2004 (Privatdruck)

Metropolit von Wolokolamsk Hilarion (Alfejew): Patriarch Kyrill. Leben und Weltsicht. – Druck- und Verlagsanstalt „U Nikitskich worót", Moskau 2014

Mueller-Stahl, Armin: Dreimal Deutschland und zurück. – Hoffmann und Campe, Hamburg 2014

Myers, Steven Lee: Putin – Der neue Zar. Seine Politik – Sein Russland. – Orell Füssli, Zürich 2016

Rahr, Alexander: Wladimir Putin. Der „Deutsche" im Kreml. – Universitas, München 2000

Schälike, Valerija: 125 Jahre Russisch-Orthodoxe Kirche zu Dresden 1874–1999. – Freundeskreis Russisch-Orthodoxe Kirche zu Dresden 1999

Schälike, Waltraut: „Ich wollte keine Deutsche sein" – Berlin-Wedding – Hotel „Lux" – Dietz, Berlin 2006

Seipel, Hubert: Putin – Innenansichten der Macht. – Hoffmann und Campe, Hamburg 2015

Skiera, Volker: Armin Mueller-Stahl. Die Biographie. – Langen Müller, München 2010

Syndram, Dirk: Das Grüne Gewölbe zu Dresden. Führer durch seine Geschichte und seine Sammlungen. – Koehler & Amelang, München 1994

Usolzew, Wladimir: Mein Kollege Putin. Als KGB-Agent in Dresden 1985–1990. – Edition Berolina 2014

Über die Autoren

Prof. Hans-Joachim Frey (geb. 1965) ist ein deutscher Kulturmanager und Regisseur, der neben seiner Tätigkeit als Künstlerischer Direktor der Stiftung „Sirius – Talent und Erfolg" und des „Sirius Kultur-Zentrums" in Sotschi beispielsweise Gründer, 1. Vorsitzender und Künstlerischer Gesamtleiter des SemperOpernballs in Dresden sowie Künstlerischer Leiter und 1. Vorsitzender des internationalen Gesangswettbewerbs „Competizione dell' Opera" ist.

Dr. Jürgen Helfricht (geb. 1963) ist ein deutscher Publizist, Medizin- und Astronomiehistoriker. Der diplomierte Journalist und promovierte Forscher verfasste seit 1987 mehr als 60 Bücher, u. a. Biografien, Arbeiten zur Ganzheits- und Schulmedizin, zur Architektur-, Astronomie-, Kirchen-, Kultur- und Wirtschaftsgeschichte.

Fotonachweis

Fotos und Reproduktionen: Archiv Hans-Joachim Frey 38, 40, 47, 114, 117, 118, 119, 120, 127, 128, 200, 201, 202, 203, 204, 276, 280, 285, 286, 287, 288; Archiv Ekkehard Maaß 39; Astoria St. Petersburg 44, 45; Backaldrin 194, 195; Matthias Creutziger 41; Grand Hotel Taschenberg Palais Kempinski Dresden 115; Stefan Häßler – Titelseite; Haus der Musik St. Petersburg 47; Jürgen Helfricht 33, 34, 35, 36, 37, 38, 40, 42, 43, 46, 121, 194, 196, 197, 199, 202, 204, 205, 206, 207, 208, 273, 274, 275, 276, 278, 279, 280, 281, 282, 283, 284, 285, 286, 287, 288; Damir Jusupow/Bolschoi-Theater 124, 196, 197; Kammeroper Boris Pokrowski 198; Christian Lietzmann/Semperopernball Verein 48, 113, 114, 115, 116; Nationales Akademisches Großes Opern- und Ballett-Theater Republik Belarus 205; Anja Pietsch/Jens Rötzsch/ Semperopernball Verein 48, 116; Hubert Andreas Röbl/Brucknerhaus Linz 125, 126, 277; Holm Röhner 45, 122, 123, 124; Dirk Sukow–Rückumschlag und 36, 41, 43, 113; Staatliches Akademisches Opern- und Ballett-Theater Ulan-Ude 200, 201; Alexej Wichrow 195; R. Winkler/Brucknerhaus Linz 126, 193.

Inhalt

Vorwort 5

Warum ich meine Erlebnisse und Gedanken
niederschreibe 8

Urgroßvater Eduard und seine Kirche
in St. Petersburg 13

Jugend mit Piroggen, „Wodka",
Fußball und Orgelspiel 24

Italienisches Eis führt mich ins Land
von Strawinski und Tolstoi 49

Dresden und Russland –
seit über 300 Jahren verbunden 56

Wie ich durch unbedachte Newa-Fahrt
fast einen Freund verlor 76

Wladimir Putin Ehrengast des Dresdner
SemperOpernballs 90

Besuch beim Vorsitzenden der Regierung
der Russischen Föderation 105

Präsidenten-Dolmetscher, die russische Seele
und der Tod 129

Ein Porzellan liebender Russe
und ein deutscher U-Boot-Fan 143

Mit der Obraszowa zur Städte-Gala
am Michailowski-Theater 157

Wie Linz eine Kulturbrücke
nach Russland bekam 165

359

Musik hilft sogar beim Export
einer neuen Brot-Kultur 180

Bolschoi – dieses Opernhaus
ist wirklich das Größte! 189

Erlebnisse als Regisseur
zwischen Minsk und Wladiwostok 224

Moskau feiert 20 Jahre
„Competizione dell' Opera" 250

Weshalb sind russische Künstler
weltweit so erfolgreich? 260

Kultur und Wirtschaft –
warum weitsichtige Firmen gern helfen 270

Begegnungen, Kreml-Schätze
und der erste Mann im All 298

Vom Smolny zu neuer Sicht
auf Helden und Tragödien 308

Was mir Vater Silvester
besonders ans Herz legte 325

Meine Vision: Sotschi –
ein „Salzburg am Schwarzen Meer"! 332

Epilog 340

Dank 341

Personenregister 342

Ortsregister 353

Quellen 356

Über die Autoren 357

Fotonachweis 358